Armour of Japan

ビジュアル

合戦雑学入門

甲冑と戦国の攻城兵器

東郷 隆
上田 信 共著

大日本絵画

〔はじめに〕　～機甲《アーマー》と甲冑《アーマー》～

プラモデル、とくに戦車模型の世界では車両とともに乗員や歩兵などのフィギュアを製作することは半世紀も前から当たり前のことでした。

そうしたモデラー各位の、甲冑《かっちゅう》モノに対する潜在需要は高いと、やはり昔からよく言われてきました。試みに、知人のミリタリーモデラーなどへ、「鎧《よろい》武者なんか作ってみたいと思う？」と訪ねると、十人のうち七、八人は、

「やってみたい、単体ではなく合戦や城攻めの情景なんかを」

という答えが返ってきます。しかし、実際にトライしてみた人は、そのうちのほんの一握りです。理由は、資料（主としてモデラー向けのそれですが）の乏しさと、素材の圧倒的な不足が考えられます。

そうした状況に長く不満を抱かれていたのが、イラストレーターの故中西立太さんでした。

「外国はメタルの歴史フィギュアを作る伝統が長いが、日本には底辺を支える土壌がない。早い話、ワッフェンSSの迷彩パターンをよく知っていても、大鎧《おおよろい》と当世具足《とうせいぐそく》をゴチャ混ぜに考えているモデラーが多過ぎる」

と憤慨なさっていました。また若年のイラストレーターの人々に対しては、

「人は自国の歴史を避けて通れない。それをわかりやすく知ってもらうには、挿絵画家が復元画に努力しなければだめなんだ」

と説き続けていました。その思いが高じたものか、中西さんは戦車模型専門誌『月刊アーマーモデリング』に長く「日本甲冑《かっちゅう》史」を連載。その単行本下巻が出来上がった平成二十一年一月、惜しくも急逝されました。

それからしばらく。

日本中に鎧モノの復元模擬戦闘《リエナクトメント》（いわゆる合戦祭り）は増え続け、歴史モノの専門誌には月々のイベント情報が出ています。地方のお祭りに行けば男女を問わず（まあ、女子の方が多いみたいですが）甲冑《かっちゅう》武者のオンパレード。こんな場面を中西さんに見せたら興奮感激するだろうなあ、と思うことしきりです。

本書の前身ともいうべき「アーマーofジャパン」の連載を『月刊アーマーモデリング』で、という話をいただいたのは中西さんが亡くなって五年ほど経った、そんなころのことでした。

そのとき、ふと思いついて東日本大震災以来崩れたままになっている自分の書庫へ分け入ってみました。記憶を頼りに、『アーマーモデリング』が未だ月刊化されていなかった平成十四年七月のエクストラ№4をみつけ出し、ページをめくってみると、ありました、ありました。その年四月の「川中島合戦絵巻・観戦リポート」が。当時は国内最大規模を誇るリエナクトメントに、生前の中西さんばかりか、上田信氏、旧カンプグルッペジーベンの面々、（めずしく帽子もマントも着用していない）吉祥寺怪人氏まで、笛吹川の河原にズラリ、と鎧《よろい》姿で居並んでいます。

往年のミリタリー小僧たちが、こぞって甲冑《かっちゅう》世界になだれ込んでいるのは、当時すこぶる不思議

な気がしていましたが、いまならさしておかしくも感じません。

さて、近ごろはテレビでも考証流行りで、やれ「戦場では刀は使わなかった」だの「馬は小さくて人を乗せても走れなかった」だの、極端な説を唱える、また不思議な「実験映像」を見せる雑学番組が増えていますが、あーゆうのに騙されちゃいけません。

刀も驚くほど粗製のものが平然と使われていました。乗馬はポニー種ですが、乗り手が現在の女子中学生ぐらいの体格であれば、騎上バランスはとれています。何よりも、現代人とはまったく違うスピード感覚でしたから、いまの人が「遅いなあ」と思う速度でも、当時の武者は満足していました。足場の悪い戦場では降りて戦ったでしょうが、市街地や平場では配下を牽連れ、果敢に突進することが普通でした。

本書は、日本の甲冑の成り立ちや周辺の様子、個人装備の武器から城攻めの道具に至るまでを単に物質的に紹介するだけではなく、正しい身の付け方や、使い方を知っていただこうという考えから始めた前述の連載を単行本にまとめたものです。

とはいえ、中西さんのように古代から幕末までというのは範囲が広過ぎます。そこで、モデラーをはじめ、武者行列などに参加される皆さんがいちばん興味を持っておられるであろう戦国期（室町末期から元亀《げんき》・天正あたり）を中心に御紹介していこうと思います。

東郷　隆

目次

第五章　馬の装具

第六章　戦国の火砲

本書は戦車模型専門誌『月刊アーマーモデリング』の連載記事「アーマー ofジャパン」を加筆修整して単行本化したものです。各記事の初出は以下の通りです。収録にあたりいくつかの題名は手直しし、掲載順序も再構成しています。

第１回／機甲（アーマー）と甲冑（アーマー）
第２回／槍の威力
第３回／長篠の鉄砲放ち
第４回／真田の赤備え
第５回／伊達の甲冑
第６回／長篠城の防御
第７回／兜の立物
第８回／一般的な足軽
第９回／兵士の排泄
第10回／槍の用意
第11回／下卒の支給刀について
第12回／応仁の乱に復活した投石機
第13回／究極の城攻め兵器「亀甲車」
第14回／火攻め その①
第15回／火攻め その②／棒火矢
第16回／盾
第17回／柵
第18回／中世山城の上部構造物その①／塀と狭間
第19回／中世山城の上部構造物その②／櫓
第20回／仏郎機砲「国崩」
第21回／裸に似せた鎧のこと
第22回／大阪城に射ち込まれた砲弾
第23回／信玄狙撃
第24回／大鎧、その発生
第25回／大鎧の完成
第26回／末期の大鎧
第27回／矢の容器・箙
第28回／戦国時代の雑兵箙
第29回／空穂①
第30回／空穂②
第31回／戦場の馬①／馬の丈
第32回／戦場の馬②／馬甲
第33回／騎馬鉄砲
第34回／戦場の異形①／保侶①
第35回／戦場の異形②／保侶②
第36回／戦場の異形③／顔面を覆うもの①
第37回／戦場の異形④／顔面を覆うもの②
第38回／戦場の異形⑤／先駆する異形者たち
第39回／戦場の敵味方識別①／笠印と袖印
第40回／戦場の敵味方識別②／受筒と腰差
第41回／戦場の敵味方識別③／差物
第42回／戦場の敵味方識別④／立物

第一章

大鎧とその周辺

〔総論〕　大鎧と矢の収納具の関係

「武」という文字は、戈と止の組み合わせです。戈は古代中国の武器である斧《おの》や鉞《まさかり》を表します。即ち、敵の攻撃を押さえるために、相手を上まわる力を保持すること。または、強力な力を誇示することによって、敵の闘争心を事前に喪失させることを表わしています。

近代以前の武具が、時に異常なまでに凶々《まがまが》しいデザインである理由のひとつは、この抑止力《よくしりょく》を期待してのことでしょう。

敵を凌駕《りょうが》する武具を保持していくことは、そう簡単なことではありません。なぜなら、敵も必ずそれを上まわる武具を開発するからです。それに対抗するため、味方は武具を改良する。太古以来、兵器はそうやって進化し続けてきました。

いわゆる「死のシーソーゲーム」というもので、その代表的な例が、弓矢と甲冑の関係です。

頭部を保護する兜《かぶと》は、頭を表わす古語の「カブ」に接尾語を付けた。また胴体を保護する鎧《よろい》は硬質の皮革「甲羅《かふら》」から。あるいは人体に「寄《よ》り揃《そろ》う」からヨロイになったなど、その語源は諸説入り乱れています。

さて、このヨロイ・カブトの代表的なものが平安時代に登場した「大鎧《おおよろい》」です。大鎧の基部は大部分が、小札《こざね》という革や鉄の小さな板の組み合わせで構成されます。これを革紐や組み紐で綴《と》じ下げて屈伸を良くし、馬上戦闘用に進化させたもので、同様な小札型式防具はユーラシア大陸の各地でよく見受けられます。しかし、大鎧の進化には、いつの頃からか「戦場の晴れ着（死装束）」という観念が強く反映されていきます。これは大陸からの影響を意識的に排除する「国風文化《こくふうぶんか》」と、同一地域での特殊な戦闘ばかり繰り返した結果生まれたものでしょう。今日の我々の眼から見れば、過剰なほどの装飾、着用重量も平均三十キログラムと、不思議な進化を尽げたこの防具も、当時の主要兵器と、我が国独特の戦闘法を多少とも知れば、どうしてこういう形になったのか理解できると思います。

大鎧《おおよろい》、その発生

九世紀末ころの日本では、大規模な荘園制がはじまり、律令制度が崩壊します。それにつれて徴兵制度を基本とする軍法令《ぐんぼうれい》も廃され、「健児《こんでい》」と呼ばれる人々が軍事を担いはじめます。

健児制には諸説ありますが、おもに地方の上層階級である郡司《ぐんじ》（編注／国司の下に位置する地方官）の子弟を、人口の多い国では二百人、少ない国でも三十人ほど選出して争乱に備えさせたようです。律令下の制度では、奈良朝以来の規格化された武具を地方の官衙《かんが》（役所）に置き、必要に応じて兵に供給するシステムでした。ところが、健児は「戎器自弁《じゅうきじべん》」、すなわち自前の兵器をつねに手元へ置くことが許されます。ほかにも彼らは、馬料や従者への賄《まかない》料支給、調《ちょう》（上代以来の税、貢《みつぎ》モノ）免税などの特典が与えられました。

馬を操り、弓術に巧みな健児たちの中で特に武勇の優れた者は、都に上がって検非違使《けびいし》の随兵《ずいひょう》や貴族の私兵になり、地方で富を蓄えていきます。そしてこれが、武士の発生という事態を招くもとにもつながっていくのです。

戦闘形態の変化に応じて私製の武具を順次改良していく彼らの装備は、斬新なものでした。現在、我々がよく知る「大鎧」は、この健児たちが武士となっていく過程で成立したものです。しかし残念なことに、当時の遺物はほとんど存在せず、奈良朝以来の武具からどのように進化して、あの華麗な鎧ができあがったのか全く分かっていません。

甲冑研究家の故笹間良彦氏は、形成期の大鎧について、「上代から平安中期に至る出土遺物の部分的変化を観察す

■各部の名称

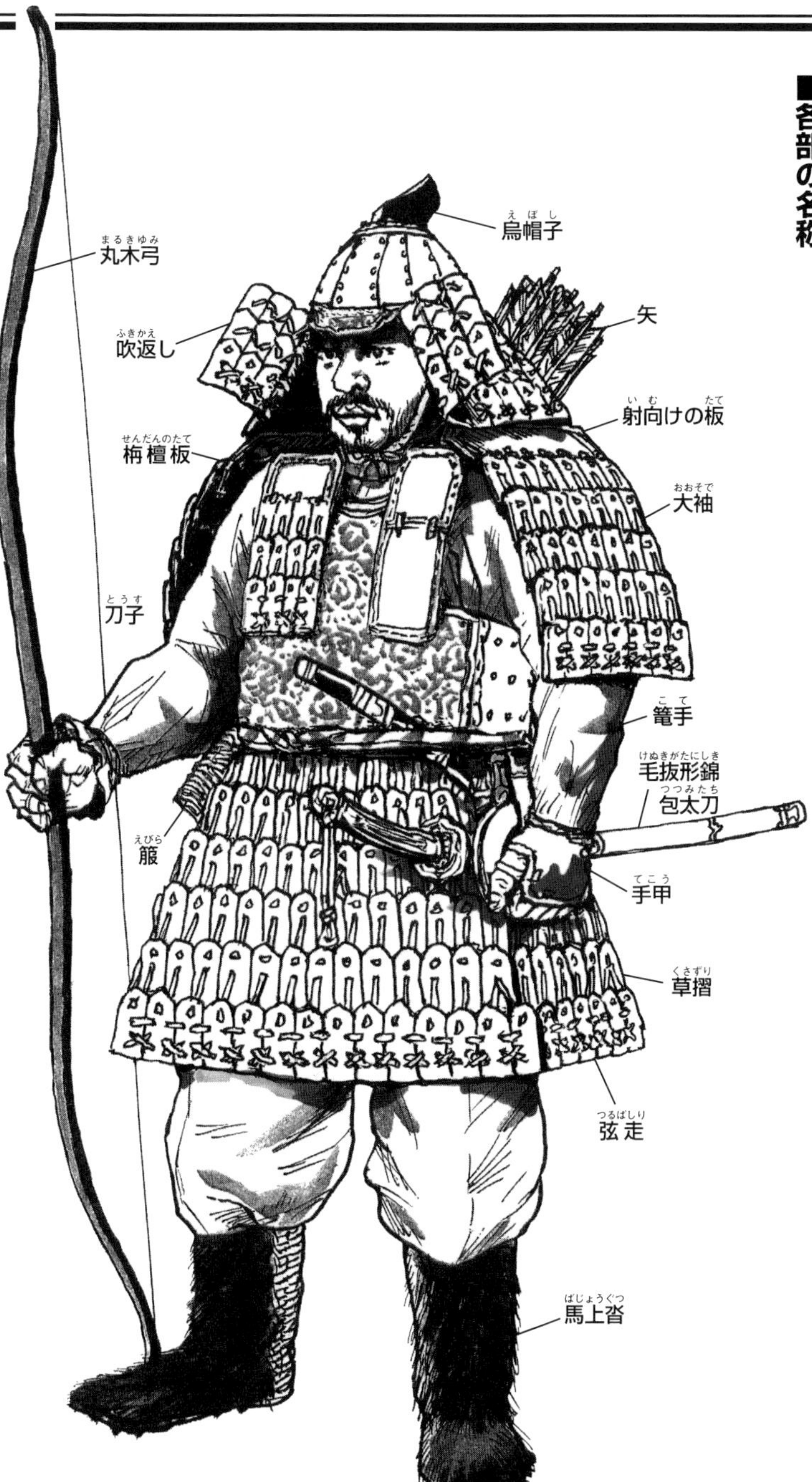

●平将門《たいらのまさかど》が関東で蜂起した承平《じょうへい》・天慶《てんぎょう》の乱（九三五〜九四〇年）の頃の武士《もののふ》。幾多の土地争いの実戦経験を経て、このころに大鎧の基本はできあがったが、末端の伴類《ばんるい》と呼ばれる戦闘補助員たちは、非武装か、前時代の挂甲を改造するなどして戦場に出ていたと思われる。

ることにより、ある程度の推移過程がわかる」として、福岡県浮羽郡の徳山古墳出土の短甲《たんこう》や、関東各地で発見される兜鉢、小札残欠《ざんけつ》（編注／一部が欠け不完全なもの）などを例にあげ、その変遷図を多く描いています。

ここにあげた図例も、大鎧がほぼ完成期に近づいた承平《じょうへい》・天慶《てんぎょう》のころ（ＡＤ九三七年前後）の着用例ですが、これも笹間氏の復元図がもとになっています。

■甲冑の進化（大鎧の場合）

▲和歌山県出土の掛けヨロイ（掛甲《けいこう》）を関西大学で復元したもの。通常の掛甲と違い、身体の両側面の防御部分が別パーツになる。これが左脇だけの装具となり、右側から胴を着脱する大鎧の着用法に進化していく。また、頂点が丸い中国風の兜は、それまでの髪の毛を頬の側面でまとめるミズラを止め、丸く頭上でまとめてから被る形式に変化したためとも言われている。

●兜《かぶと》は上代の衝角付兜《しょうかくつきかぶと》から、打ち出し鋲《びょう》の大きな星兜《ほしかぶと》に変化する。錣《しころ》は両頬を覆っていた部分が固められて吹返しになる。胴部分は、両脇が別部品であった挂甲《けいこう》（編注／日本の古墳時代に使われた鎧《よろい》の一種）から、敵に向ける左部分が前部・背の部分結合となり、右側のみ別にする脇楯《わいだて》付きとなった。肩を覆う肩鎧《かたよろい》は平たい大袖《おおそで》、両鎖骨の辺を守る頸鎧《くびよろい》も栴檀《せんだん》・射向《いむけ》の板に変化。また、弓を射たとき、前面の小札《こざね》に弓弦《ゆづる》が掛からぬよう、胸部には弦走《つるばし》りという革も張るようになる。

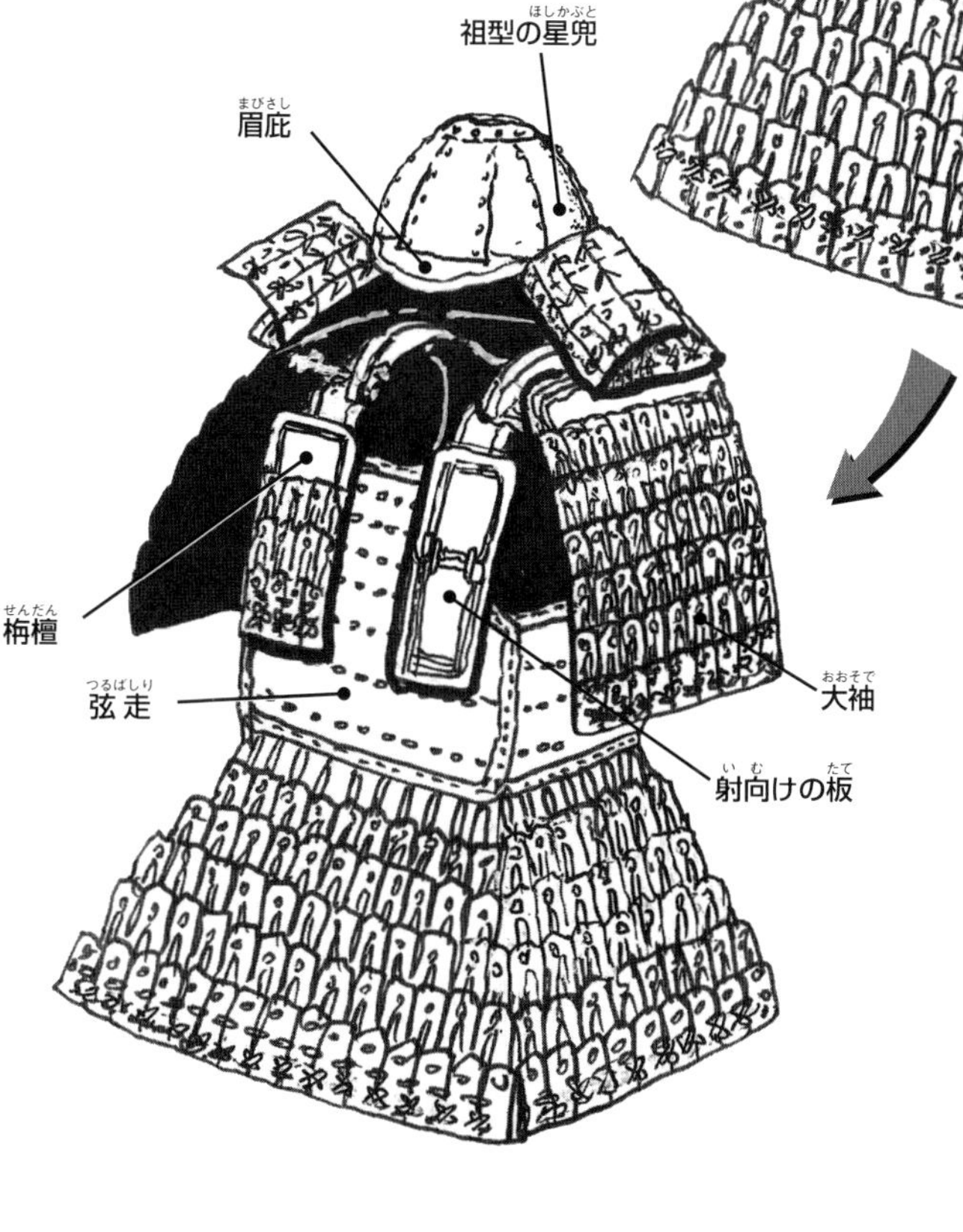

●毎年十月二十二日に京都で行なわれる「時代祭」には、「延暦武官行進列《えんりゃくぶかんこうしんれつ》」という平安遷都の頃の古代武人行列が出る。明治期の時代考証家関保之助《せきやすのすけ》らが復元した坂上田村麻呂《さかのうえのたむらまろ》出陣の姿だが、ここでは挂甲から大鎧への変遷も実際に見ることができる。

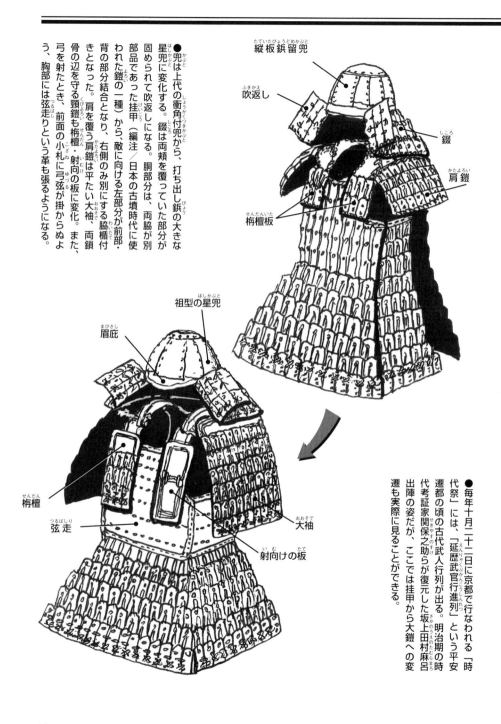

大鎧《おおよろい》の完成

十一世紀から十二世紀にかけて、武士《もののふ》と呼ばれる人々が、盛んに活動しはじめます。

その発生について、田堵《たと》・名主《みょうしゅ》と呼ばれた地域開発農民が、自衛のために自ら武装を揃えはじめたという説がこれまで言われてきました。筆者も歴史の授業ではこう教えられ、昭和六十年代の学校放送でもそんな趣旨の番組が放映されていたことを覚えています。いわゆる「戦後型庶民自立史研究」教育ですが、現在ではこの説は否定されています。

国衙《こくが》（国司の支配領・国領）にある在庁官人《ざいちょうかんじん》が武装を強化しはじめた時、地域の農民層を、郎党《ろうとう》・所従《しょじゅう》という主従関係に組み込んでいった、というのが新しい説のようです。

こうしてできあがった武士団は、都から下って来る源氏や平氏といった「貴種《きしゅ》（編注／貴《たっと》い家柄の人）」に結びつき、彼らを棟梁《とうりょう》と立てて互いに勢力を競い合いました。平安中期までの雑多な武具は、中央の文化が流入することにより、自然に淘汰されていきます。国衙で催される集いへ定期的に参加する彼らは、最新の情報を得て、武具の調達も行ないました。また、貴種の棟梁たちも、かつては律令下の造兵工房にいた武具製造業者の末裔たちを手元に取り込み、供給を確保します。都で製作される上質な武具は地方武士垂涎《すいぜん》の的《まと》となり、棟梁が賜与《しよ》する鎧《よろい》・太刀《たち》・馬は、主従関係の強化を促《うなが》しました。

都の「札《さね》よき鎧」や「縅色目《おどしいろめ》美しき鎧」が、自給自足体

■小具足姿《こぐそくすがた》

大鎧の胴は重量があるため、陣中では常に装着できる姿で待機する。これを小具足姿と言う。

●大鎧には下帯（ふんどし）の着用から兜の被り方まで十二～十七段階の複雑な手順を必要とした。普通は鎧着せ役と介添え役が左右に立って主人を手伝うが、合戦慣れした者の中には、あらかじめ小具足姿という軽武装をまとい、二十五キログラムもある胴を一人でまとう猛者《もさ》もいた。

●太刀や矢を盛った箙《えびら》、兜まで被ると、武装総量は優に三十キログラムを越えた。これらの重みはすべて着用者の肩に掛かる。しかし、馬に乗ると、鎧の胴が鞍《くら》の端に掛かり、ちょうど箱の中に居るような状態となって重量は軽減される。

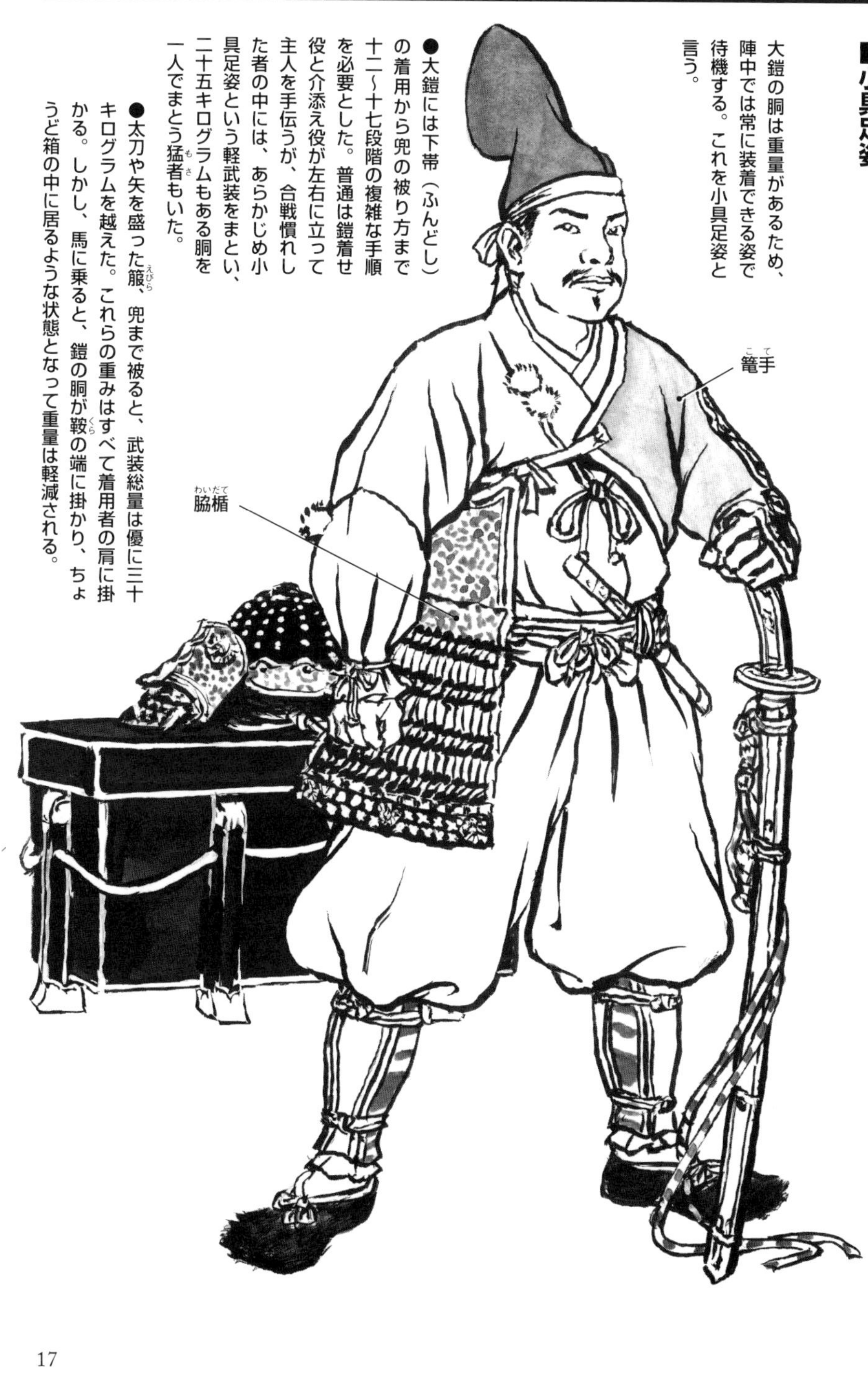

制の整った地方の荘園でも模造されていきます。当然のことながら、初期のこうした模造品は都の純正品とはところどころ異なり、目利きの人が見れば一目で、「あれは武蔵国の兜、これは信濃の鎧胴」などとすぐに見分けがついたようです。しかし、時代が下がるにつれ、少しずつその異差は解消されていきました。さらに平安の後期になると逆にその地方色が珍重され、

「札《さね》良きは備前の鎧、染めは伊予の染皮」

などと言うように変わっていくのです。そして、兜《かぶと》は星兜《ほしかぶと》。胴の形状は前立挙《まえたてあげ》二段、後立挙《うしろあげ》三段、長側《ながかわ》（胴部）四段、草摺《くさずり》は脇楯《わいだて》を含めて四間。胸に弦走《つるばしり》の韋《かわ》を張り、高紐《たかひも》の左右に栴檀《せんだん》・鳩尾《きゅうび》の板を吊し、肩上に障子《しょうじ》の板。左右の肩には必ず大袖《おおそで》を付し、背中の総角《あげまき》に袖付の紐を結んで袖の位置を保たせる、という「式正《しきしょう》の鎧（正式の大鎧）」の形式は、「保元《ほうげん》・平治《へいじ》」の乱から一一八〇年代の源平内乱、蒙古襲来《もうこしゅうらい》の頃まで戦場の花であり続けたのです。

■籠手《こて》

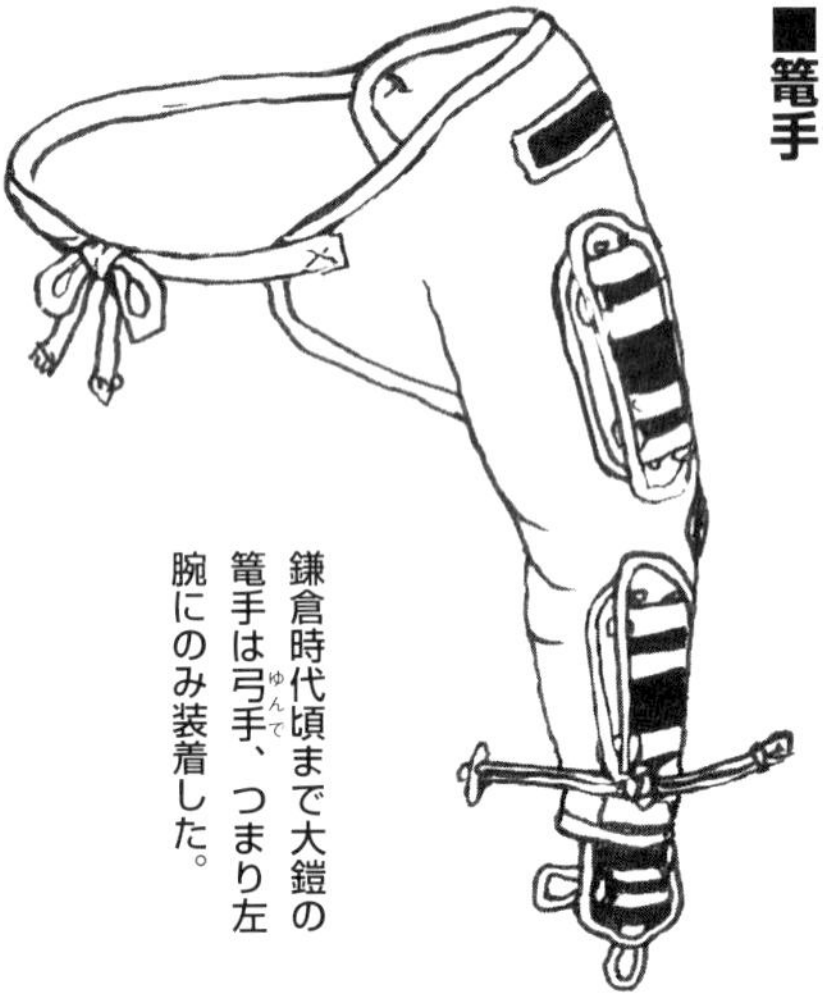

鎌倉時代頃まで大鎧の籠手は弓手《ゆんで》、つまり左腕にのみ装着した。

■脇楯《わいだて》

大鎧の胴は右側面だけ別のパーツが付く。これを脇楯と呼ぶ。

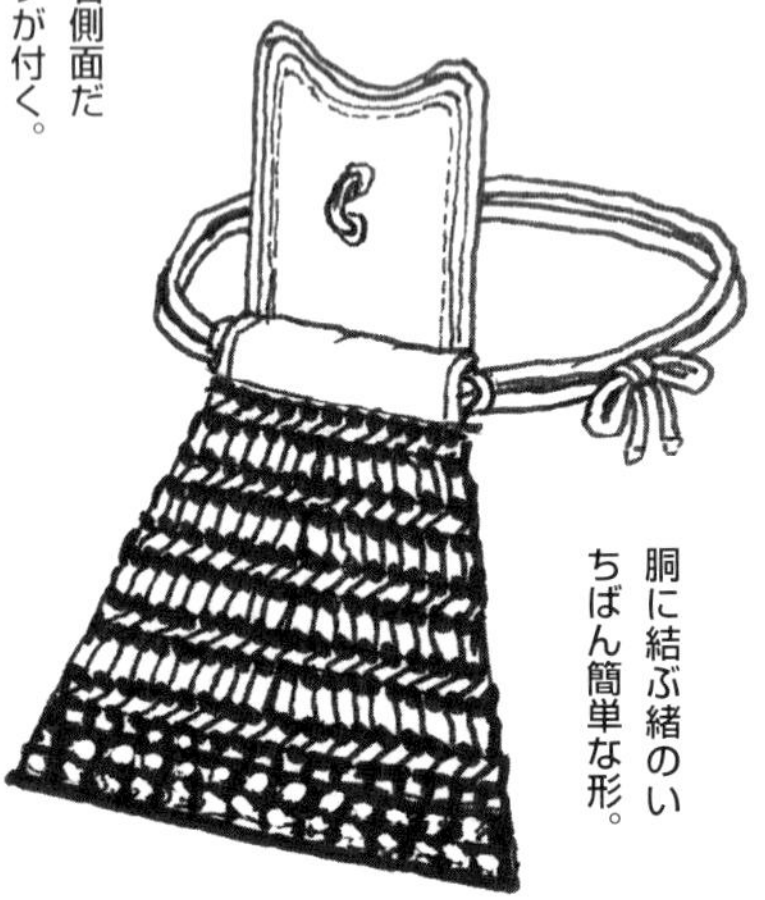

胴に結ぶ緒のいちばん簡単な形。

■響の穴

●顎《あご》に結ぶ兜の緒は重要。平安末期までの星兜《ほしかぶと》は響穴《ひびきあな》（緒を固定する穴）が左右に二孔。外部からの打撃により打ち外されることも多く、髻《もとどり》も外れていわゆる大童《おおわらわ》となった。これを防ぐため穴を四孔にし、締め方も複雑になっていった。

▶**二孔式**
初期兜は顎紐《あごひも》を止める響き穴が二つしか開けられていない。

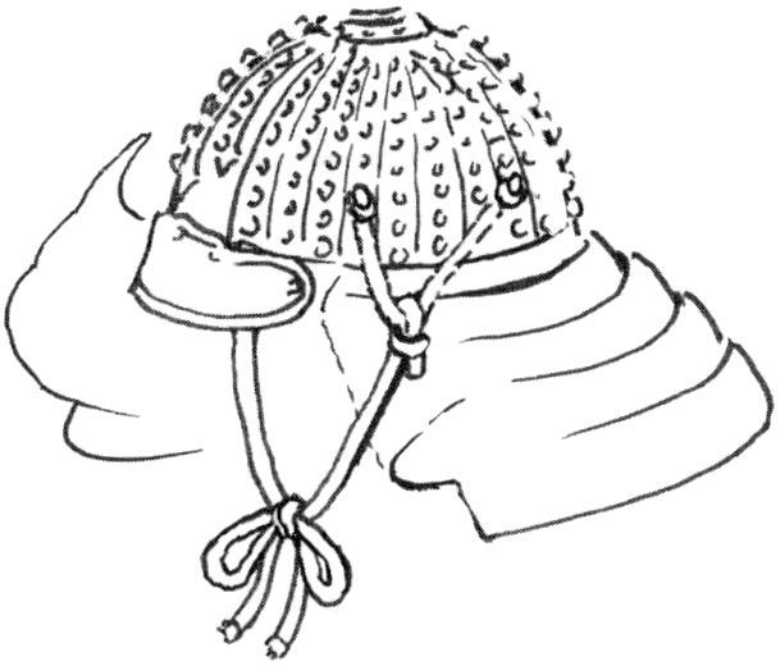

◀**四孔式**
頭部に掛かる衝撃で兜が外れることを防ぐため止め穴は四つとなる。

▶**四孔式**（別の結び方）
さらに時代が下がると内部にクッションが付けられた。紐の結び方も複雑になり五孔、六孔のタイプも出現する。

末期の大鎧《おおよろい》

古代から中世初頭の合戦は、牒《ちょう》（かきつけ・開戦状）を持参した軍使の交換からはじまり、鏑矢《かぶらや》による開戦の合図、矢戦《やいくさ》、乱戦、戦いの後仕末（軍功の承認式）に移行することが理想とされていました。

現代人の目から見ると、ずいぶん悠長な戦闘法にも思えますが、同一民族の戦いは彼我の行動に過重なまでの時間的宗教的制限を加えるのが一般的で、たまにその規範を逸脱する者が出ると、敵ばかりか味方からも軽蔑されます。大鎧は、ただの防具ではなく、己れが戦場でルールに則《のっと》って行動することを公けに示す「晴れの衣装」でもありました。

武者《もののふ》たちは、指定された合戦場に出向くと、自分の家系を誇示する「氏文《うじぶみ》読み」を行なって自分に釣り合った敵を選定。双方が馬を疾駆《しっく》させて擦れ違いざまに矢を放ち、矢が外れると、馬首《ばしゅ》を戻して再度矢を放つという戦法を教育されました。こうした馳せ違いの射撃戦では、鞍上《あんじょう》の振動に耐えつつ前傾姿勢で接近し、八間以内（約十四メートル）の至近距離に迫ると相手の弱点へ手早く矢を射込みます。この時、馬の速度と弓の張力がプラスされた矢の初速は、毎秒六十メートルぐらいまでアップします。大鎧はそうした戦闘法に合わせてできあがった防具なのです。

しかし、こうした理想的な合戦もそうそう行なわれるものではなく、現実は少人数による敵の館《たち》への奇襲・焼き討ちばかりでした。源平時代に入ると、早くも馬上の接近矢戦は廃れ始めます。戦場では、まず相手の馬を射って落馬させるか、馬を併走《へいそう》させて組み打ちし、「太刀《たち》・腰刀にて勝負は候也」（『平家物語』・小壷《こつぼ》合戦之事）

という肉迫戦闘が普通になっていきます。

『源平合戦記』藤平実光《とうへいさねみつ》の条にも、

「近年は、敵（の鎧）に隙間が見えなければまず馬を射ち、落馬した敵を追物射《おものい》（馬上から下への狙い射ち）にするものだ（中略）。敵が接近戦を挑んでくればかまわず押並び、組んでともに下へ落ち、腰刀で勝負しなさい」

この格闘重視のルール変更は、合戦規模の拡大で、騎射に未熟な武者が増加した結果とされています。鎌倉時代に入ってもこの傾向は変わることなく続きました。大鎧は従歩戦に合わせて足さばきを良くし、腰すぼまりになって肩にかかる重量を腰へ分散させる構造に変化していきます。兜も円形を構成する矧板《はぎ》一枚一枚が細くなり、数が増えていきます。また、板を接合する「星《ほし》（鋲《びょう》）」の頭も増え、小さくなりました。それは鎧の小札にも言えることで、札の幅も細かく、表面の漆塗《うるし》装はより厚くなりました。札が細かくなるということは、当然その威糸も細くなります。表面に張る絵韋《えがわ》は、霰《あられ》模様に格子といった画一的なものから、獅子や花柄、末期には不動明王や竜といったバラエティに富む図柄へと進化します。人によっては、鎧の上に、過剰ともいえる彫金の飾り金具（居金物《すえかなもの》）を打ち、糸の染めを派手にして、より華麗に見せる努力をしました。

つまり大鎧は、一方では合理的な着用法を追求し、一方では前時代よりも精巧で、悪く言えば否合理的なコケ威かしにタイプ分離していくのです。こうした変化のうちにも、鎌倉の市中で多発する辻戦《つじいくさ》（市街戦）や、蒙古《もうこ》の襲来などの戦訓から合戦は集団戦に、さらには鎌倉幕府の崩壊で、地方の合戦も山岳地帯に兵を篭《こ》めての籠城戦やゲリラ戦に移行していきます。ここで注目すべきは、武者が薙刀《なぎなた》や太刀といった打物を振るい、配下の下卒が補助の弓兵と化す、兵器分担の逆転がはじまったことです。

合理を追求する武者の中には動きの制限される大鎧を捨てて、軽く足さばきの良い胴丸を着用する者も増えていきます。しかし、家の格や由緒を示す大鎧は、それでも少しずつ改良を重ねながら室町時代の中ごろまで大将級の着用品として生き続けていくのです。

●従歩戦が一般化すると、当然ながら大鎧の軽量化がはじまる。初期の着背長《きせなが》（胴から草摺《くさずり》下まで八十〜九十センチ）タイプが、鎌倉時代は十センチ、南北朝期にはさらに十センチほど裾短かになった。これは構成部品の小札《こざね》が小型化したため。

《平安期》

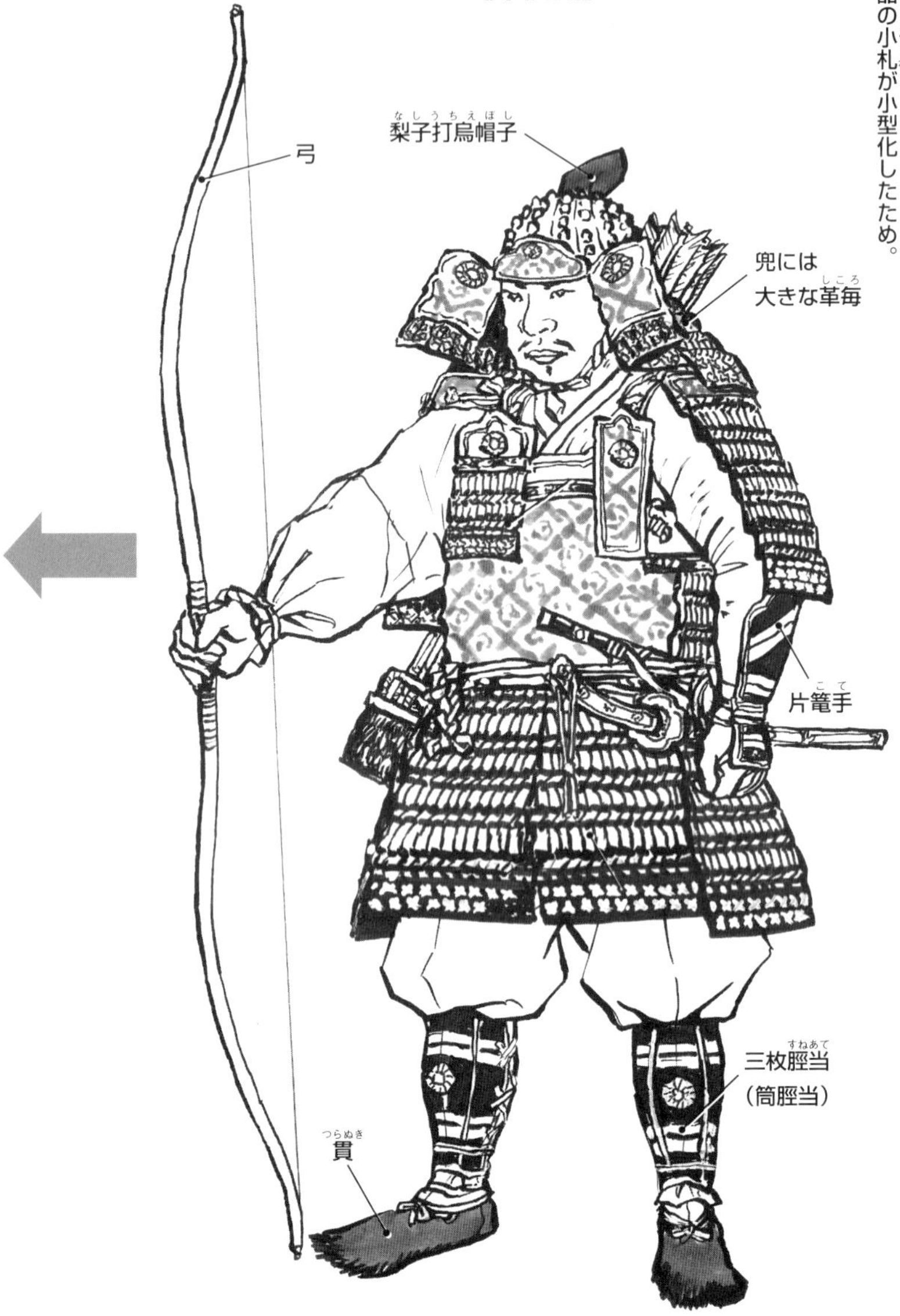

●従歩戦闘を考慮した結果、大鎧の隙間が問題化した。その対策として左脇下にも脇盾《わいだて》の板を、太股には佩楯《はいだて》が付き、袖も六段から七段に伸びた。また薙刀や太刀による膝頭《ひざがしら》への攻撃に備えて大立挙《おおたてあげ》の付いた頑丈な膝当が用いられた。

《南北朝・室町初期》

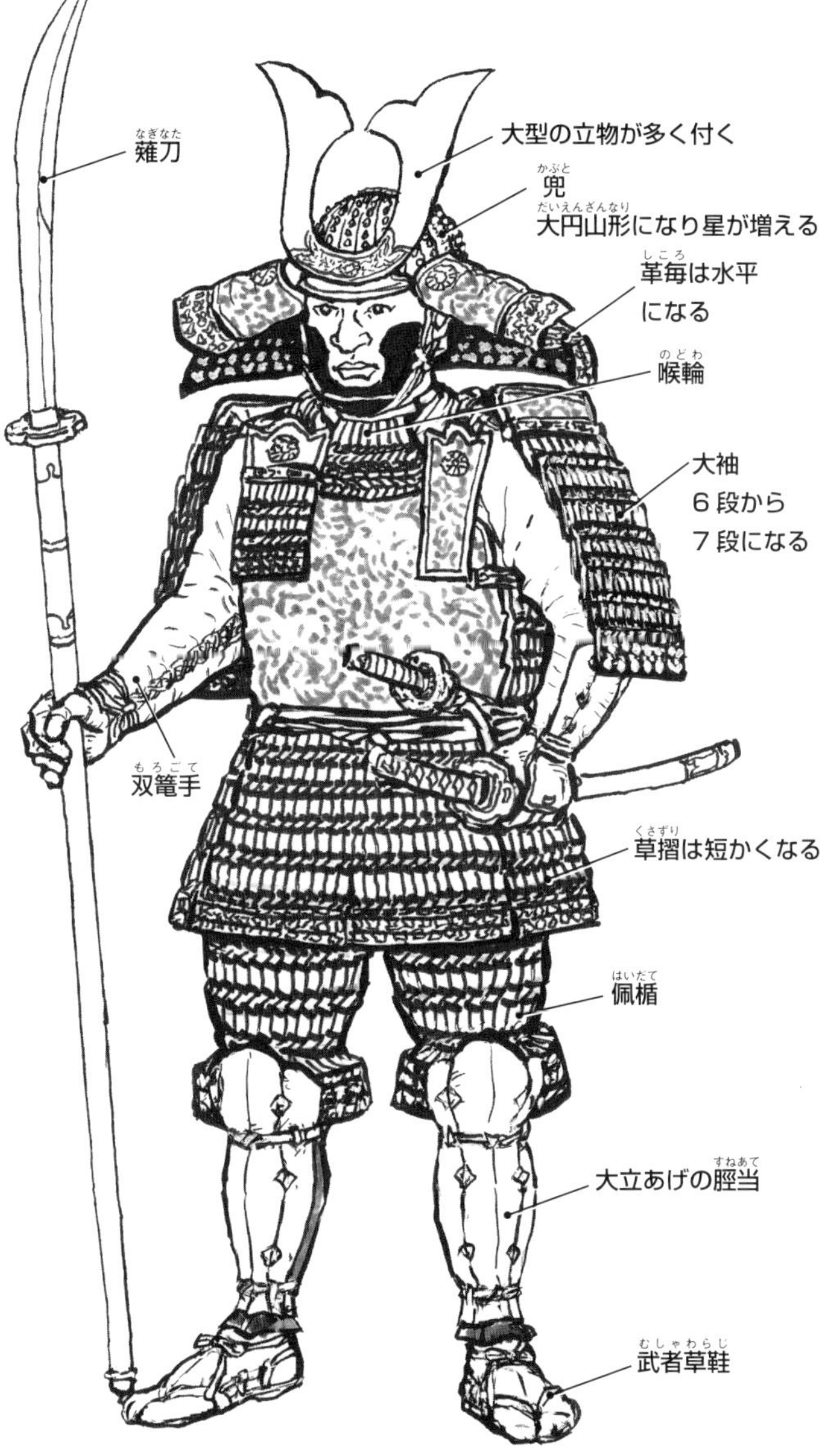

●兜も星（鋲）が増え、時代が下がるにつれて真円になっていく。錣《しころ》は上部からの衝撃に耐えられるように平たい笠錣《かさじころ》に変わり、吹き返しも二重に変化、頬当《ほおあて》が使われ始める。

矢の容器「箙《えびら》」

最近ではスポーツ流鏑馬《やぶさめ》なるものも流行しているようですが、ここでは現代弓術であまり触れられることのない矢の容器「箙《えびら》」について書いていこうと思います。

箙は別名を「やなぐい」と言います。柳《やなぎ》箙・竹《たけ》箙・韋《かわ》箙・高《たか》箙・葛《くず》箙・逆頬《さかつら》箙などの種類がありますが、これは製作法や材質の差による名称です。中でも、平安期から南北朝の頃の武士が好んで用いたのが逆頬箙でした。松や杉の板に竹や藤《とう》を組み合わせた箱状の容器の外側へ、熊《くま》・猪《いのしし》の毛を逆立った形で貼《は》ったものです。これを「式正《しきしょう》(本式)の箙」と称し、略式としてなめし韋に包んだ韋箙が存在しました。江戸期の時代考証家伊勢貞丈《いせさだたけ》が書く『貞丈雑記《ていじょうざつき》』に、「(熊や猪の毛を用いるのは)ふたつともに勢い激しき強きを(武士が)好む事なれば」とあり、一種の呪術的な理由をあげていますが、毛貼りには耐久性の強化・防水という効果も期待されていたと思われます。

箙は太刀の反対側、右脇に装着し、太刀側には予備の弦《つる》を入れた弦巻《まき》を下げます。箙に盛る(挿入する)矢数にも決まりがあり、征矢《そや》(尖《とが》り矢)だけを所持する際は偶数で四四《しし》十六筋から二十四筋、まれに六六《ろくろく》三十六筋も盛りつけて戦場に出る剛の者もいました。日本の弓兵は外国に比べて矢の携帯数が多いという特徴がありますが、これは武具が基本、個人持ちで、補給も自前であったからでしょう。

馬上武者の場合、征矢二十三筋。ここに中差《なかざし》（平根《ひらね》の大鏃《おおやじり》）一筋、雁又《かりまた》の付いた鏑矢《かぶらや》一筋の計二十五筋を盛って、これをひと腰と数えました。方立《ほうだて》という箱状の部分に筬《おさ》という簀《すのこ》があり、そこに鏃を差して矢を固定しますが、激しく動くと抜け落ちるために、矢把《やたばね》という紐で結びます。初めはこれ一本ですましましたが、鎌倉時代を過ぎると、さらに上帯《うわおび》という第二の予備紐が附属しました。時折、この上帯を「石垣を登る紐」「捕虜を縛るため」と説明する資料がありますが、これは江戸期に生まれた嘘のようです。

《箙》

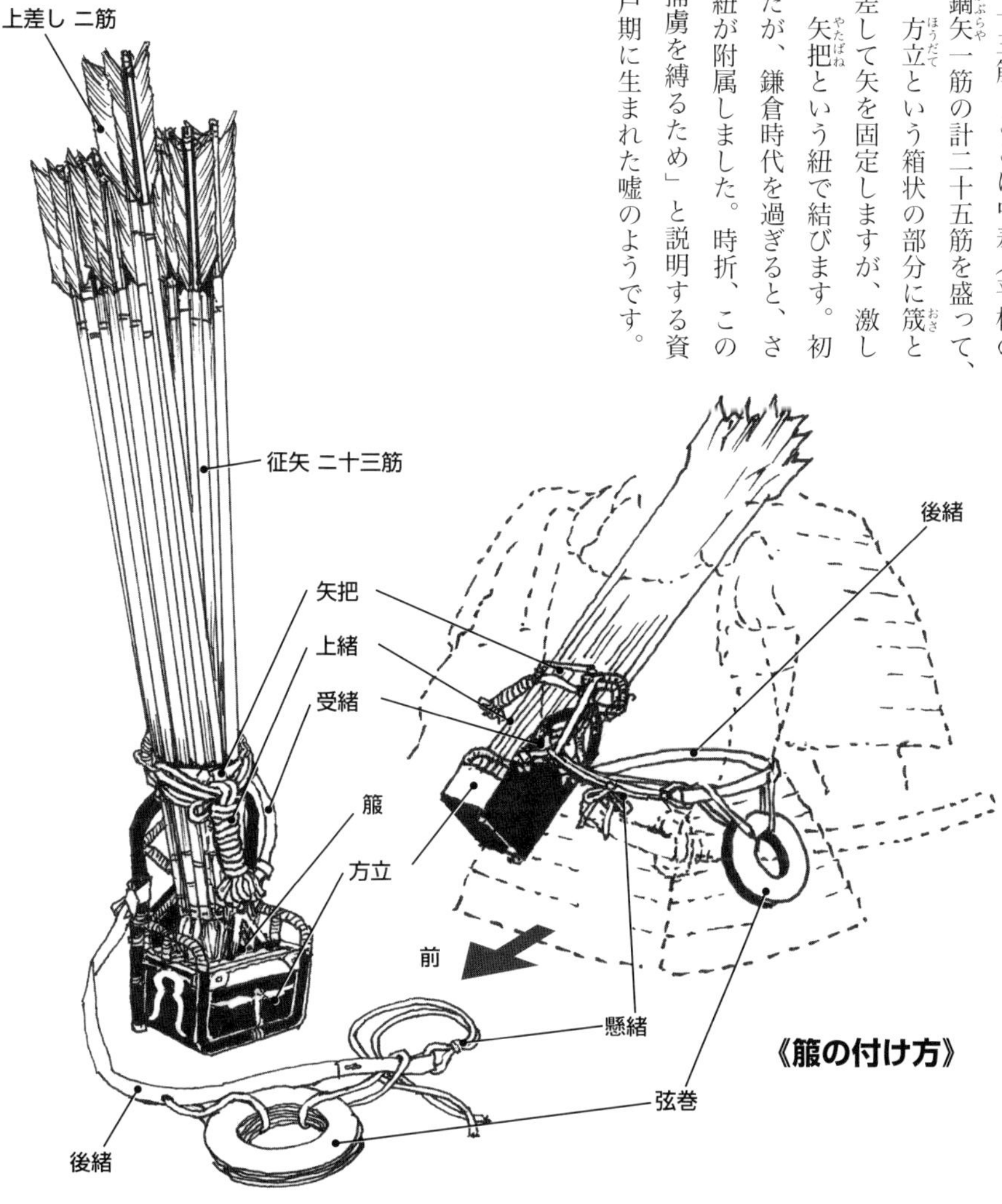

《箙の付け方》

■矢の容器の変遷と使い方

《奈良時代頃の箙》

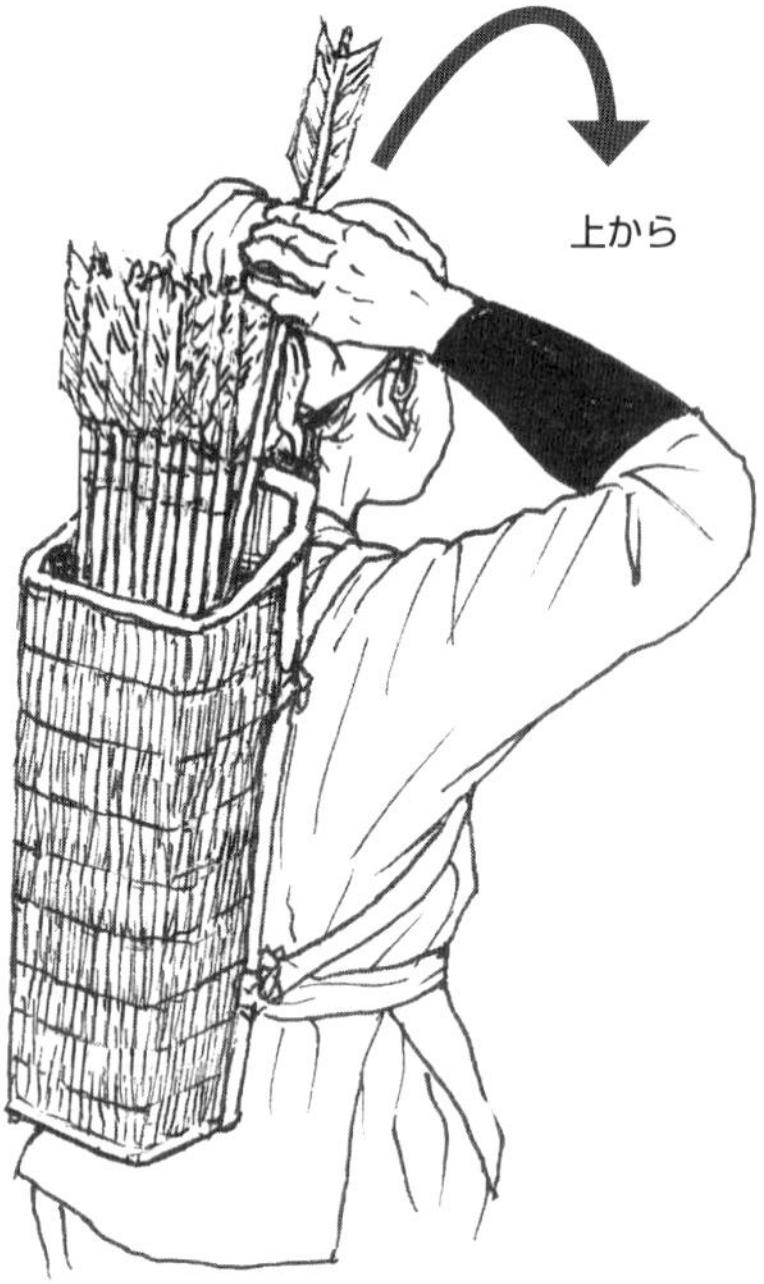

●古代から奈良朝の頃までは背中に装着した「靫《ゆぎ》」を用いたが、そのころは背に手を大きくまわし、上から矢を抜いていたと思われる。

《平安時代以後の箙》

●箙では、方立の下から右手をまわし、矢の鏃近くを持って少しずらしながら下方に引き抜く。こうするとす早く矢を番《つがえ》ることができるうえ、弱点の右脇を敵前へ露出することもない。

●箙を腰へ着けるには、方立を押さえながら後緒《うしろのお》を胴にぐるりと巻き、緒の先の懸緒《かけお》二本のうち一本を受け緒に差し込んで出し、もう一本と結ぶ。固く腰に結んでおかないと矢の重さで後に矢束が寝てしまう。常に紐のゆるみを確め、矢羽が背中の斜め上へ突き出す形にしておくのが良い武者とされ、これを「筈高《はずだか》に矢を負う」と称した。

《筈高《はずだか》に矢を負う》

戦国時代の雑兵 箙《えびら》

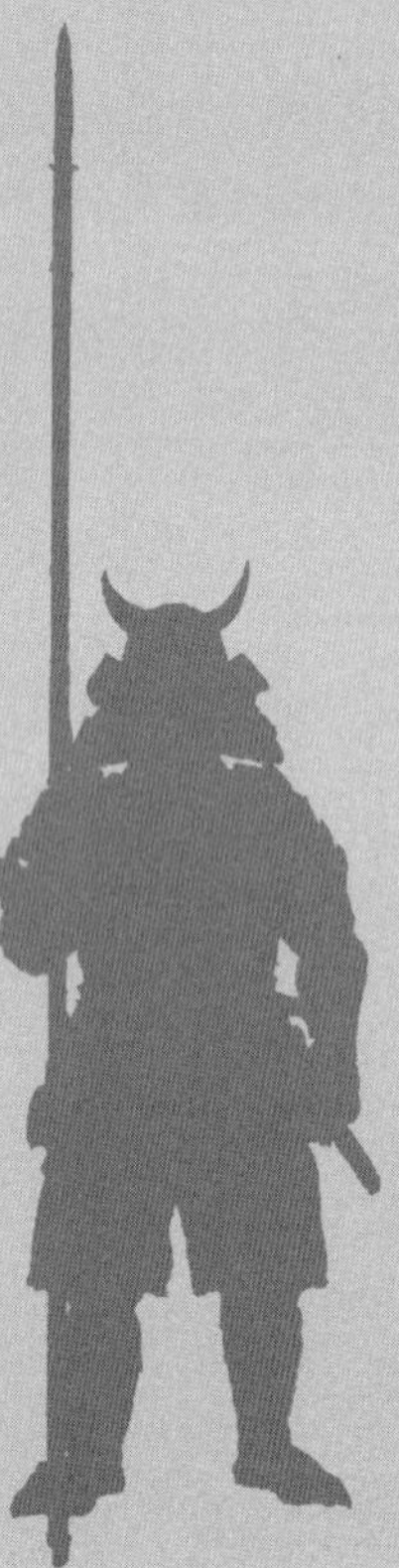

中世の中頃になると、馬上で弓矢を操る上級武士と、打物《うちもの》（刀・薙刀《なぎなた》）を担いで従う下級の兵士という戦場の図式が崩れ始めます。

下級の兵が弓を担当し、馬上武者が打物を取るという逆転現象が起きるのです。これを蒙古襲来の戦訓、あるいは山岳城塞戦の流行による変化と説く研究者もいますが、実際のところ、兵の大量動員が生んだ現象でしょう。

盾を並べ、後方から打ち出す数矢《かずや》（大量射出）は、広範囲の地域制圧に有効です。また、接近戦を恐れる未熟な下級兵士にも活躍の場を与えました。

下級弓兵の大量投入が勝利のきっかけとなるのは洋の東西を問いません。西ヨーロッパでも百年戦争のころ、アジャンクールの戦いで、イングランドの徒歩長弓兵は、重装騎兵を含む一万のフランス兵を殺害しています。

基本、数矢を放つ弓兵の装備は、それ以前の騎馬弓兵と同じものでした。しかし、時代が下がるとともに次第に雑なものとなっていきます。弓は常寸よりやや短い六尺（約百八十センチ）。一尺ごとに藤巻《とうま》きの印を付けます。また、戦場で堀の深さなどを計る間竿《けんざお》代用の「尺藤《しゃくとう》」が下級指揮官に支給されました。矢は質の悪い山鳥や家禽《かきん》（ニワトリやアヒル）の羽を用いていましたが、鳶《とび》や烏《からす》は忌《い》み鳥《どり》として特別の場合を除き用いません。鏃《やじり》は大量生産に向いた錐《きり》型の征矢《そや》が多く、熟練兵にのみ殺傷能力の高い平根《ひらね》（平たい大型鏃）が支給されました。甲州武田家の弓兵は稀《まれ》に、

■雑兵の矢の容器

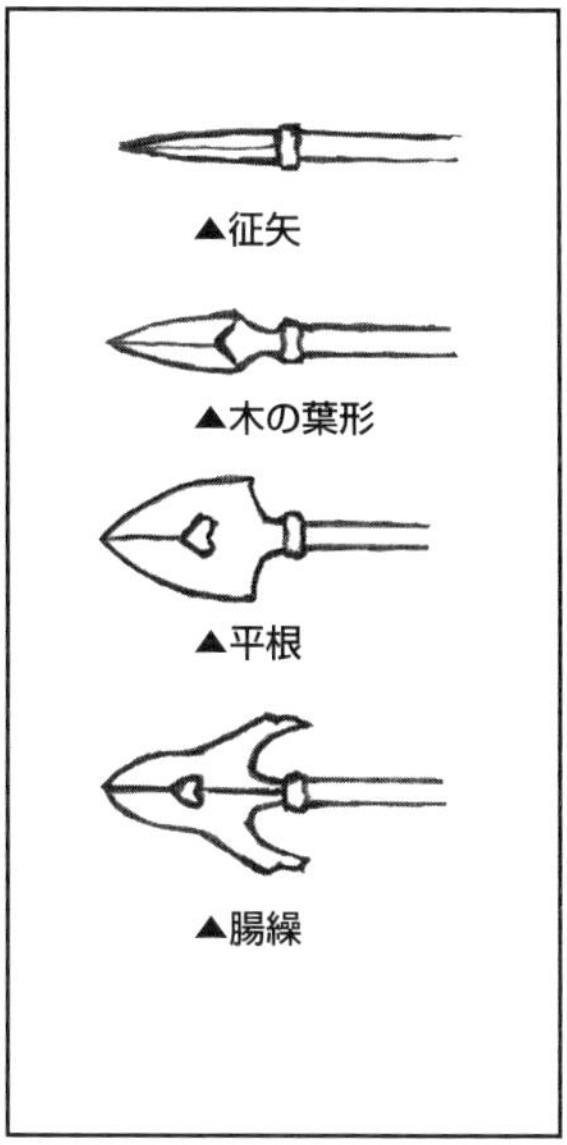

《差し箙》

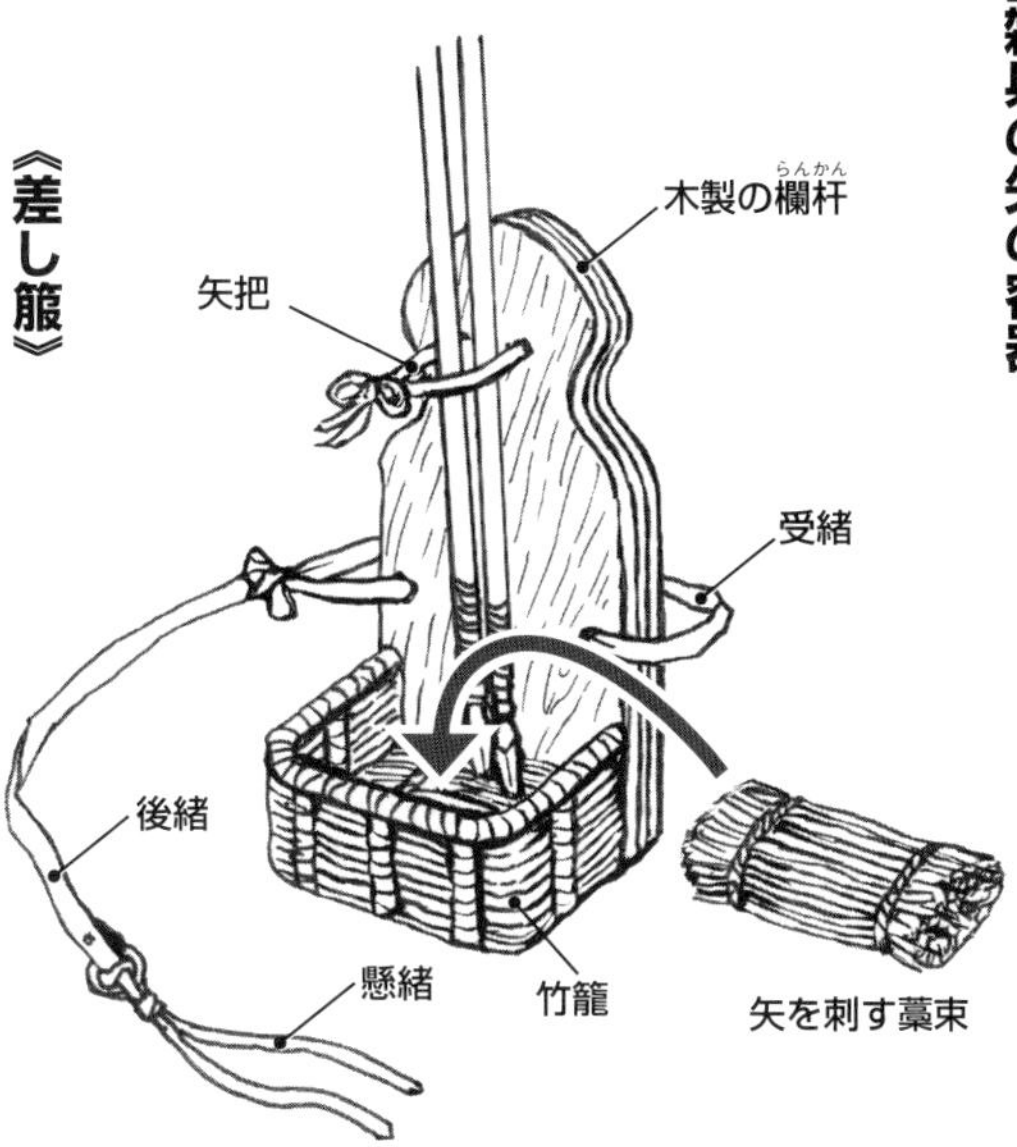

《筑紫箙》

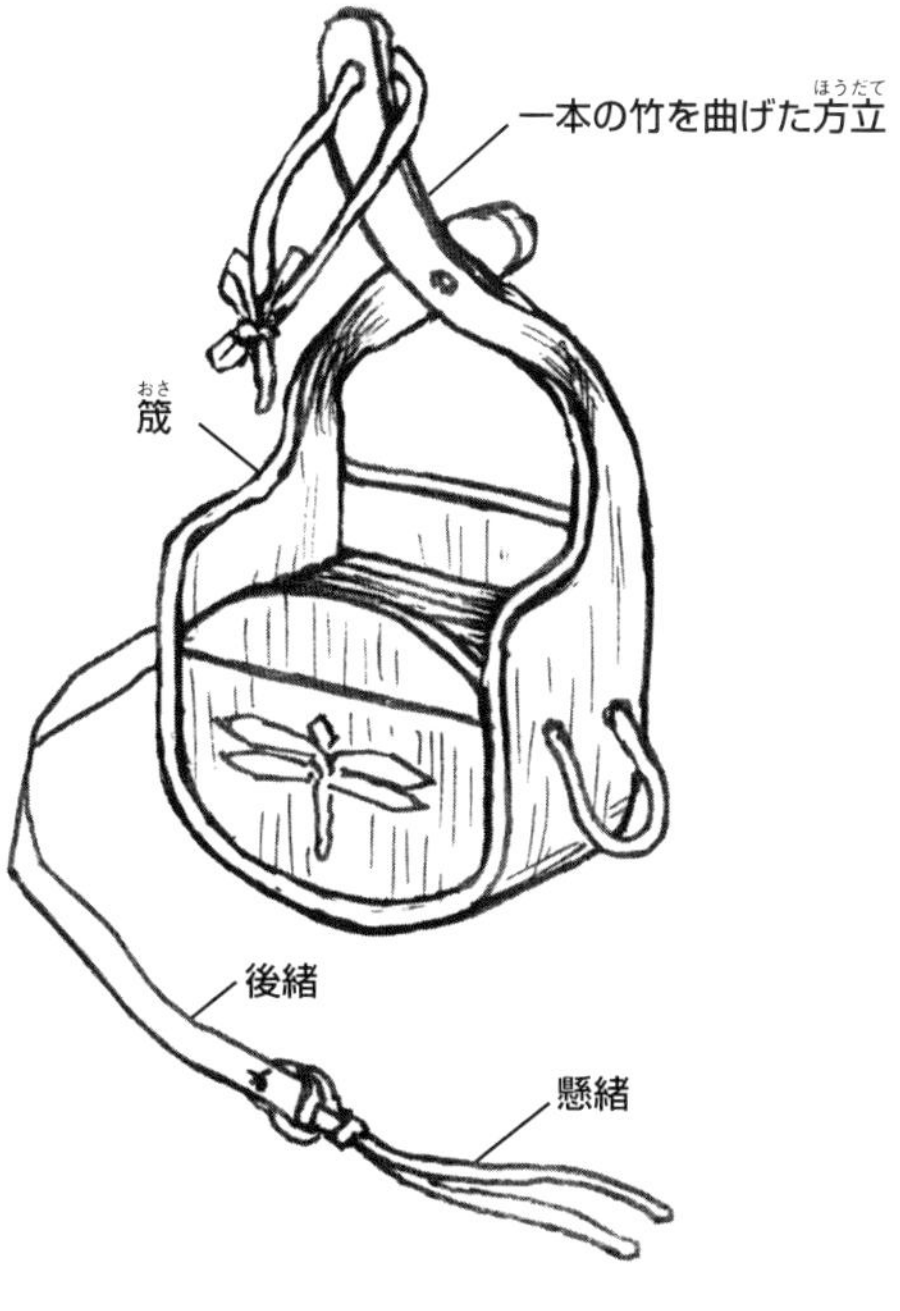

●弓足軽は、遠矢の場合、二百から二百五十メートル、接近戦闘では五十メートル以内が「矢頃《やごろ》（有効射程）」と教育された。戦国時代に入ると単独の弓部隊として行動することも少なくなり、長柄や鉄炮と協同して戦場に出た。接近戦では箙に入った矢の数を読まれて攻め込まれることがあり、これを防ぐために、やがてはうつぼ（空穂）が多用された。

「腸繰《わたくり》」という左右の返しが大きな特殊鏃を用いましたが、これは胴に刺さった矢を引き抜こうとすると腸まで繰り出されるという意味で、他家の弓兵はそれを非常に恐れたといいます。

これらを収める箙も図で見るとおり、背板《せいた》や矢束の枠を省略した木製の「差《さ》し箙」が多く、良質な竹を産する地域では、単体の竹だけを曲げて作る「田舎箙《いなか》」「筑紫箙《ちくし》」が用いられました。

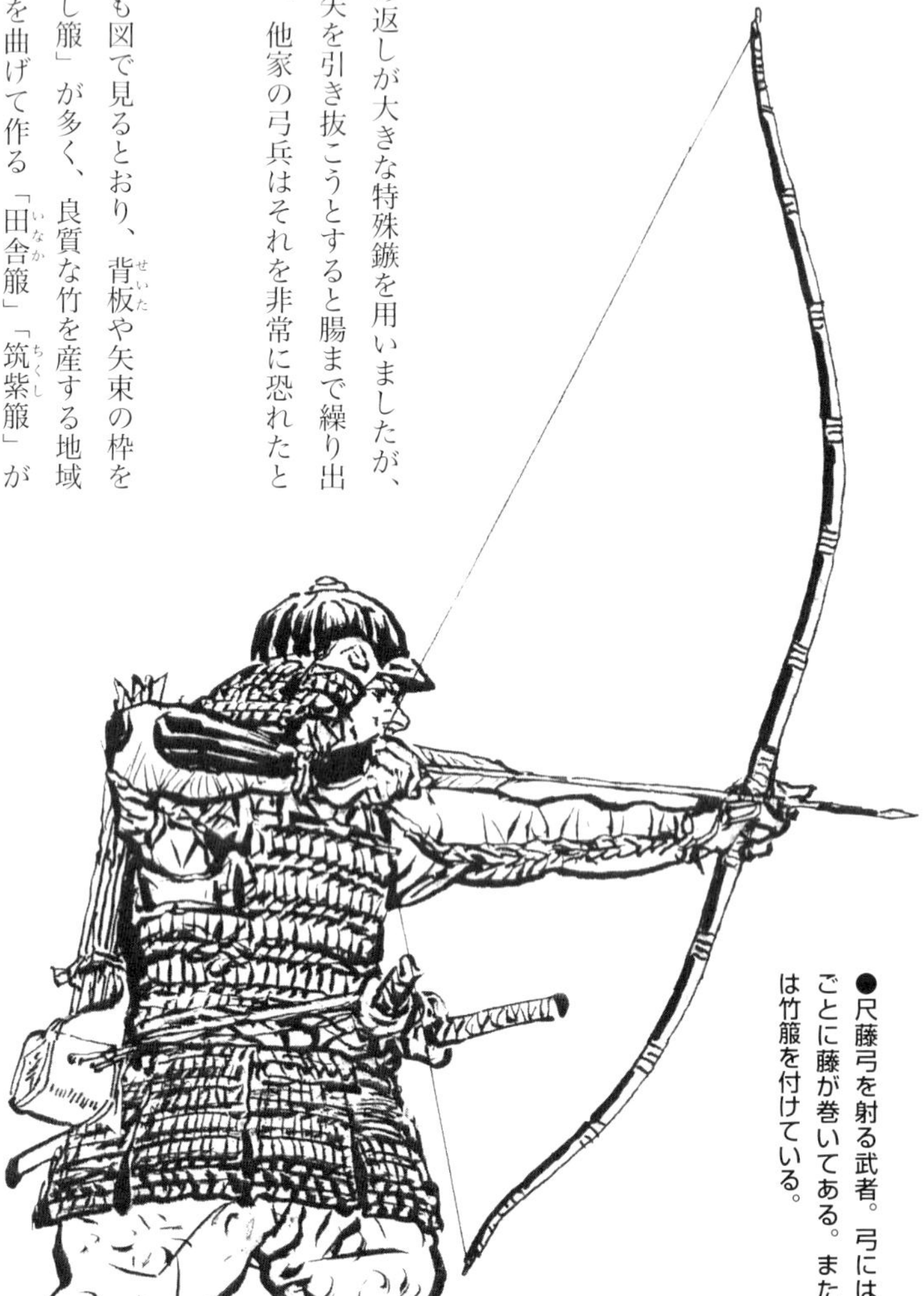

●尺藤弓を射る武者。弓には一尺ごとに藤が巻いてある。また腰には竹箙を付けている。

▶一尺ごとに藤の目盛りが付いた尺藤弓。戦場に於いて、寸法を測る間竿としても用いられた。

▼映画『蜘蛛巣城』の三船敏郎。

●戦国期の箙が見られるめずらしい例として、黒澤明の映画『蜘蛛巣城《くものすじょう》』がある。また、現在、埼玉県寄居町の鉢形歴史館展示室には実物大で戦国期の木製櫓《やぐら》門が復元されており、その上部には古式の五枚胴具足に略式の差し箙を着けた弓兵のマネキンが置かれている。フィギュア・マニアにはお勧めである。

「空穂《うつぼ》」その①

箙《えびら》は矢を露出したまま携帯する道具ですが、この矢というものがなかなかの曲者《くせもの》でした。矢羽《やばね》・矢幹《やがら》（矢の棒状の部分）は湿気・乾燥によって損傷することが多く、天候の変化も飛翔《ひしょう》距離に重大な影響を与えます。

山野に寝起きする武士や猟師が、その解決策として考え出したものが「空穂《うつぼ》」という完全密閉式の容器でした。

初めは矢筒《やづつ》と呼ばれる筒状の収納具に矢壷《やつぼ》(取り出し口)を付けて腰に装着していましたが、そのうち矢壷（この部分をかまどとも言います）に間塞《まふたぎ》（蓋《ふた》）が付いて穂《ほ》の部分に動物の毛皮を張るなど進化し、室町時代になると、その扱いにもいろいろな作法を生じました。貴族や将軍のお伴をする武者の心得を記した『供立日記《ともだてにっき》』には、「空穂の付《つ》け様《よう》の事」として、老人の場合は尻垂《しりだ》れ（空穂の先端が身体の後ろへ下がるように）、若者の場合は尻高《しりだか》（背の方へ立て気味に）、腰へ固く装着せよとあり、また弓道の研究書『高忠聞書《たかただききがき》』には、「箙の矢は負《お》うと言い、空穂は付《つ》けると言う。（中略）空穂に矢を差すには征矢《そや》を下にして、上差しは一筋だけさすこと」

とあります。空穂は細長い容器で、箙のように大量の矢を収納することが出来ず、初めは平均十三筋ほどを入れて持ち歩きましたが、これにも「春は七筋、夏は九筋、秋は十筋差す。常《つね》は鏃《やじり》を下にして差すが、儀礼の時は矢羽を下にして差し、押さえとして上差しを鏃下に差す」と複雑な作法を生じました。

『明良洪範《めいりょうこうはん》』九月十五日関ヶ原合戦の状には、徳川家康のもとへ、右脇を負傷した井伊《いい》直政《なおまさ》が、右手を腰の空穂に掛けて参上した際、

「昔から手負いの者が大将の前に出るときは、空穂を付ける慣わしである。それを忘れぬ直政は軍礼を知る男だ」

と家康が褒《ほ》めた話が出てきます。この頃になると空穂は一種、武家の故実《こじつ》を示す道具にもなっていたようです。

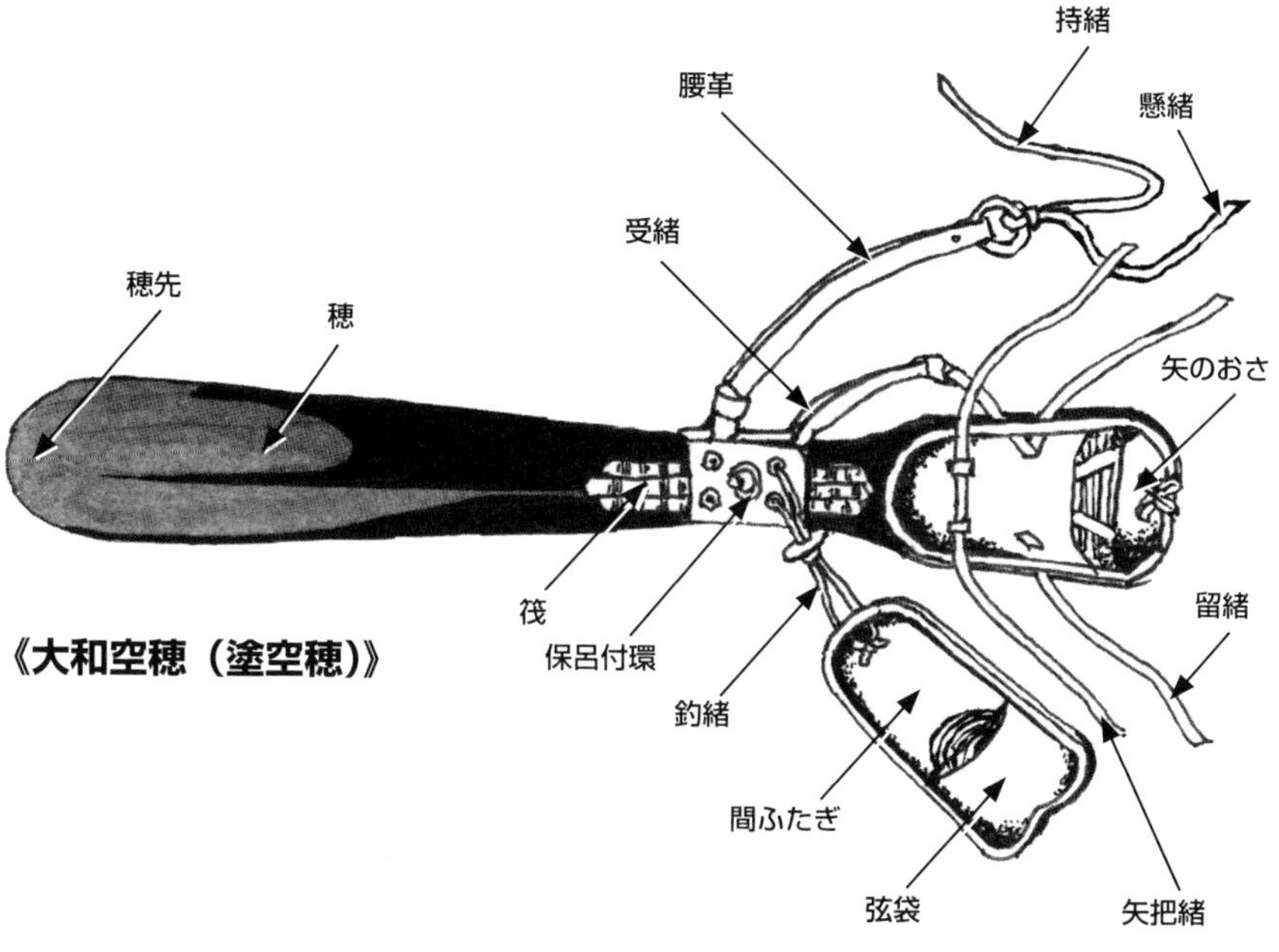

《大和空穂（塗空穂）》

《空穂を右腰に付けた狩り装束の武士》

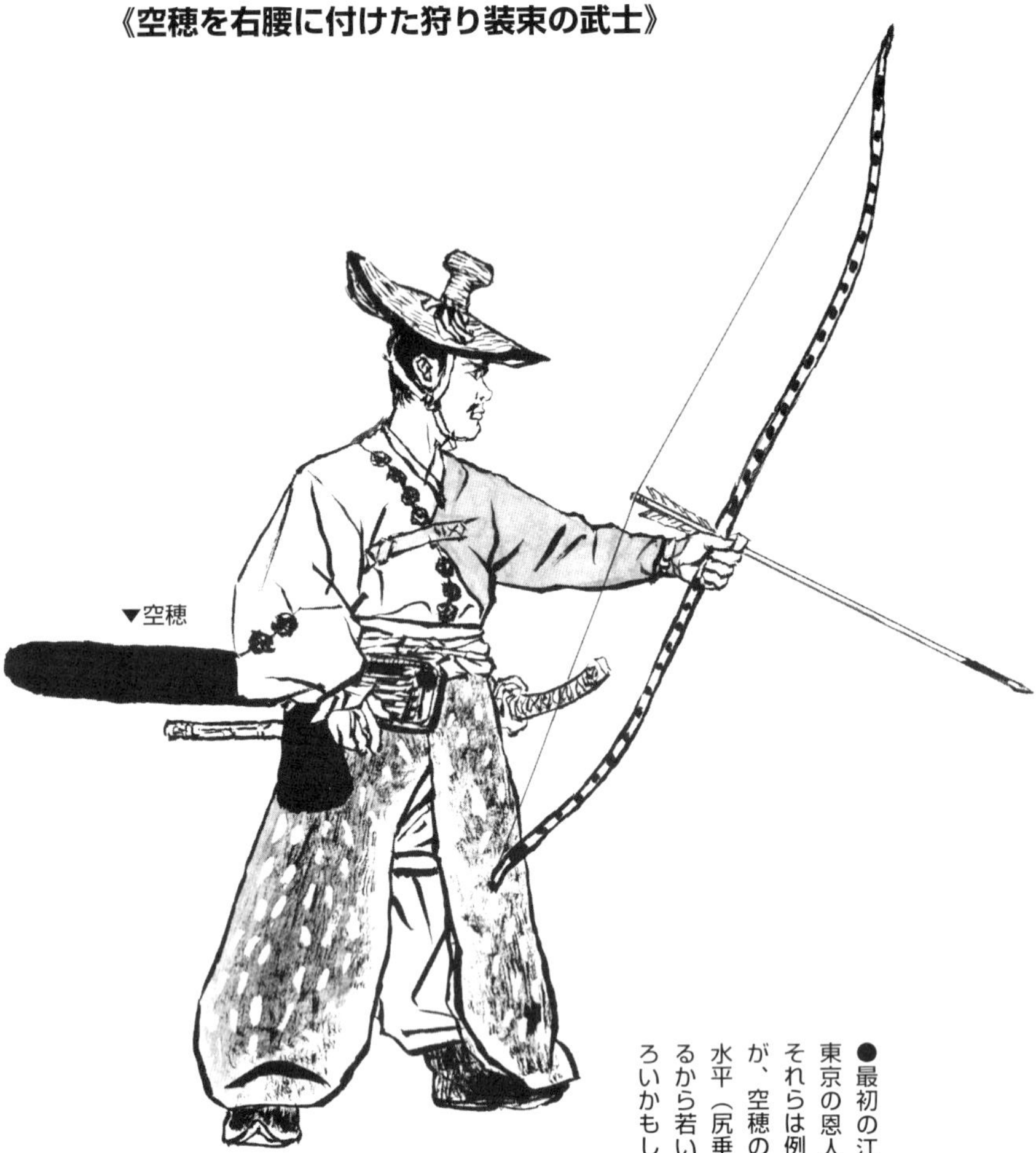

●最初の江戸城を築いた武将太田道灌《おおたどうかん》は、東京の恩人として都内各地に銅像がある。それらは例外無く狩装束で表現されているが、空穂の装着法は一定ではない。あれは水平（尻垂れ）だから老いた頃、立てているから若い頃の像、と鑑賞するのもおもしろいかもしれない。

《初期の空穂》

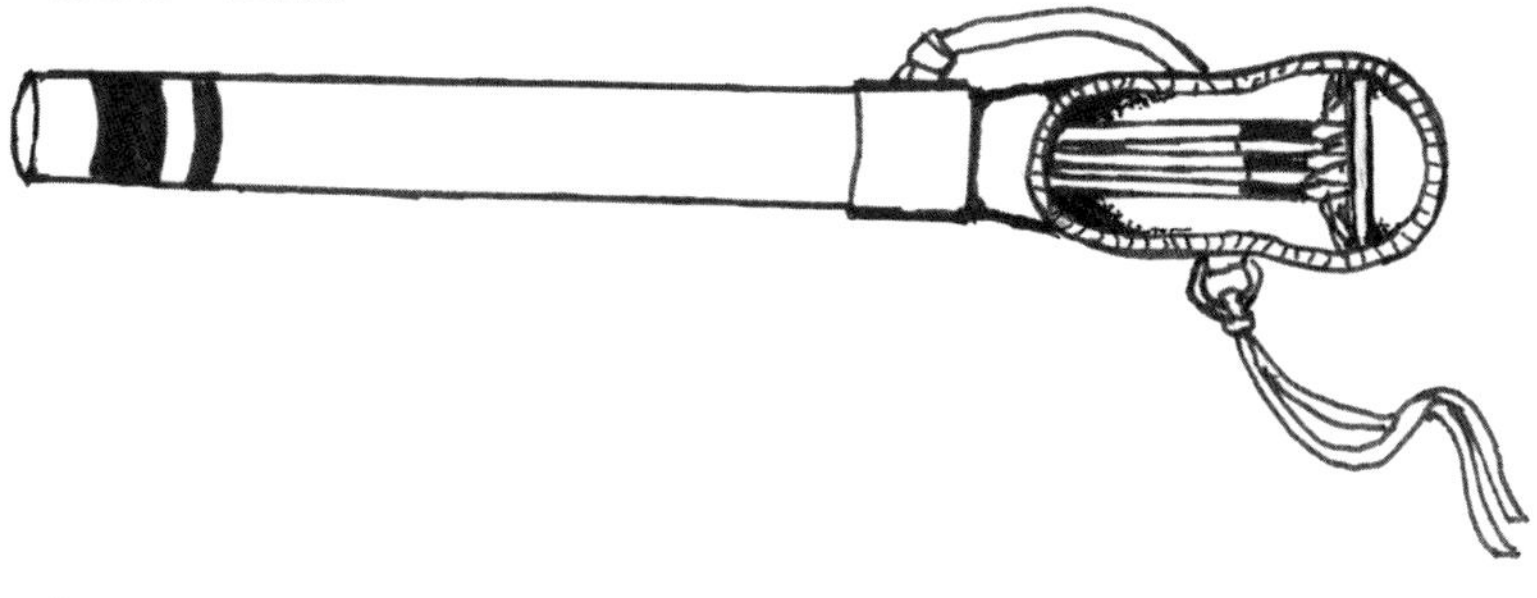

《狩空穂（細空穂）》

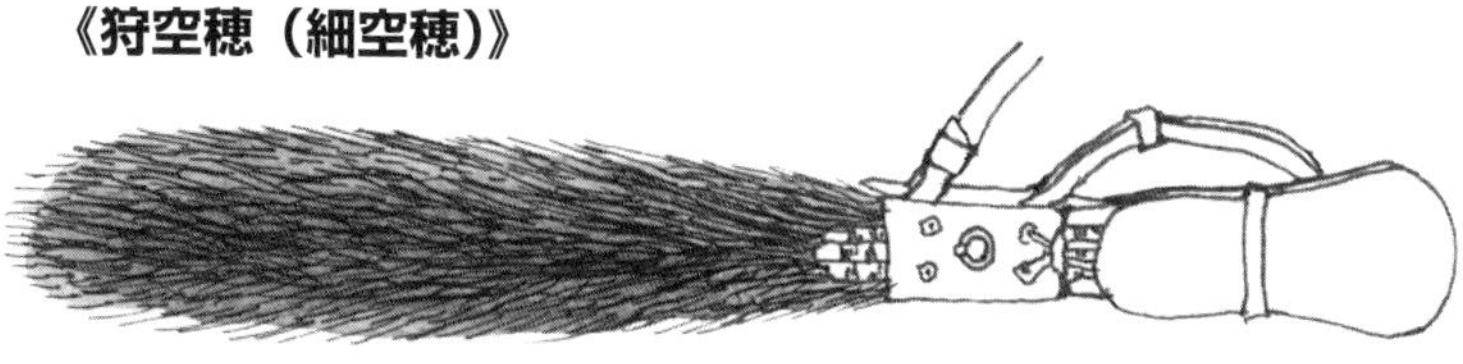

《籠空穂》

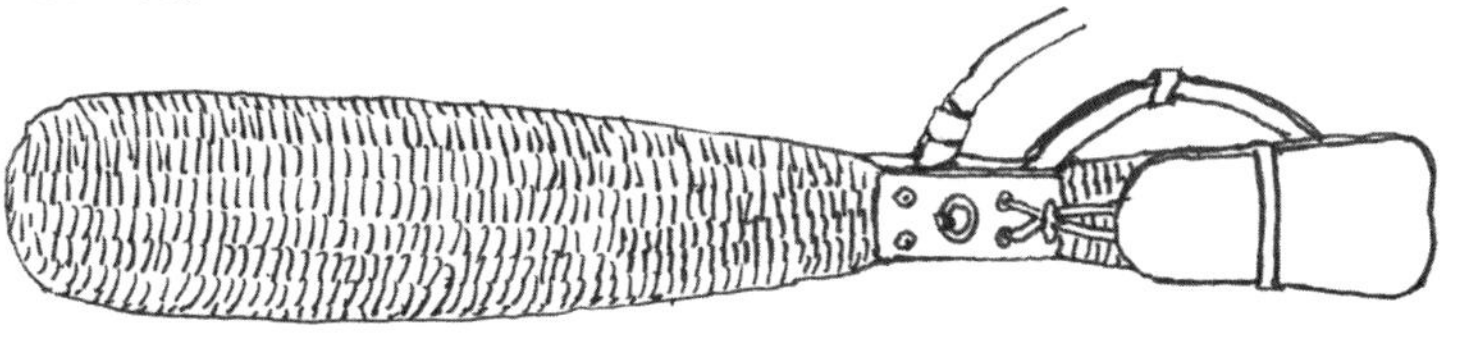

●空穂は平安末期頃から用いられたが、初めは穂先が筒状で、下へ行くに従って太いものだった。南北朝から室町時代にかけて大流行し、竹を編んだ籠《かご》空穂、厚く漆《うるし》を塗った塗空穂、白い猪《いのしし》の革を張った白猪《しろいの》空穂、藤《とう》を編んで漆をかけた山《やま》空穂など多くの種類を生じた。『太平記』や狂言の『空穂猿《うつぼざる》』には猿の革を張った空穂を武士が珍重した話も出てくる。

●空穂は箙に差した矢を覆う布製の矢母衣《やほろ》が進化したという説もある。

●矢を盛った箙は一腰《ひとこし》、二腰《ふたこし》と数えるが、空穂は一ツ二ツ、あるいは一本二本と数える。中に収めた征矢を「矢」と言わず「空穂の実《み》」と言う。

●矢以外の品を入れることもある。重要書類や小太刀を収納することがあり、これを「空穂の子《ご》」と称した。

「空穂《うつぼ》」その②

数弓《かずゆみ》の雑兵足軽は、鉄砲が広く普及する時代に入っても、その存在意義を失うことがありませんでした。

鉄砲に比べて操作が単純で、費用対効果も大きく、なにより接近戦闘では、鉄砲よりも発射速度が早いという利点がありました。

たとえば初期の鉄砲隊では、鉄砲と弓の比率が砲一、弓二の割合でしたが、これは装塡時間を稼ぐ目的で配備されたものです。合戦用語でそれを、「間《あい》をはじく」と言いました。

また遠矢《とおや》を高角度で射ち出す兵士は、一種迫撃砲兵の役割を果たし、遮蔽物《しゃへいぶつ》に拠《よ》る敵を頭上から制圧するのに役立ちました。とは言え、この数弓にも多くの弱点があります。通常の戦場なら、五十メートルあたりから有効射程となりますが、訓練の行き届かない農兵たちは、敵が迫ると無用にいきり立ち、あるいは恐怖をおぼえて、早期に矢戦《やいくさ》を開始します。そのため、敵が完全に接近した時は手持ちの矢を射ち尽くしていることも多く、それが指揮官たちの悩みの種《たね》でした。ベトナム戦争当時、米軍兵士の間ではジャングル戦の恐怖から、短時間で自動小銃弾を消費してしまう「戦闘熱《ディアフィーバー》」が日常化しましたが、全く同じことが戦国時代にも起きていたのです。

この防衛策として有効だったのが空穂でした。敵との距離がある時は、弓足軽の小頭《こがしら》が配る矢や、矢箱に収めた数

■弓足軽の装備

●これは戦国末期の天正から慶長にかけての姿。右腰には粗末な籠空穂を着けるが、普段は尻垂れ（水平）に装着。行軍中、あるいは戦闘の際には尻高（穂先）に立てて互いにぶつかりあうのを防いだ。

尻垂れ（水平）に装着
された平時の空穂

尻高（穂先）に立てた
戦闘状態の空穂

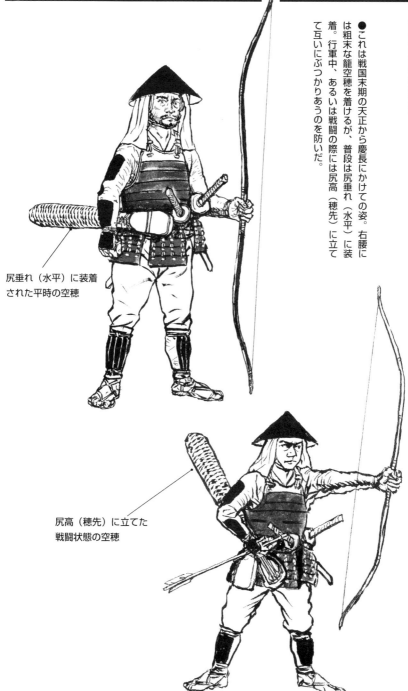

矢をゆっくりと放ち、敵が矢頃《やごろ》（射程）に入ると、初めて腰にある空穂の間塞《まふたぎ》を開いて自分の矢を用います。こうすることによって「徒矢《あだや》（無駄な矢）」が防止されました。また矢戦は可視範囲での戦闘のため、箙《えびら》であれば残った矢の数を敵に読まれてしまいます。しかし空穂では、相手の矢が幾筋残っているのか全くわかりません。弓足軽の小頭は矢戦が始まると矢を配りながら、

「勢いにかかって矢を射捨《いす》てまじきぞ」

「むざと（不用意に）射めさるな」

と、声を枯らして配下の者たちに、戦闘熱が起きぬよう叫んでまわりました。

■矢箱持

●一箱に百筋づつの矢を収納し、これを両掛けにしたものを「壱荷」と称する。

●慣れぬ矢運びは転んで矢をぶちまけてしまうこともあり、後には一箱ずつ背に負う形式が一般化した。

■弓足軽小頭

●平安期の豪傑鎮西八郎為朝の配下に「空間数えの悪七兵衛」という者がいたが、これは空き巣狙いや泥棒ではない。矢頃で相手の箙に残った矢と射撃の間合いを読む達人であろう。空穂はこうした侍たちに対して有効な武具であった。

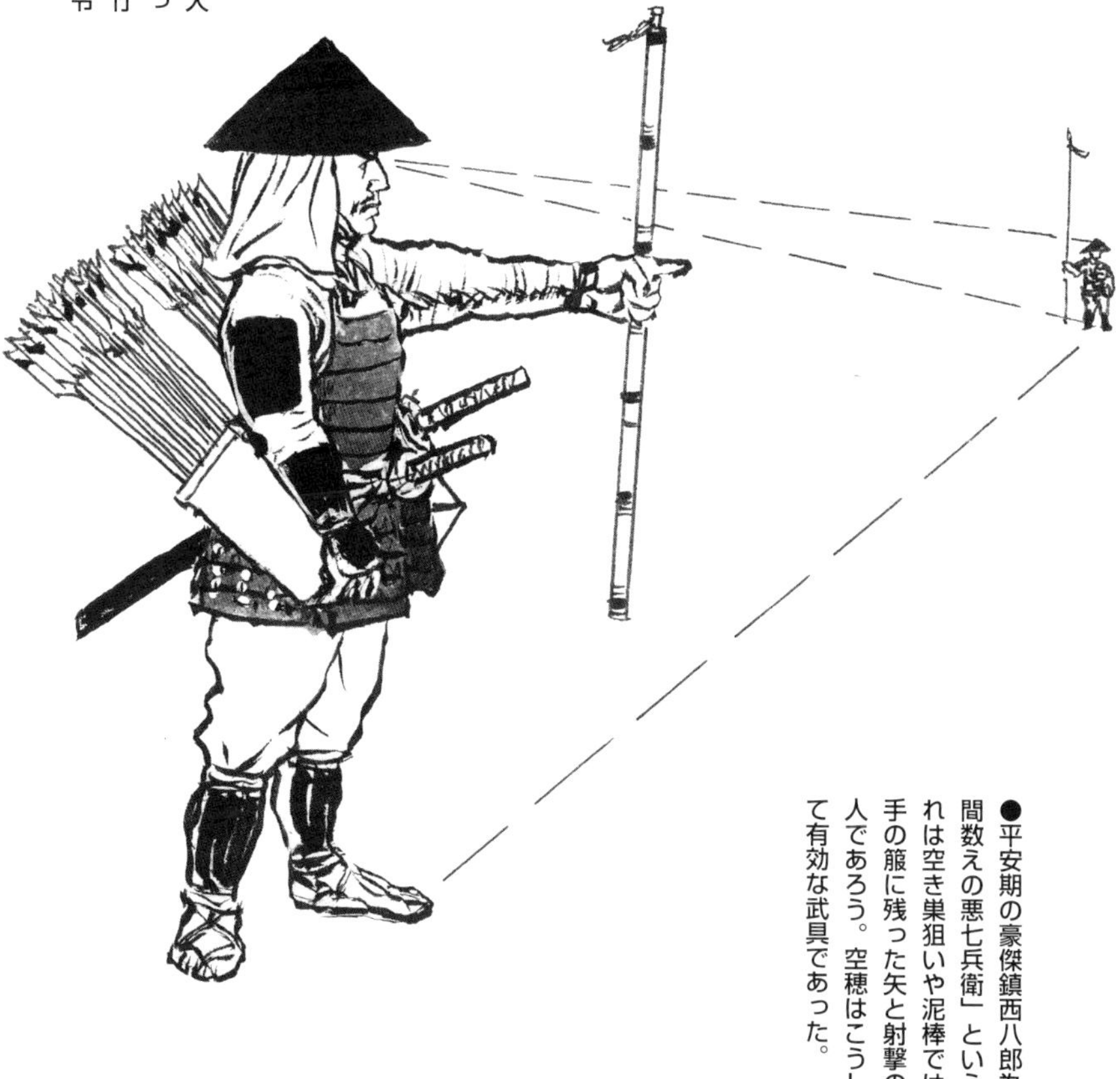

▼五十筋近くの征矢を収納した「大箙」を負い、この矢を配下に配って歩く。また距離測定用の間尺竹を持ち、敵との矢頃を計って号令をかけた。

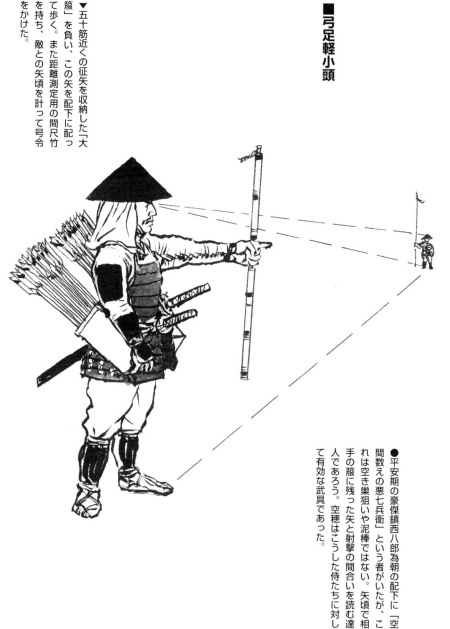

「アイヌのヨロイ①」

古来、アイヌは和人（倭人・本土人）の圧迫に抗して武装蜂起を繰り返しました。室町時代中期、長禄《ちょうろく》元年（一四五七年）の蜂起は特に規模が大きく、一時は蝦夷渡島《えぞおしま》半島（北海道南部）にあった和人の籠る十二の館《たて》のうち、十一までが陥落したと伝えられます。

こうした合戦には当然アイヌ側も防具を着用して戦ったと思われますが、江戸期に入ると武具のほとんどは和人に没収され、その形態が不明となりました。北辺探検で知られた間宮林蔵や、江戸期の博物学者松浦武四郎が、僅かにアイヌの鎧について触れていますが、いずれも漠然としたものです。その存在がはっきりと確認できたのは、昭和の初めでした。東北帝大の伊東信雄教授が、樺太《からふと》のアイヌ集落に秘蔵していたものを二領発見し、一領は同大法学研究室、もう一領は樺太豊原の博物館に納められました。

材質は胴部の小札が全てトド皮で、緘《おど》しは太く裁断した鹿韋。籠手《こて》・脛当《すねあて》は木製。兜は残っていませんでしたが、伝承では「オッコ」の木片を皮に縫い付けて頭巾にしたもの。つまり、本土で乱波などが用いる鎖頭巾型に酷似したものとされ、これを蝦夷の言葉では「タカラ」と称しました。トド皮の小札は一枚の長さが最大で九・八センチ、幅が平均五センチと大きく、これに合わせて緘しの鹿韋も平均二・五センチと幅広です。平安時代の大鎧では一番札が大きい、いわゆる「大荒目《おおあらめ》」の実物は、京都法住寺殿遺跡から出土した兜のシコロ札ですが、これは長さ七・三センチですから、アイヌ鎧は文句なく我が国最大の大荒目鎧と言うことができます。

（六八ページへ続く）

東北大学考古学教室所蔵
アイヌ鎧（正面）

第二章 雑兵とその装備

〔総論〕雑兵の装備と槍について

以前は足軽といえば、社会のあぶれ者であったり、合戦の大量動員時代に農民を組織化したものという、いわゆる「兵農分離」論ばかりが取り沙汰されてきました。

ところが、近年ではそんな単純な論理では彼らを理解できないような資料が、次々に発見されています。

ここでは、そんな足軽の存在、非存在論は置いておいて、彼らの基本的な姿。個人装備と槍について述べましょう。

よく筆者は、「ヤリ」と「ホコ」の違いについて質問されることがあります。

考古学者末永政雄《すえながまさお》氏は、

「槍は中心《なかご》を柄の内部に挿入《そうにゅう》し、矛《ほこ》（鉾）は反対に袋状になった刃の後端を柄に被せるもの」と定義しました。しかし、矛にも中心のあるものがあり、また袋槍という中心の無い型式の槍も存在します。この袋槍の原形は、越後の農民が使用した「雁棒《がんぼう》」という薙鎌《ないがま》だろうと思われます。

通常、穂先だけを保管しておいて、いざ戦いとなった時、適当な長さの棒に装着します。これなら場所も取らず大量に装備することが可能でした。

以前、時代考証家の名和弓雄氏に矛槍の相違について尋ねた時、氏は即座に、

「矛は左手に盾を握ったまま突き引きを行うもの。槍は『突き槍《や》る』が語源で、両手に保持し、後方から繰り出す柄を、前方の掌《てのひら》の中で滑らせて目標を定め、急速に刺突します」

なるほど、と納得しましたが、こと足軽の数槍《かずやり》となると、刺突よりもまず「槍衾《やりぶすま》」と「たたき込み」が基本です。左右の者と穂先を揃えて敵の前進を阻止し、長い柄を利用して上方から打ち叩き、隊列を混乱させます。戦場では個人技の槍術とまた違った使用法を、足軽たちは習得させられました。

しかし、近年「常識」となった、足軽イコール長柄槍という観念にも、少々疑問を感じざるを得ません。たしかに、テレビの大河ドラマなどに登場する足軽の槍は、スタジオの広さや、小道具の物揃《ぶつぞろ》えに問題が生じるために短か過ぎるタイプが多いのですが、敵とのリーチを取るためだけに全ての足軽が長大な鎗ばかり持っていた、という考えはどうでしょうか。足軽と呼ばれる下級兵士も兵種別編成である以上、長柄の扱い辛い戦場を想定した、僅かに短い槍の部隊が当然併用《へいよう》投入されていたと考える方が常識的です。

下卒《かそつ》の支給刀《おかしがたな》について

これは江戸末期の話です。上野《こうずけ》（現・群馬県）館林《たてばやし》六万石秋元但馬守《あきもとたじまのかみ》の仲間《ちゅうげん》と、備中《びっちゅう》（現・岡山県）板倉家《いたくらけ》の仲間《ちゅうげん》が、江戸城二重橋の下馬待《げばまち》で喧嘩を始めました。互いに人を集めて乱闘に発展しましたが、板倉側が一方的に追い詰められて多数の死傷者を出しました。江戸期の仲間折助《ちゅうげんおりすけ》（俗にいう奴《やっこ》さん）は、普通、金属の金具を付けた木刀を差しています。しかし秋元家の仲間《ちゅうげん》に支給されていたのは、本身《ほんみ》の入った拵《こしらえ》でした。秋元家は二代泰朝《やすとも》が関ヶ原で家康の身辺護衛を命じられて以来、たとえ傭いの仲間でも刀を帯びさせるという戦国の遺風を残しており、これが騒ぎを大きくしたのです。篠田鉱造《しのだこうぞう》の『幕末百話』にも、「板倉は負傷者が多く出て、面部《めんぶ》手足を斬られ、五本の指をバラバラにされたのもありました。（中略）結局秋元は御家《おんいえ》の規則、かの脇差を廃して木刀に改め……」

ひと段落した、とあります。指がバラバラ、というのは乱闘の時に相手の刃を握ってしまったからでしょう。秋元家の支給品は刃渡り一尺三寸（約三十六センチ）ほどのナマクラでしたが、一度白兵戦となればこの程度の刀でもかなりの威力を発揮したのです。調べてみると、平時に本身の刀を支給した大名家はほかにもありました。彦根井伊家は江戸市中の屋敷小荷駄《こにだ》の者に朱鞘《しゅざや》の脇差《わきざし》を与え、また薩摩島津家《さつましまづけ》は外出の伴《とも》に本身片刃の小脇差《こわきざし》を帯びさせて、もし騒乱に巻き込まれたときは必ず相手を刺しその場で自害せよと教育していた、といいます。この島津家の下卒刀《かそつとう》（お貸し刀）は戦前、鹿児島鶴丸城《つるまるじょう》の城門取り壊しの際に備蓄品が大量に発見され、骨董市場に流出したことがあります。長さは全長約六十センチほど。柄《つか》は堅木《かたき》で鞘《さや》は黒の塗り放ち。金具はすべて素銅で作られ、鍔《つば》は鶴丸《つるまる》の透《す》かし。いちばんの特徴は、刀を扱い慣れぬ人々のために、鞘走《さやばし》り防止用のストッパーが柄《つか》と鞘《さや》に付いていたことでしょう。これら下卒刀は戦時中の供出と、戦後の米軍の刀狩りで、そのほとんどが溶鉱炉の中に消えていったのです。

▼薩摩のお貸し刀（鶴丸拵《こしら》え）

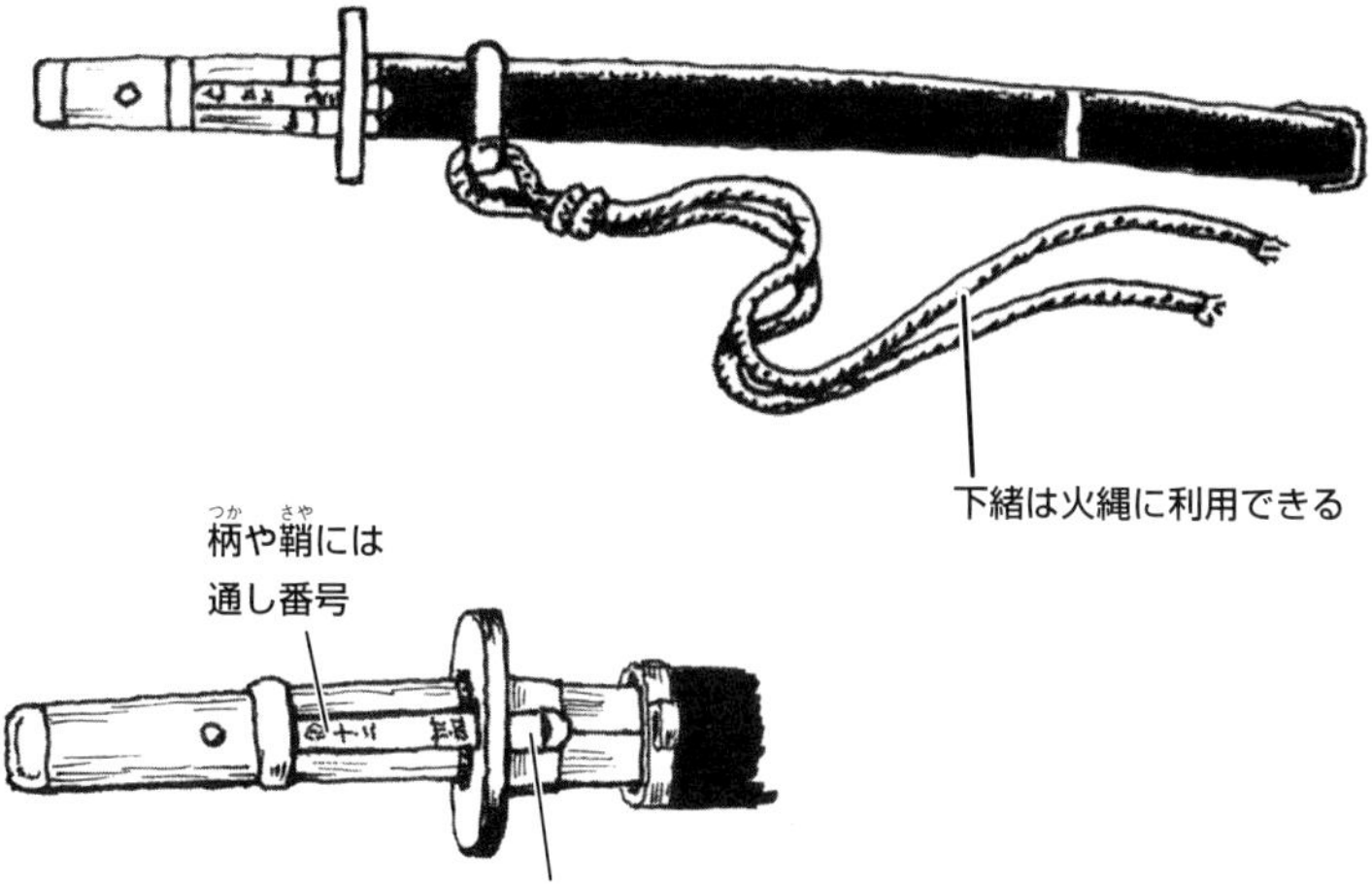

◀江戸期仲間折助《ちゅうげんおりすけ》の木刀の差し方

●足軽具足に附属する刀
戦国期の足軽の多くは、具足下着と腰刀を自弁でまかなっていた。農村の若者の通過儀礼である「刀差し（元服）」の際、村の長が刀を与える場合もあった。多くは村同士の争いや落武者狩りで得た駄刀である。

■戦国時代の足軽

普通の足軽は具足下着に胴締めの帯を締め、ここに大小の刀を差し、鎧《よろい》の胴をまとう。刀の柄《つか》と鞘《さや》は、草摺《くさずり》を下げる下散《げさん》の糸の間から出す。しかし、この方法が定着したのは桶側胴《おけがわどう》の具足が一般化し、下散《げさん》の糸が長く伸びた慶長年間ごろと思われる。

■定本『雑兵《ぞうひょう》物語』の足軽

大小ともに直刀で、異常に長い。これは江戸も元禄年間頃の風俗で、戦国期の足軽とは微妙に異なっていることに注意。陣笠の縁も広く籠手には手甲《てこう》（手の甲覆い）が付く。

■映画・TVの足軽

テレビや映画の足軽は、畳み具足だから草摺《くさずり》の下散《げさん》が布になっており、下に差した刀を外に出すことができない。白布の胴締めに刀を差すのは仕方ないことであろう。

一般的な足軽

本書の前身となる「アーマーofジャパン」が月刊アーマーモデリングの連載として始まった二〇一四年春。おもしろいことに、ちょうどその頃からインターネットその他で足軽《あしがる》ものが急に注目され始めました。それまで戦国武将ばかりが目立っていた模擬合戦《リエナクトメント》に、雑兵足軽《ぞうひょうあしがる》好きを口にする人々が一気に増えたのです。不思議なことですが、マニアという人種は、インターネットで繋《つな》がっていなくても以心伝心《いしんでんしん》。同時期に同じ思考を共有するらしく、これは外国人にも宛てはまります。

昨年の秋、研究家の呉光雄氏のところでイギリス人のリエナクトメンターふたりに紹介されました。彼らも熱狂的な雑兵《ぞうひょう》マニアで、いろいろ聞いてみればユーロ・ミリテールにも足軽具足《あしがるぐそく》を着てコスプレ（日本のそれとずいぶん異なりますが）参加しているとのことでした。呉さんが、ふと気付いて、「インターネットでミリテールの会場を見ると、よく和風の流し旗がひるがえっているが、あれは君たちの旗か」と問うと、ひとりがにこやかに答えて、「そうだ、そこで我々アシガルグループは米を炊き、ライスボールを食べ、槍合戦《やりかっせん》をする。古い日本の一般兵士と同じ生活をするのは、大変にエキサイティングな体験である。」

次回は、足軽《あしがる》キャンプでスシ・パーティを催したい。衛生上、多少の問題はあるだろうが、というのです。それから彼らは（英会話の不自由な私に）足軽笠《あしがるかさ》の顎紐《あごひも》の結び方とか、草鞋《わらじ》の正確な履き方。果ては野外トイレの構築法まで、矢継早《やつぎば》やに質問してきました。フィギュアもリエナクトメントも、突き詰めていけば、偉いさんゴッコではなく、一般人の生活に密着した部分、民族学的興味に行き着く、ということがよくわかる、素敵な出会いでした。ここでは、そのふたりに敬意を表しての足軽装備一覧《あしがるそうびいちらん》を紹介しましょう。

■足軽《あしがる》の行軍姿

重い物は背負い、道具はすべて身につけて歩く

●足軽《あしがる》と言っても時代、家中《かちゅう》の軍制によってその様相はずいぶん異なる。ここではある程度時代が下った、いわゆる武家奉公人（中間《ちゅうげん》以上）や専業に近い人々の姿を表す。在地から徴集された「軍夫《ぐんぷ》」より上の人々だが、自前の武装ができないので多くの武具は主人側が用意した。それを御貸《おかし》、借りる側は御借《おかり》と言った。陣笠《じんがさ》や簡単な具足《ぐそく》には裏に朱で「いの一番」「への十三番」など番号が書かれ、通常は城の櫓《やぐら》などに分割収納。それを番具足《ばんぐそく》と呼ぶ。足軽《あしがる》が自分で用意する道具も多く、陣地の設営用具・鍋・食器・替の衣類・火打袋《ひうちぶくろ》・裁縫具・予備の腰刀《こしがたな》など。一式揃えた上に、戦地の略奪品まで抱えると、まるで夜逃げか野盗の行軍のようになり、あまり格好の良いものではない。

肌着

羽織《はおり》

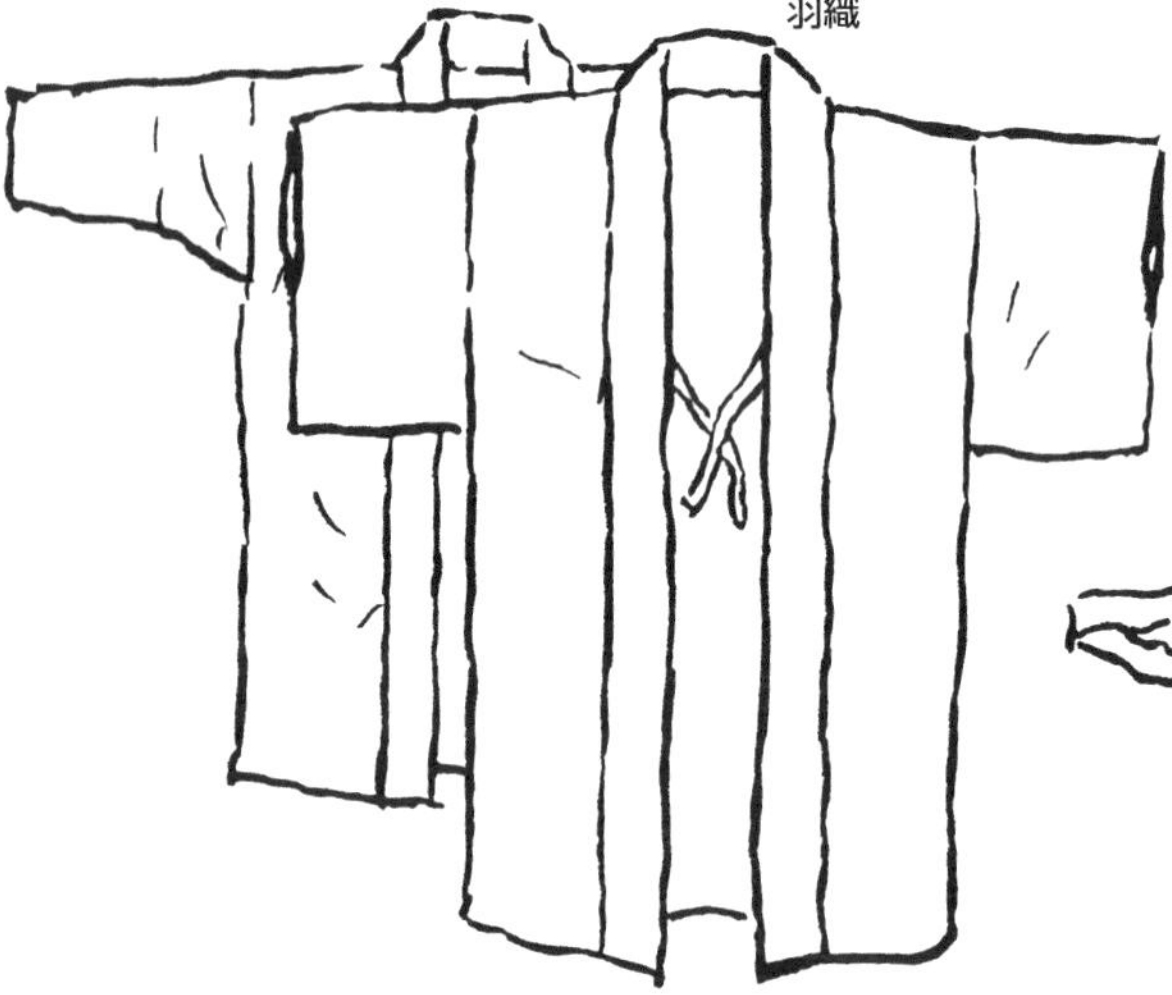

腰籠《こしかご》（弁当箱）

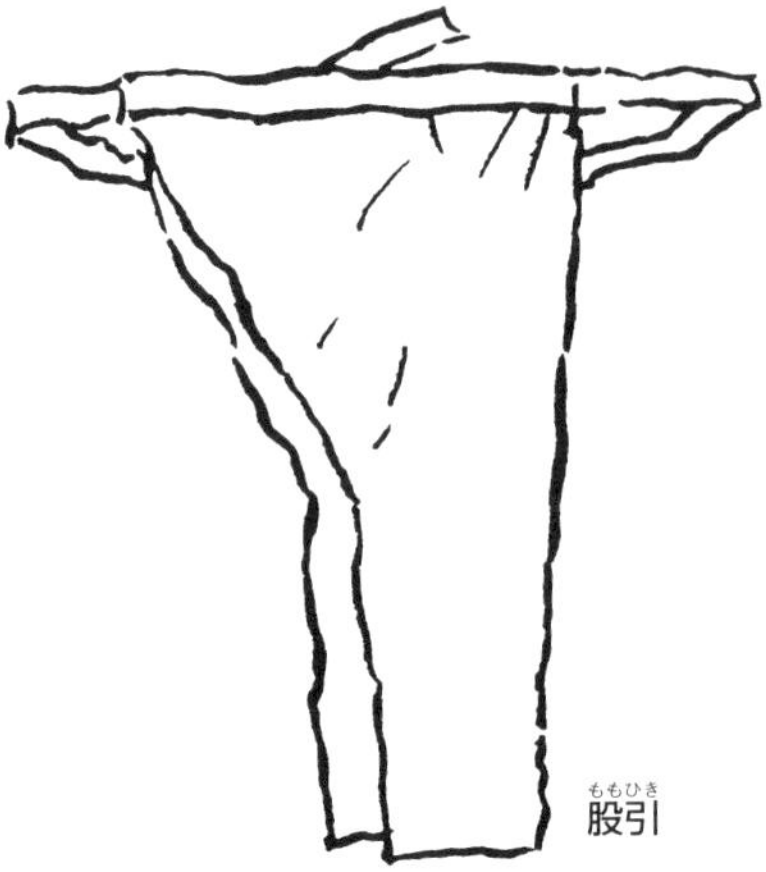

股引《ももひき》

脚絆《きゃはん》

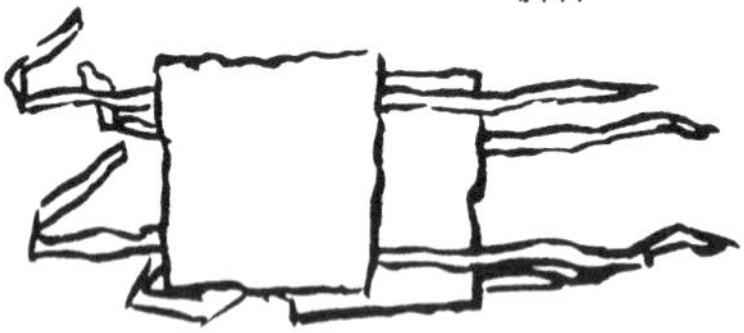

寝むしろ（ござ）

竹筒（水筒）

■足軽《あしがる》の出陣道具

《城から支給されるもの》

《自前》

陣笠、お貸し具足以外は所属する村から支給される場合も多い。

菅笠《すげかさ》

手拭《てぬぐい》

草履《ぞうり》

火《ひ》打《う》ち袋

薬袋

兵糧袋《ひょうろうぶくろ》

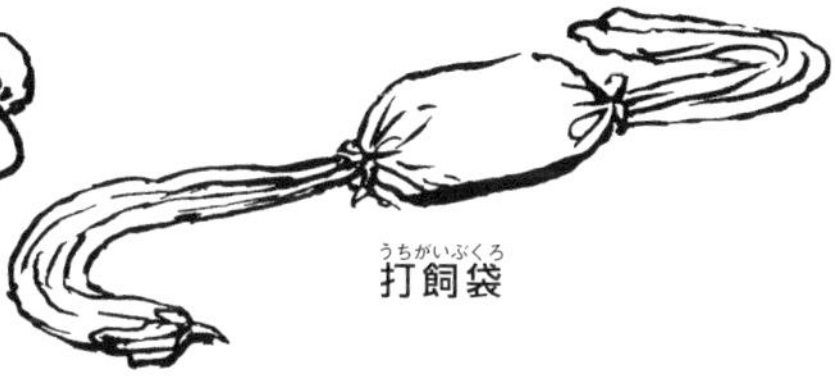

打飼袋《うちがいぶくろ》

鼻紙

●この他にも鍬《くわ》、大型の木槌《きづち》、料理用の鍋《なべ》、寝藁《ねわら》なども持参した。もちろんこれらは個人ではなく五人に一人、十人に一人といった分隊装備品だが、野戦には欠かせない。特に藁は荷馬の飼料や縄・草履の材料、防寒具、果ては放火の道具にも利用できたため、欠かせない所持品だった。

兵士の排泄

今回は少々尾籠《びろう》な話になりますが、戦場《いくさば》でのトイレ事情について触れてみましょう。

排泄《はいせつ》物に関する史料で有名なものは、「はまいは掟」（相州古文書）に収められている一文です。

「一《ひとつ》、人馬の糞水、毎日城外へ取り出し、いかにも綺麗《きれい》に致すべし。但し、城一遠矢《しろいちとおや》の内に置くべからず。遠所へ捨てる事」

人や馬の排泄《はいせつ》物は、毎日城の外に運び出せ。その際、城から遠矢を放ち、落ちたところより彼方にすてよ、とあります。これは天正九年（一五九一年）六月、相州浜居場城《そうしゅうはまいばじょう》（神奈川県南足利市）の番衆に後北条氏が宛てた命令です。

当時、目標を定めない遠矢の最大射程は四町（約四百三十六メートル）が決まりでしたから、常に清潔を保つためとはいえ、毎日桶を担いで汚物を捨てに行く雑兵《ぞうひょう》たちの苦労は大変なものだったでしょう。このことでもわかるように、戦国期の城はわずかな例外を除いて、常設の厠《かわや》は存在せず、排泄《はいせつ》物は溜桶かオマルで処理するのが一般的でした。おかげで平常時はずいぶん清潔でしたが、長期の包囲籠城《ろうじょう》となると城の空堀などにこれが廃棄され、目もあてられぬ有様となります。

一方、野戦となると、兵員の排泄《はいせつ》処理状況はまったく記録に残っていません。穴を掘って上に木を渡した簡易厠《かわや》が一般的だったとされていますが、これとて想像をする以外にありません。以前ある有名作家の時代小説を読んでいたら「大会戦が行なわれた土地は、敵味方の排泄《はいせつ》物で、農作物だけはよく育った」と書かれているものを見つけました。

冗談ではありません。人糞を田畑へ直接散けば、作物はかれてしまいます。有機肥料とは、そこに枯葉や藁《わら》などを混ぜて一冬以上寝かせ、発酵させて作る手間のかかるものなのです。十四世紀ころから始まった糞尿利用の推肥《たいひ》技術が農業生産力の向上を招き、地方武装民の金銭的自立を促し、後の硝石《しょうせき》生産にも結びついていったという説の方が、はるかに納得できます。

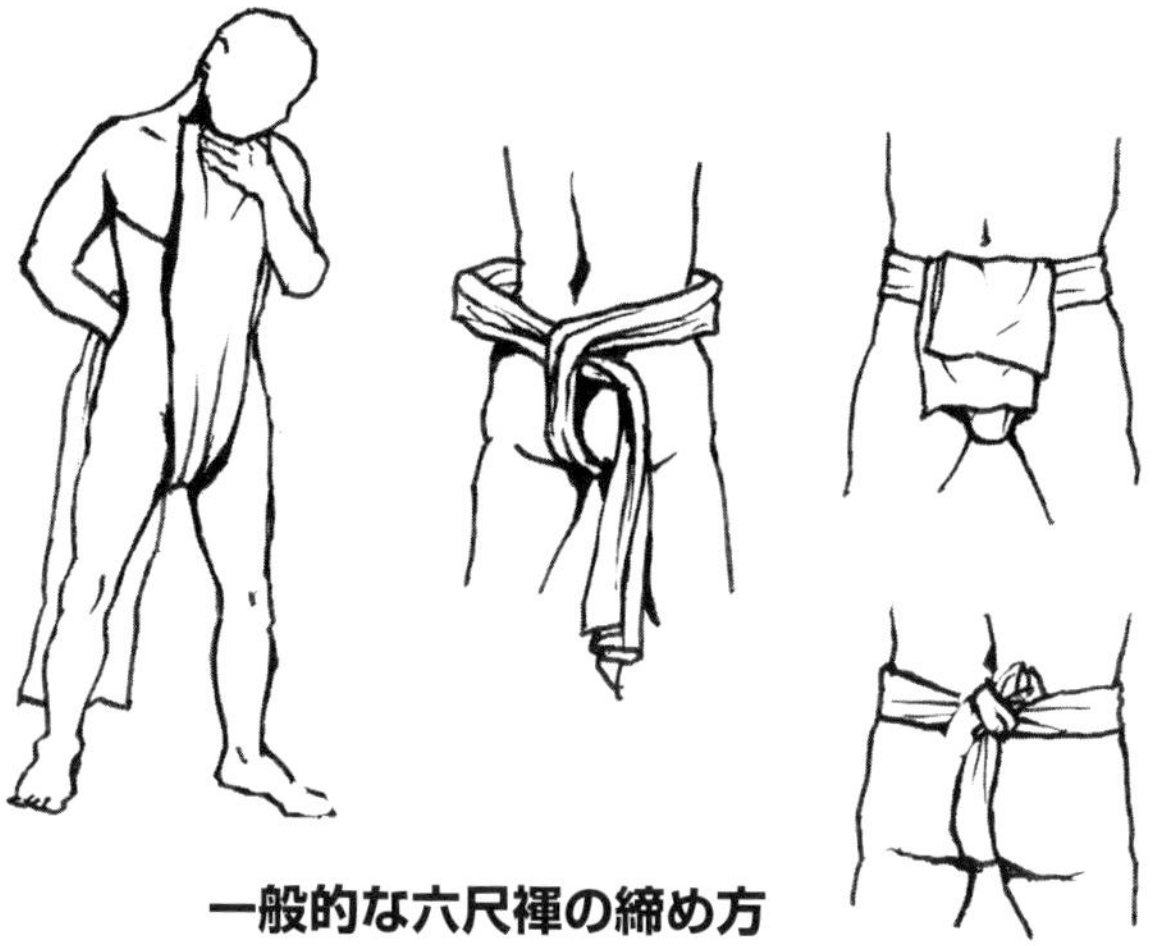

一般的な六尺褌の締め方

■割り褌

▶具足下《ぐそくした》（袴《はかま》）は足を大きく広げれば左右に割れる構造になっている。首の上で止めてある下帯《したおび》（割り褌《ふんどし》）の緒を外して引き下げ、すき間から大小便をする。

◀トイレット・ペーパーなど無い時代、排泄《はいせつ》後の処理は、「ちゅう木」（別名・雪隠《せっちん》ベラ）という長さ十センチほどの薄い棒でウンチを掻き取る。この棒は使い捨てではなく腰の袋などに入れ、何度も洗って用いる。戦国期の町の遺跡からは「ちゅう木」がかたまって出土することがある。

●本文でふれた推肥《たいひ》の技術は、後に黒色火薬の材料、塩硝の初期生産に応用された。これはアンモニアに亜硝酸細菌《あしょうさんさいきん》などが混ざった塩硝土《えんしょうど》を人工的に作り、できた硝酸《しょうさん》イオンを水溶液にして取り出して、木灰で凝縮させるという複雑な工程を経て製造される。

●俗に「土硝法《どしょうほう》」というこのやり方は中国から伝わったようだが、生産に時間がかかり、塩硝の完全国産化は江戸期に入るまで無理であった。

糞尿《ふんにょう》は貴重な資源

槍《やり》の威力

「槍」は、鎗《やり》、矢利《やり》などと書きます。

通常の用い方は柄を握った左手を突き出し、右手で柄《え》をしごいて前後させ、甲冑《かっちゅう》の弱点、顔面や脳天、腕のつけ根や大腿部《だいたいぶ》を刺突《しとつ》します。敵との距離をある程度とることができるため、室町末期から下級の兵士に持たせて刺突《しとつ》以外の方法、たとえば大きく上に振って打つ・払うなど打撃方が一般的となりました。これは当時の武具職人の技術進化も考えねばなりません。柄《え》の材質はそれまで樫《かし》材であったものが、合成材に変化。割竹を木片へ車輪状に巻きつけ、麻で巻いた後、漆《うるし》で固める「打柄《うちえ》」が大量に作られるようになったのです。これによって、よく撓《しな》るうえに木の単材よりはるかに長大な鎗《やり》が製造可能となりました。結果、始め一間半（約二・七メートル）程度だった鎗《やり》は、三間半（約六・三メートル）にまで長大化したのです。よく信長や秀吉の伝承に異常な長さの鎗《やり》を用いて勝つ噺《はなし》が誇らし気に出てきますが、あれは何も彼らの発明ではなく、当時の日本各地で同時多発的に始まっていた兵器革命に過ぎないのです。鎗《やり》の柄《え》はこうして長くなりましたが、刃先（鎗《やり》の穂《ほ》・鎗身《やりみ》）はずいぶん短いものです。長柄《ながえ》の鎗《やり》では五寸（約十五センチ）以下、三寸という小刀のような穂《ほ》も見受けられます。時代劇に登場する鎗《やり》を見慣れた眼にはこれも異様に感じられますが、鎗《やり》は穂先《ほさき》の下、柄《え》に差し込まれる部分が刃の二倍から三倍もあり、あまり先端が重いと撓《しな》り過ぎて操作がむずかしくなるので、これで十分なのでしょう。長柄鎗《ながえやり》は安価で大量生産に向いていたので各地の大名家は城に常備し、「数鎗《かずやり》」と呼びました。足軽が借りるために

■武田家軍勢催促に見る長柄装備の一隊

●永禄《えいろく》四年（一五六一年）の第四回川中島合戦後、武田家が新たに定めた軍勢催促《ぐんぜいさいそく》（編注／出陣命令のこと）による動員図。現在の山梨県巨摩郡、島上条領主土屋昌次《つちやまさつぐ》配下の一部隊である。あらためてイラストにしてみると、「長柄《ながえ》」が異様な長さであることがわかる。この内、長柄鎗《ながえやり》は三十筋《すじ》。弓五張《はり》。鉄砲は一丁。ほかに旗持ち、差物《さしもの》持ち、兜《かぶと》持ちが一人。手明《てあ》きと呼ばれる雑用係が四人から五人付く。

●中央に立つのが土屋昌次《つちやまさつぐ》の家臣、土屋左馬充《つちやさまのじょう》。ここでは徒歩の姿だが、彼は愛馬一匹、替馬二匹、持ち鎗《やり》二筋《すじ》を所持して合戦に参加する。こうした人々は純粋な戦闘員で、彼らを維持するため同数かそれ以上の小荷駄《こにだ》（物資運搬・設営）役の軍夫《ぐんぷ》が従軍した。

●武田家は雑兵《ぞうひょう》の甲冑《かっちゅう》着用率が高いことで知られているが、他家はこれほど揃っておらず、ライバルの越後《えちご》上杉氏でも、長柄の雑兵《ぞうひょう》は袖無し羽織《はおり》に皮笠《かわかさ》程度。我々がよく知る完全武装の足軽部隊が登場するのは、元亀《げんき》年間（一五七〇年以降）ころからであろう。

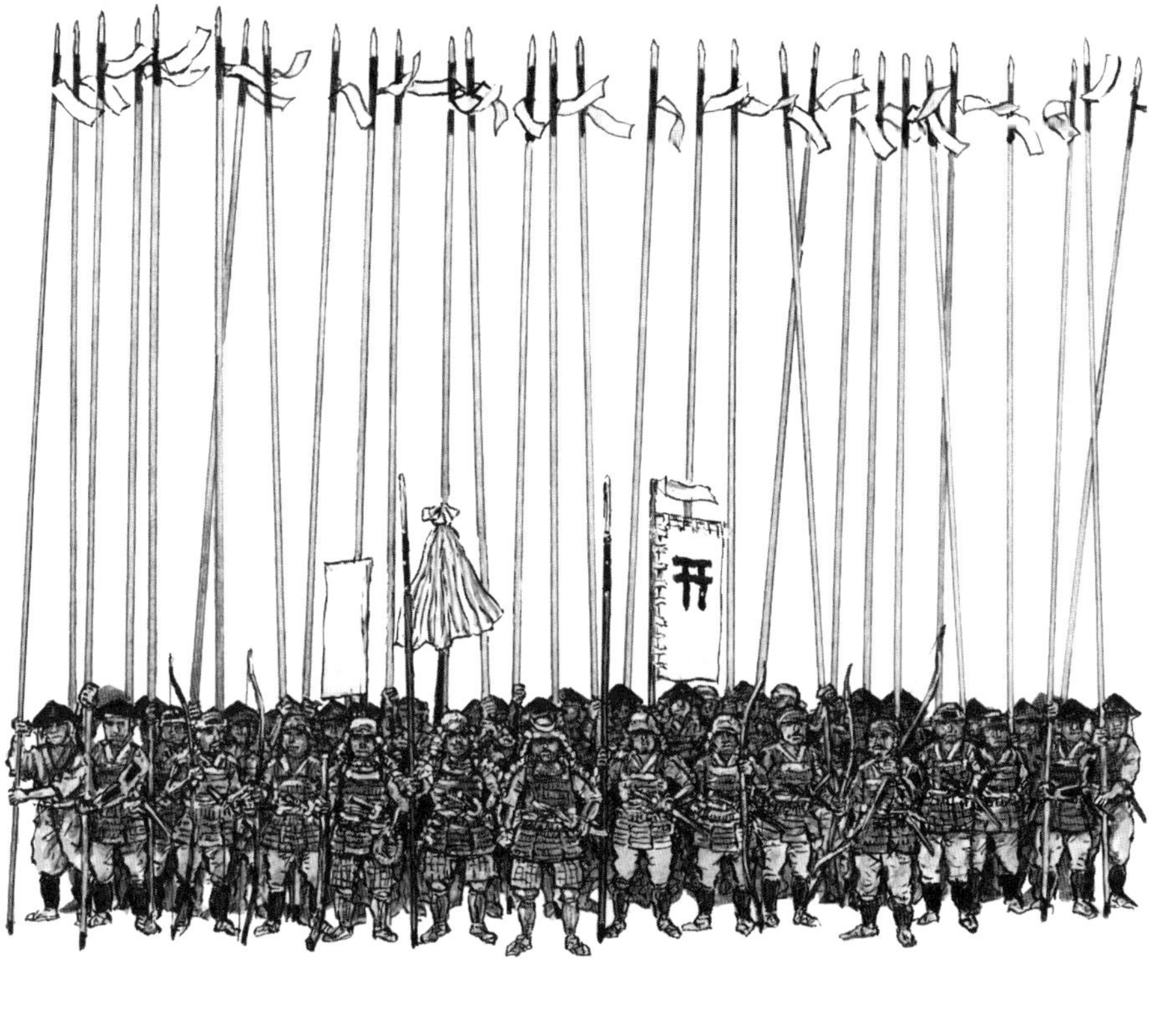

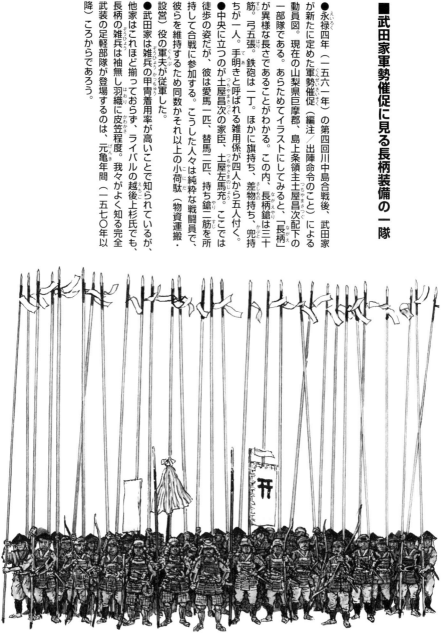

■長柄各部の名称

●槍の部分名称は十五以上もあるが、ここではよく使われるものだけを書く。柄の長さは通常、一間半・二間などと間数で表わす。現在でも建物の畳に京間《きょうま》・田舎間《いなかま》があるように、この間数も地方によって異なる。京間は一間が六尺五寸、田舎間は六尺（現在では田舎間計算が一般的で、一尺は約三十・三センチ）を基準とし、中間に中京間《なかきょうま》(江戸時代の本間）六尺三寸が存在する。つまり、資料では同じ数字でも、京近くと地方では槍の長さが微妙に異なる、ということになる。

御借鎗《おかしやり》とも言い、武士が個人装備とする「持鎗《もちやり》」と区別します。応仁の乱から島原の乱にかけての武士の負傷率を示す『軍忠状《ぐんちゅうじょう》』の古記録を見ると、約千五百人中、鉄砲と石による傷が全体の約三十％。槍《やり》傷は十七・九％。白兵戦の鎗《やり》の依存率は鉄砲出現以後も決して下がることはありませんでした。

■竹槍

『北条五代記』には「いかなる百姓町人も竹竿《たけざお》の先に鑓《やり》のみ（身）を入れ、竹鑓《たけやり》一本もたぬはなし」と書かれている。また永禄《えいろく》十二年（一五六九）武田信玄が小田原を攻める際の軍役状に「打柄《うちえ》・竹柄《たけえ》・三間《さんけん》の槍《やり》を専（もっぱら）用意のこと」とあり、武田家でも用いられたことがわかる。

《竹槍の穂三種》

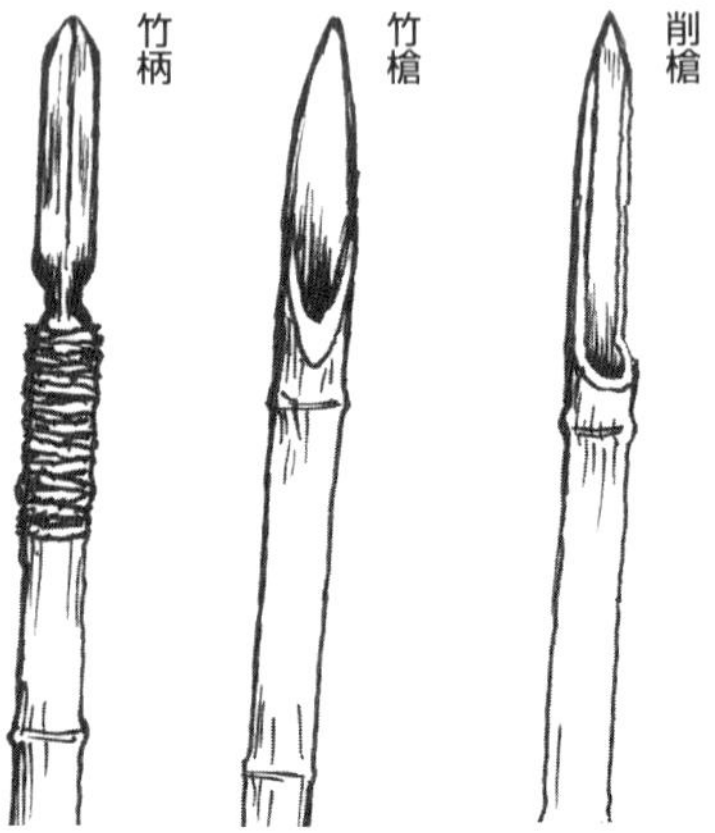

■長柄槍による戦闘の様子

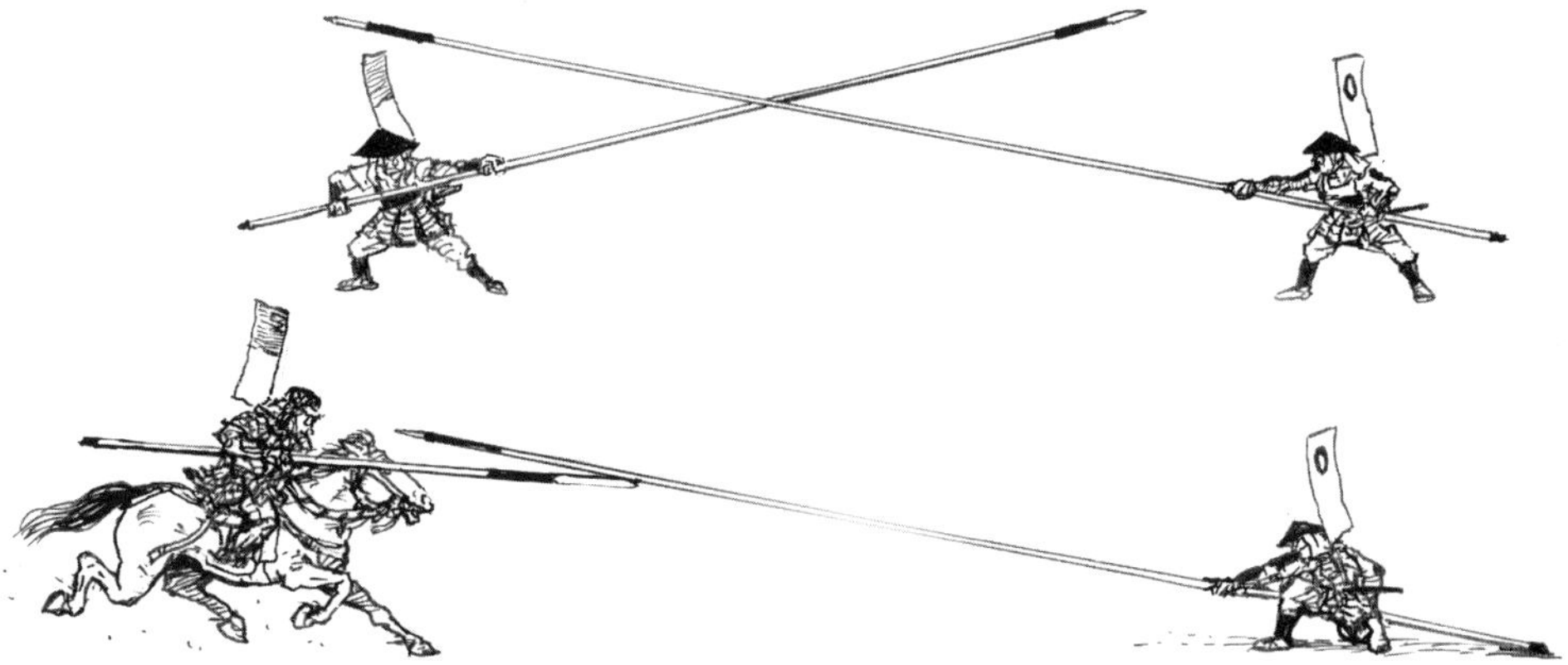

●長大に造られた複合槍（いわゆる長柄）の戦闘法。上は二間半と三間柄の交戦、下は石突を地に付けて騎兵を防ぐ「止め槍」。図にすると真っ直ぐに保持しているように見えるが、実際は複合材の弾力と穂先の重さで、油断すると大きく振れ続ける。この振れを抑《おさ》えるのがベテラン槍兵の腕の見せどころだ。また、この弾力を利用した上部からの打ち降ろしは、柄が長ければ長いほど遠心性の重力効果が働き、時に陣笠を陥没させるほどの威力を発揮する。

●また対騎兵戦でも、槍の後端を地面で止めて、目標物を正確に刺《し》止《し》した場合、槍は折れず、その張力で騎兵は宙に弾き飛ばされるという。

槍《やり》の用意

先年、埼玉県所沢の「滝《たき》の城」を見学しました。城跡研究のベテラン陣に混ぜてもらい、周辺探査。従来の縄張り図では単純に描かれていた畝堀《うねぼり》や土塁に実際はエッジが切られ、横矢《よこや》がかり（側面攻撃）の跡が残っていること、現在は住宅街に飲み込まれてしまった外郭が意外に大きかったことなどを教えられました。

滝《たき》の城は後北条氏が、北方の川越《かわごえ》・鉢形《はちがた》へ向かうための繋《つな》ぎの城です。天正十八年（一五九〇年）秀吉小田原攻めでは、豊臣方浅野長政勢が外郭から攻撃し、城を落としています。つまり実戦を経験しているわけで、そういう視点から城内を見ていくと、また感慨深いものがあります。

城の攻防戦といえば、投擲兵器（鉄砲・弓・石）がすぐに思い浮かびますが、城内の白兵戦となれば、やはり槍が重要です。とくに、土塁と土塁の間、空堀の深さなどは、長柄槍の届く長さに造るのが常識で、下級の守備兵は、城内の各ポイントで有効に槍を操るよう教育を受けていたと考えられます。長柄の槍は「数槍《かずやり》」とも言い、二間半（十五尺・四百五十センチ強）から三間半（二十一尺・六百五十センチ）。これに刃渡り十センチ前後の短い穂《ほ》を付けます。長柄の柄は打柄《うちえ》と呼ばれ、角材と竹の複合材を麻布や皮で巻き、漆をかけて作ります。撓《しな》りが強く、いくらでも長く作ることができましたが製作に少々手間がかかります。

戦国期の小城郭に動員された不正規兵や、曲輪に避難してきた地域住民へ配布するには当然数が不足したことでしょう。そこで手近な材料である竹をそのまま用いた竹柄の槍が重宝されました。俗にいう竹槍です。テレビ映画で観るような二メートル前後の太短い猛宗竹《もうそうちく》ではなく、四メートル以上の真竹《まだけ》を用いました。刺突部分は斜め切りにして油をつけ、遠火であぶります。こうするとかなり固くなります。もちろん、竹の柄に金属製の槍穂を装着したものも多く用いられました。（五八ページ参照）

■普通の槍の柄の作りかた

●ここで紹介するのは打柄《うちえ》（竹、木の合成槍柄）ではなく、単材の槍柄《やりえ》製作法。材質は樫《かし》などの堅木。穂《ほ》の部分に重みがいかぬよう、手元を太く先に行くにしたがって細くする（槍《やり》の柄《え》は先端から末端まで同じ太さではない）。柄《え》の重心は全体の中央部にあるものが最も扱い易い。『止戈枢要《しかすうよう》』には、角材を荒く削り、湯に漬けて曲りを矯正《きょうせい》。さらに削り台で太さを測定し、磨き台で仕上げ研磨をするとある。熱で木の柄を真っ直ぐにする技術は、矢竹《やたけ》の矯正《きょうせい》法にも似ているが、もっと規模が大きい。

❶長柄の削り台

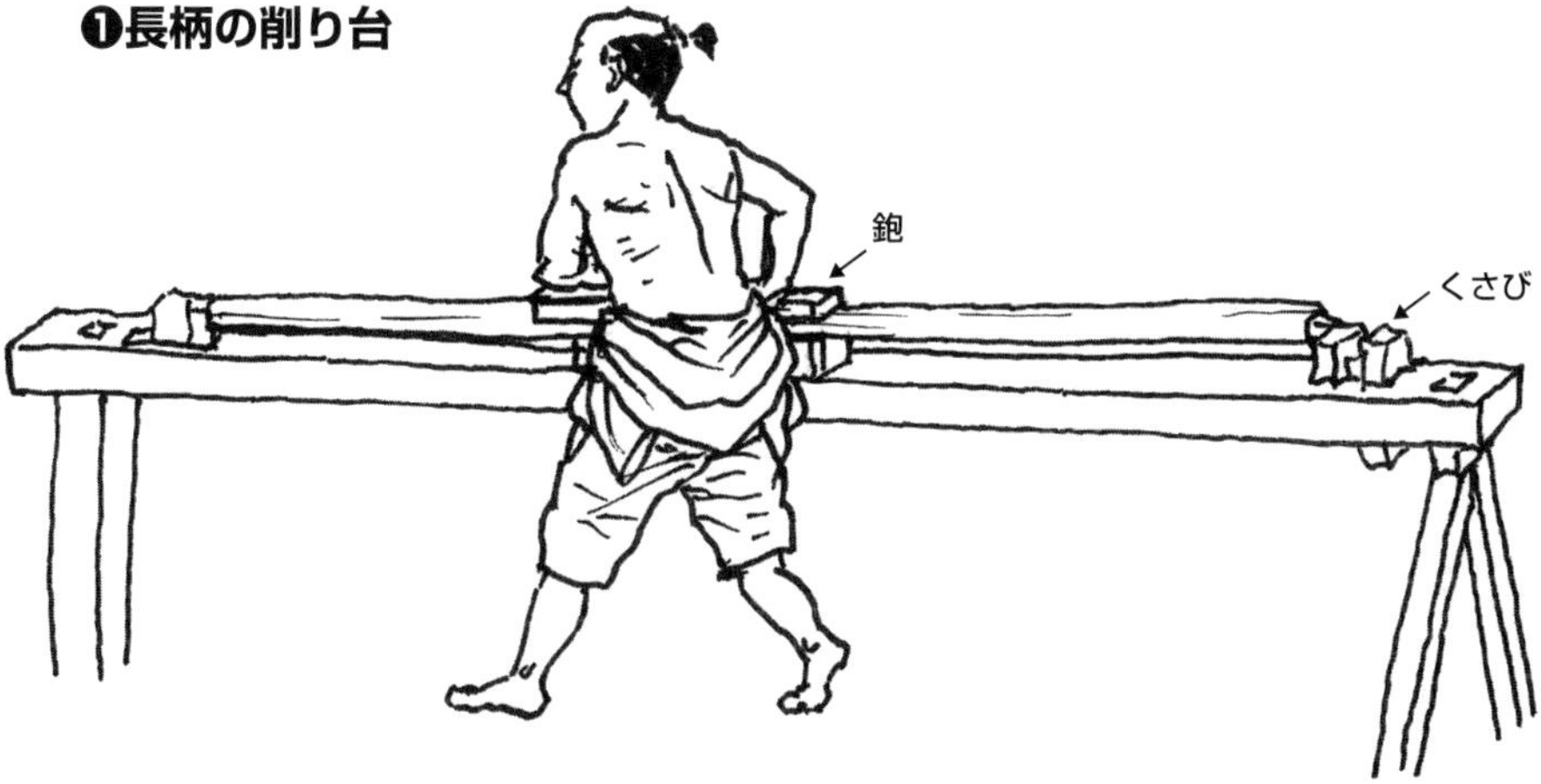

❷長柄の曲がり直すために湯に漬け矯正具を使って修正する

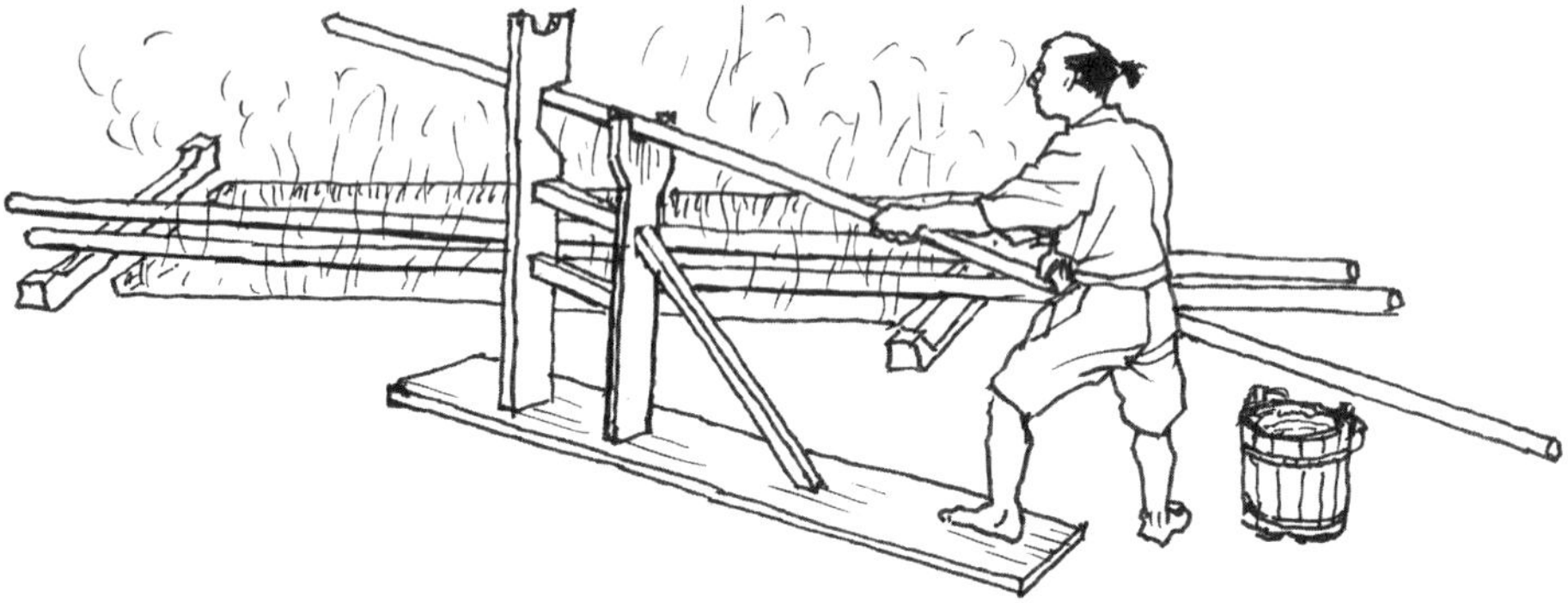

❸長柄の曲直の測定

▶樫の単材で出来ている槍の場合、手元が太く先端と後方がやや細い。そのため、このような削りの測定具が必要となる。

《測定具》

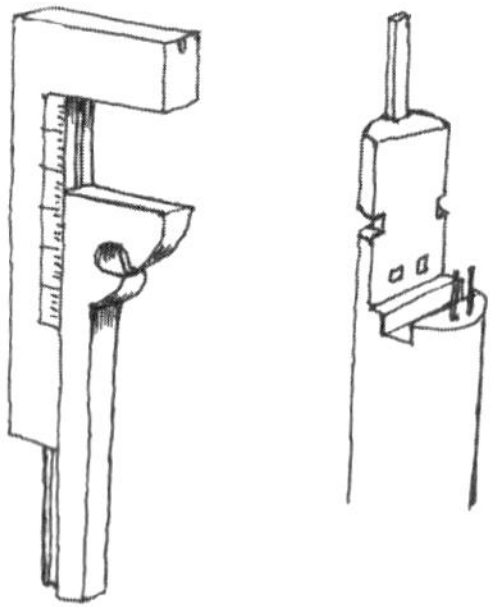

柄の太さを測定

❹歪みの最終調整

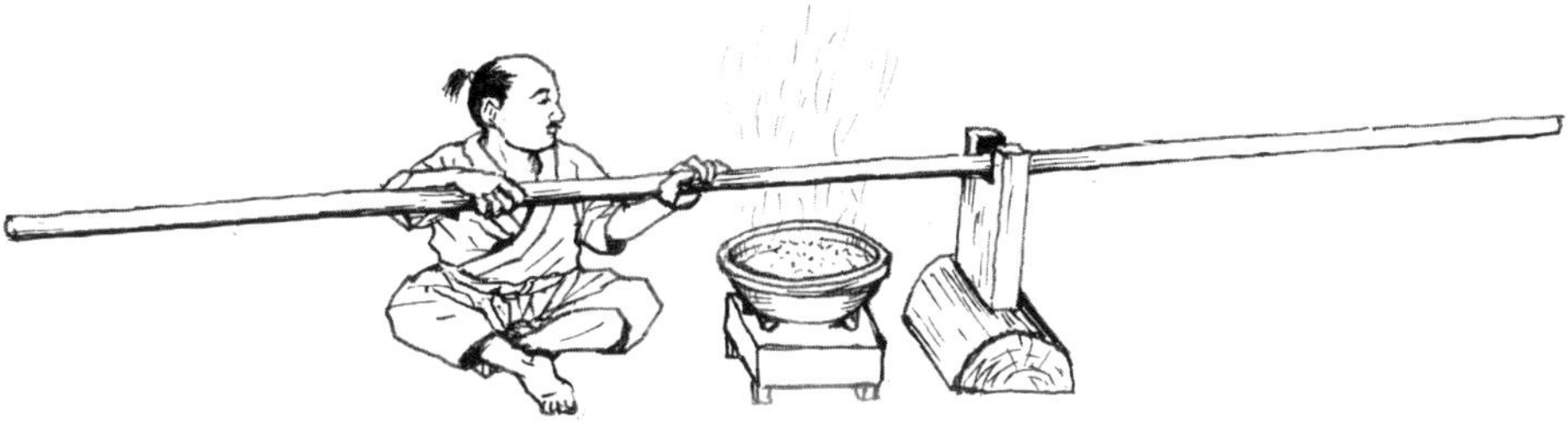

▲一度湯に漬けて修整した後の単材も、中心《なかご》（槍の穂の後端）を挿入する穴を削ったり、金具を打ったりする工作をすると、再び微妙な狂いが生じる。こうした場合、柄の塗りをする直前、炭火で最終調正を行なうこともある。この方法は矢師が竹の箭《や》を矯正《きょうせい》するやり方に似ている。竹と木を組み合わせた複合材の場合、こうした作業は省かれ、当然、工程は短縮される。

●槍の柄は竹や木の複合材タイプと、樫の単材タイプに大別されるが、ここでは単材の製造法を示す。これらを作る職人を長柄師と呼び、柄の削り師・塗師《ぬし》・金具師、これに穂先を作る鍛冶師が加わる。『朝倉始末記』には、越前一向一揆の内、東安原村の「槍講《やりこう》」が本願寺に反乱を起こして鎮圧された話が記されている。この「槍講」とは、槍造りを専門とする職人集団ではないだろうか。特殊技術で生きる彼らは自立性が高く、門徒でありながら時に、本寺へ抵抗する姿勢も見せたようである。

盾

盾は防御物のなかでは最も古い兵器です。「醜《しこ》の御楯《みたて》」などと言い、古代では剣とならんで神聖な品とされていました。これは手持ちの小楯《こだて》と、陣地に据え付ける平楯《ひらだて》、数人で持ち運ぶ大楯《おおだて》の三種に大別できます。小楯は手楯《てだて》とも言い、手に持つタイプですが、定まった寸法はありません。縄文弥生《じょうもんやよい》から古墳時代のころまでは、甲冑がさほど普及していないため、手楯が防衛の中心となります。接近戦になると左手に楯を、右手に剣を振って突撃します。このときの剣は片手振りですから、短剣に近いものが用いられます。古代ローマの兵士も、三国史の中国兵も、東日本でおもに出土する蝦夷《えみし》の用いた蕨手刀《わらびてとう》も、だいたい刃渡り五十センチ以下です。こうした古代の手楯は、有機物のため出土例が無く、どのようなものかよくわかりません。『日本書記』神代下《かみよ》・高皇産霊尊《たかむすびのみこ》のころに「百八十縫《ももぬひあまりやそぬひのしらたて》」という皮張りでこまかく縫い重ねた楯が登場しますが、これは貴重品です。兵士の多くは、籐《とう》の繊維《せんい》を編んだ軽い楯を用いたと思われます。中世の平楯は木の板をかさねたタイプで、これが我々も良く知る「楯」になります。『軍侍用集《ぐんじようしゅう》』窃盗《せっとう》上差楯の事には、「その長さは大方五尺《しゃく》八寸《すん》（約一メートル七十五センチ／一尺は寸の十倍、約三十・三センチ）、近年は軽くするため五尺四寸（約一メートル六十三センチ）にも作る。古式の盾、横幅は一尺八寸（五十四センチ）、裏の桟《さん》（接合材）は五ヶ所（あるいは三ヶ所）、釘を七カ所に分けて打つのは古法で、今はさらに多く打つ。これらの厚さは八分《ぶ》（約二・四センチ／分は寸の十分の一）。ただし近年は鉄砲に対処するため矢向《やむき》（正面）に薄く鉄板を

打ち、釘の裏を返さない」とあります。大楯は平楯をスケール・アップしたもので、主に建物や船舶に常備して、あまり移動はさせませんでした。『源平盛衰記《げんぺいせいすいき》』の壇ノ浦《だんのうら》合戦にも「船中に大楯を組む」とありますから、平楯より厚みがあり、長さも六尺（約一メートル八十一センチ）以上だったと思われます。

■平盾

表

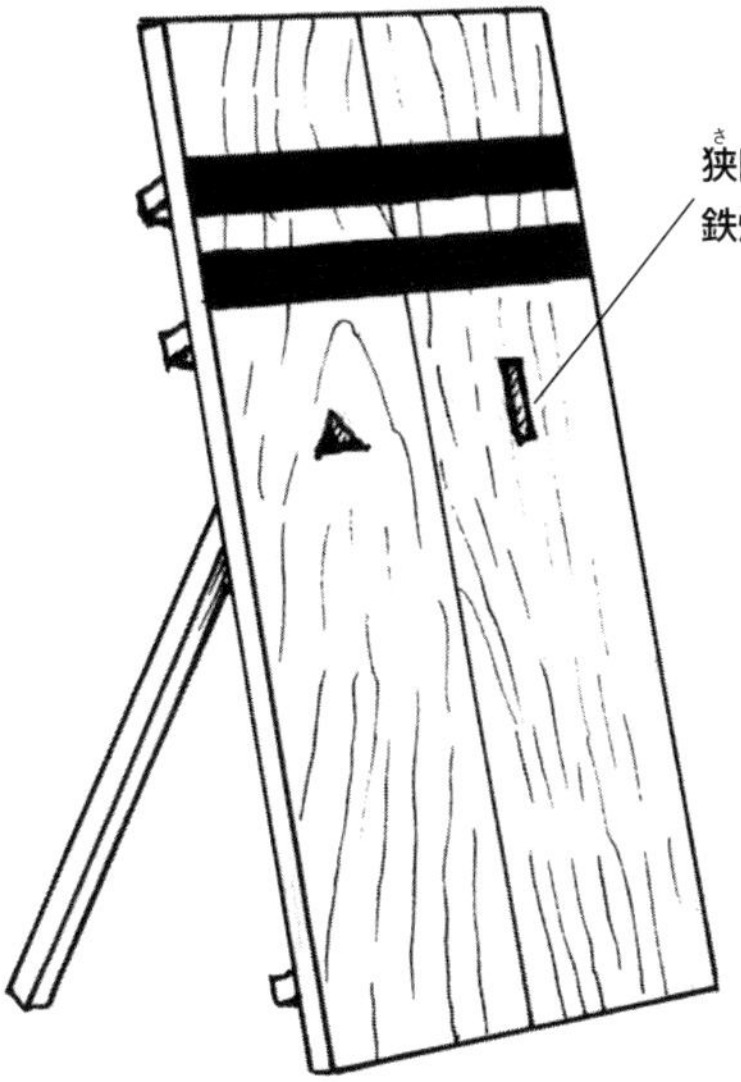

裏

●楯は縦板、浅《さん》、琵琶枝《びわえだ》という折りたたみの支え棒の三点で作られる。一般的な木楯は幅一尺七、八寸（約五十一～五十四センチ）、縦五尺四寸（一メートル六十三センチ）の細長い板を二枚、浅で止めて一板とする。材質は樫《かし》、椎《しい》、栗《くり》で、松や杉は柔らかく引火し易いため、あまり用いられない。

●室町時代まで現在のような鉋《かんな》は普及していない。板の表面は槍鉋《やりがんな》でこまかく削っていたため、製作も簡単ではなかった。天正二年、武州《ぶしゅう》（武蔵国）鉢形城《はちがたじょう》の北条氏邦《ほうじょううじくに》は、配下の山口雅楽助《やまぐちうたのすけ》に「二尺五寸（約四十五センチ）、幅一尺七寸（約五十六センチ）、厚さ五分（約一・五センチ）の手楯一枚」の供出を何度も催促している。

■いろいろな平盾の使用法

●楯は陣中で机や敷板に、また裏の桟に足を掛けてハシゴ代わりに、渡河のときはいかだにする。また死傷者を運ぶストレッチャーや、平和になると橋の踏み板、芝居小屋の囲いにも流用され、江戸初期まで広く用いられた。

▼手盾を持って突撃

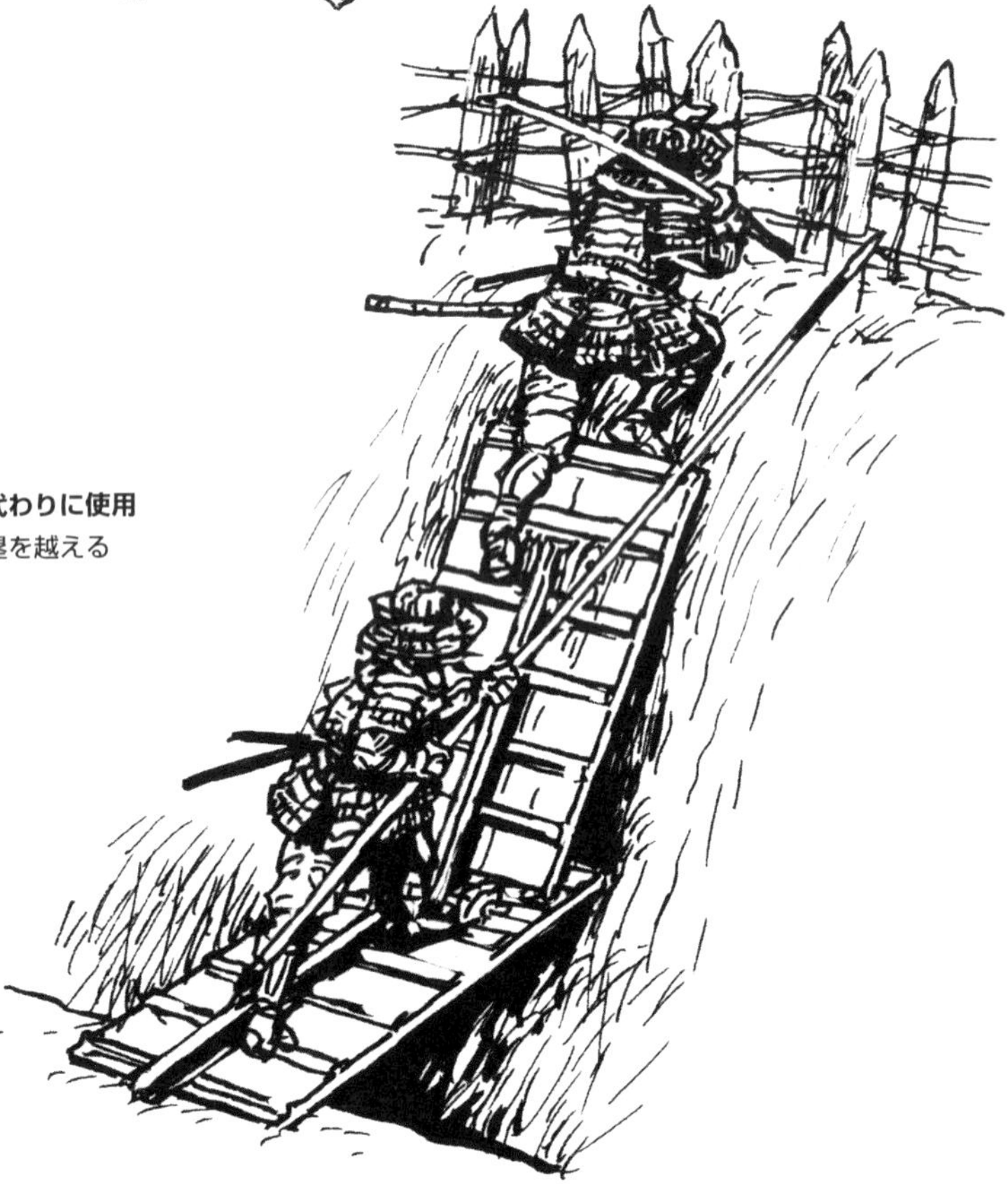

▶ハシゴ代わりに使用
堀や土塁を越える

◀**盾を持って前進**
射手は武装した侍だが大盾持ちは
非武装の雑人である場合が多い

▼**盾を使って後退**

◀**ストレッチャー**

「アイヌのヨロイ②」

ところで、四〇ページで触れた、この二領のアイヌ鎧ほど諸説を生んだ「謎の遺物」も珍しいでしょう。前合わせ形式。草摺《くさずり》に切れ目が無く、腰札がくびれ、スカート状に膝頭まで覆う裾は、内地の古墳などで出土する掛甲にそっくりです。また、東北大学に現存する同鎧には、胴の肩から伸びた韋紐が頭部の革鉢差も左右を接合し、あたかも鎧の重量を頭部で支えるかのように展示されています。

このため、一時は古墳時代の形式がアイヌに伝えられて残ったものという古代史家の研究発表があり、また、重量物を頭で運搬する習慣が強く残った鎧という珍妙な「民族学的視点」が語られたこともありました。

ところが、近年の研究では、江戸期のアイヌ政策によって鉄器の生産を制限された結果としての革の多用。また、内地の具足師に教えを受けたか、祭礼用として許された交易品が樺太に渡ったものだろうと考えられています。頭部から吊るす形式も、別部品の兜の緒が紛失しないよう、たまたま肩に結びつけた、つまりは展示ミスだろうとのことです。現在一領は東北大学文学部考古学教室にありますが、もう一領は第二次大戦後、樺太がソ連軍に占領されると捕獲品としてモスクワに持ち去られました。現在は樺太の旧豊原資料館に戻されたとされていますが、未確認です。

四〇ページに掲載したアイヌ鎧の背面。和人の鎧ではこちらが正面となる。

第三章

戦国の城攻め道具

〔総論〕山城の攻防

お城ブームという声を聞いて久しいものがあります。初めは石垣のある近世城閣に人気が集中しましたが、近年では名も知れぬ中世の山城にも関心が移っているようです。

人気《ひとけ》のない山奥の、熊の出そうな城跡に、突然若い女性が立っていたりして、ドキリとさせられることも往々にしてあります。ところで、この近世以前の城を理解する上で、単純に構造の変化だけ注目していて良いものだろうか、という疑問も生じます。土塁・堀といった土木工事の部分に関心を寄せるのも大事ですが、その堀の幅や深さは個々の戦闘員が持つ槍や弓矢の威力が、効率的に発揮できる設計になっているはずです。犬走《いぬばし》りや桟敷《さじき》は、甲冑をまとった武者が活動できる幅に作られているはずなのです。

山の中の、膝の高さしか無い土手の左右に溝があると、城好きは、

「あぁ、ここに空堀がある」

と言って目を細めますが、我々個人装備の好きな者は、

「ここに楯を並べて、人ひとりしか通れぬこの土橋《どばし》に掛かるよう長柄の兵を隠しておいて、一気に交差刺しにして……」

などと、まず二間柄、三間柄の槍の動きばかり考えてしまいます。

数年前、茨城県のある山城で友人（結構有名な作家で、サバゲーマニア）と大声でそんな話をしていたら、茂みの中からひょっこり現れたいかにも城廻りの趣味をはじめました、といった体《てい》のおっさんに、

「城をそういう目で見てはいけない」

とたしなめられました。では、どのように見るものか、と問うとその人はおごそかに、

「なぜそこに城が存在するのか、政治的理由を考え、土木の痕跡から、当時築城に携《たずさ》わった人々の労苦を静かに偲《しの》ぶものです」

とおっしゃる。実はこうして、あえて戦争論を省き、「城」を地政学と土木学（とロマンティシズム）でのみ考えようとする人は意外に多く、それ以後も各地で似たようなタイプに出会いました。脇で聞いていた私の友人は、

「なに言ってやがる。戦国期の山城が江戸期の白塗り城とは違うのもわかんねえのか」

とあとで吐き捨てるように言っていましたが全くその通りで、視点を云々するなら、まず山城の用途が何であったか基本的な部分を検証するのが筋道というものでしょう。近世の城を見慣れた人は、理解しがたいほど安直な造りに見えるでしょうが、しかし、その安直な防御法として、近世には姿を消していった木盾や柵の運用法にもっと関心を払ってもらいたいと思います。

柵《さく》

柵は古代から行なわれて来た防御法のひとつです。樹木を縄や藤づるで結び合わせ、敵の侵入を防ぐものですが、簡単な構造では敵に破壊されることもあり、これのみで用いるということはあまりありません。長篠の戦いなどの屏風絵では、ただ地面に柵が立っているように描かれています。しかし、これは絵師による省略画で、実際にはかなり複雑な半城塞構造であったことが、今日わかってきています。

　文献資料としては、国立国会図書館に所蔵されている『築城記』の記述が貴重です。この本の原作者は、越前朝倉家の窪田三郎兵衛《くぼたさぶろうびょうえ》という弓の達人で、城を守る射手の心得も説かれています。以下拾い読みしてみると、「柵を立てる土塁を高く築けば陣の内部が見えにくくなり、これを『陰《いん》の城（あるいは黒構《くろがまえ》）』、反対に土塁が低く柵が高ければ外部から覗き易くなる代わりに城外の動きも良くわかる。これを『陽《よう》の城（透構《とおしがまえ》）』と呼ぶ。土塁上に構える柵の柱（縦木）の平均的な高さは上端までが六尺（約一八〇センチ）。根本は三尺（約九〇センチ）埋めて倒れぬようにすること。柱と柱の間隔は一間幅に五本（約五〇センチ間隔）。ここに差し掛ける横木は四条。いちばん下の横木は人の膝の高さ（地上より約四〇センチ）に結ぶこと。縄の結び目も横木も外側に結ぶ。ただし、この柵を基本に、板や平楯を張り付けて塀を作る場合は、必ず横木、縄の結び目を内側にする。このほか、塀に転用する心得として、柵のところどころを内側に折れるように作る。これは横矢がかり（※編注／攻め込む側の敵を側面から攻撃すること）を作るため。

　この説明で気付くのは、長篠の戦いで用いられた織田家の柵と比べて、横木の数が多く、高さもずいぶん低いといったところでしょうか。これは、朝倉家の柵が城や居館の防御を想定し、織田家のそれは平場《ひらば》の野戦築城を基本にしていたと考えれば、理解できる話です。

▼『築城記』にある朝倉家の柵
もちろん前面には近付けぬように逆茂木《さかもぎ》が並べられている。

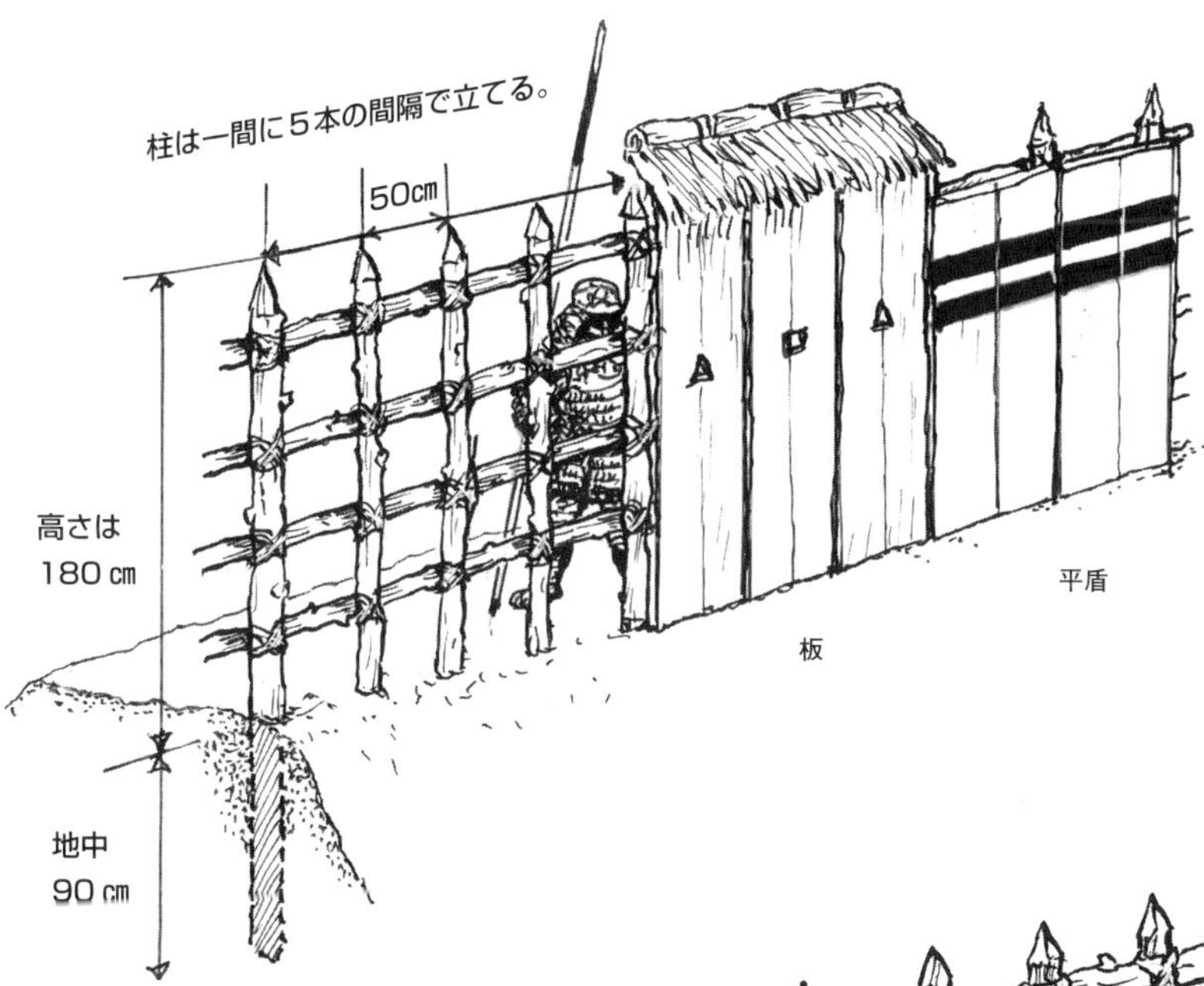

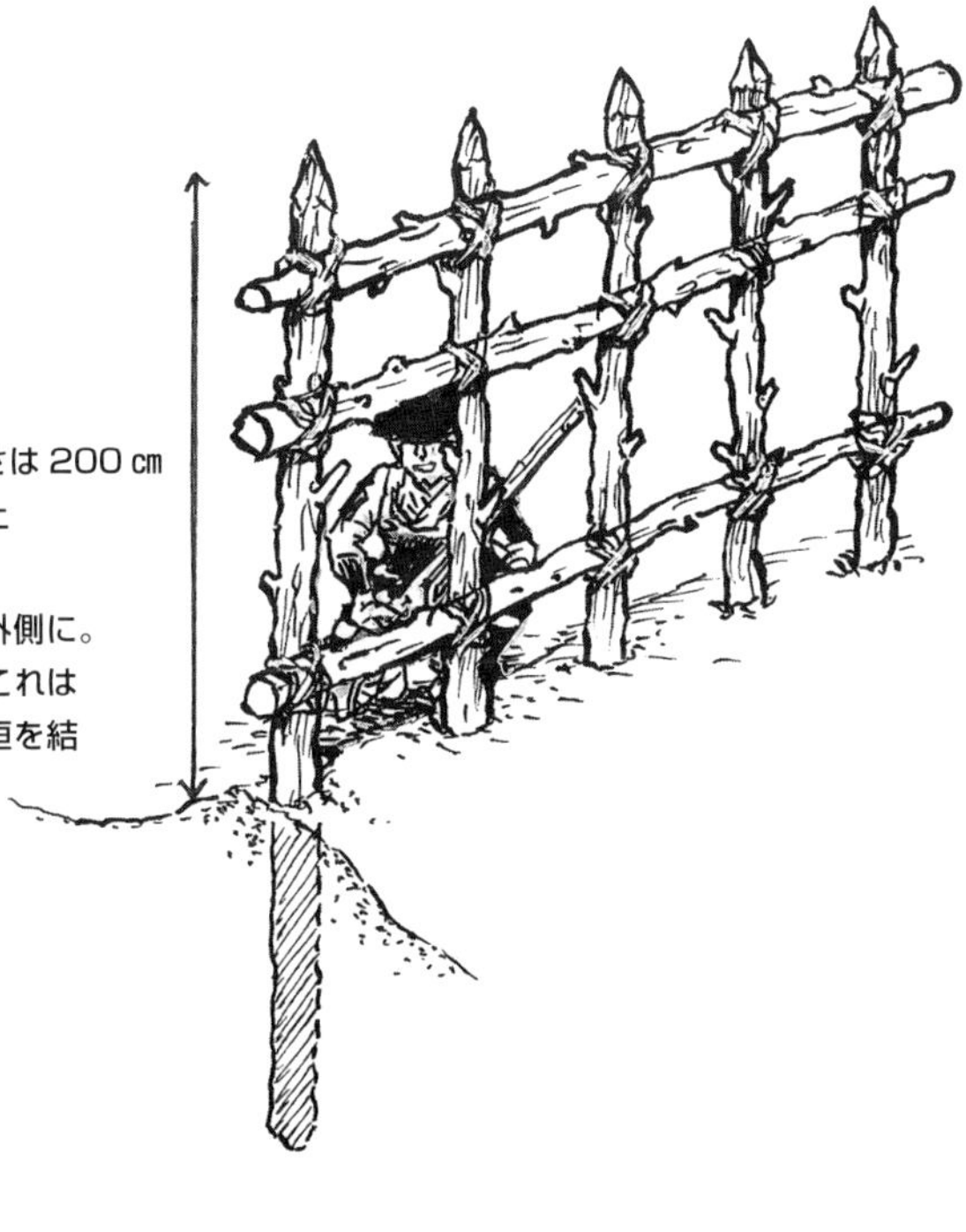

▶織田家
織田家の馬防柵《ばぼうさく》。横木は外側に。なわの結びは「男結び」。これは現在でも京都の庭師が竹垣を結う時に用いられる。

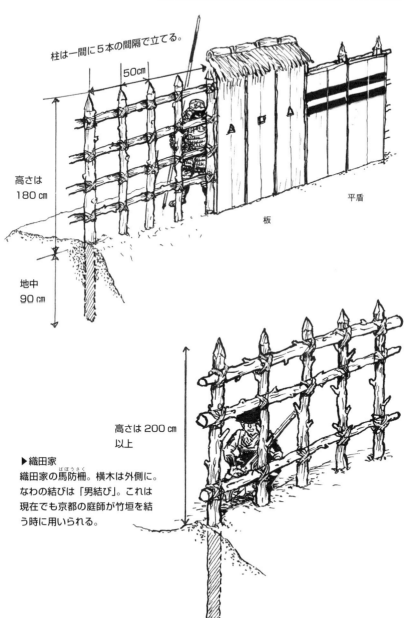

温暖多湿で、木材が豊富な日本だからこそ、古代から我が国では板を加工した楯が、城攻め、野戦を問わず、大量に利用されてきました。一定の場所に固定する楯を「掻《かい》楯」、移動戦闘に用いる楯を「持《もち》楯」と称しますが、両者はさほどの違いは無く、ただ城に置く櫓《やぐら》掻楯は、多少厚みのある大振りなものか、ヒシキ楯と称するタイプを使用しました。これは、陣中で板敷にして座る「引《ひ》っ尻《し》き」板の名残でしょう。移動楯の持ち手は、絵巻物など見ると非武装の者が多く、ほとんどが徴発された農民のようで、弓兵に比べると危険な割りには損な役まわりでした。

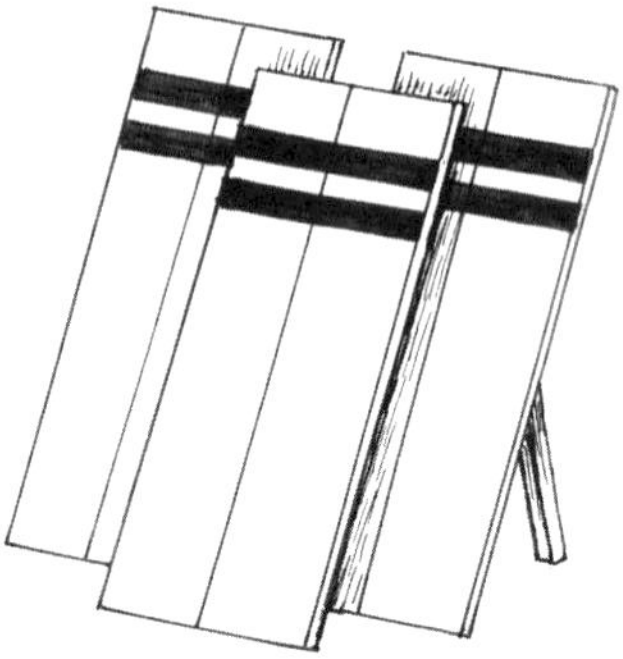

▲隙間塞ぎの楯置き法。鳥の羽にたとえて「めどり羽《は》に置く」と表現する。

▼長篠の馬防柵
三本横木のいちばん下は「膝の高さ」というが、こうすると、膝射ちする銃手の銃口の高さには少々低過ぎる。やはり内側に塹壕が掘られていたと思われる。

■熊手や投鈎などで柵を壊す

●寄手も柵のまえでただ手をこまねいていたわけではない。鉤の付いた投げ縄や熊手、手斧を持った足軽たちが接近して破壊する。長篠の戦いではこうした「突撃工兵」の努力によって、一部では三重の柵のうち、二重まで引き倒されて、武田兵の侵入を許したという。

▼横矢かかり

防御側から見て柵の外側に死角を作らないようにし、二方向から攻撃できるように設計する。

中世山城の上部構造物①／塀と狭間

昨今、城ダイオイラマを作る人たちから、城の櫓や掘の大きさの、正確な数字をかいてくれ、という話が多くよせられます。現存する近世以後城ではなく、中世以前の山城や館のことを質問しているのだと思いますが、これがまたむずかしい。平安期から戦国時代にかけて、つまり絶えず戦いのなかにあった城郭は現存せず、発掘で出土した柱や塀の跡、古い絵巻物に描かれた不正確な図などで推定するしかないのです。

しかし、別のヒントが無いわけでもありません。それが、当時の城造りや実際の戦闘に関わった人々が書き残した古文書です。これを実際の絵にしてみると、我々が近世の城で得ているイメージとかなり異なるものができあがってきます。

たとえば鉄炮の登場以前に全盛期を迎えたとされる山城の塀については、前回紹介した『築城記』によれば、高さ五尺二寸（約一五二センチ）。矢蔵（櫓）は塀の棟（屋根）より二尺（六〇・六センチ）ほど高い位置に床が来るよう板を張り、さらにその上へ板材の矢避け壁か平楯を並べる、とあります。塀の高さが五尺前後というのは、現代人から見るとずいぶん低く感じられますが、当時の日本人の平均身長は百五十センチほど。矢狭間《やはざま》を用いて矢を射るにはこの程度でも充分でした。前面に狭間を切っていない塀の場合、射手の胸の高さ、地表から三尺（六〇・六センチ）ほど、とさらに低くなります。こうした塀では腰をかがめて矢を番《つが》え、立ち上がりざま放つ、という動作を繰り返していたのでしょう。狭間の大きさは矢蔵の床から上八寸（約二十四センチ）の高さに、横七寸（約二十一センチ）縦三尺二寸（約九十七センチ）の大きさで切れ、とあります。近世城閣の塗塀に切られた丸や三角のちいさな鉄砲狭間を見慣れた我々には、巨大に感じられます。が、これくらい幅が無いと長弓の操作は難しかったようです。ただ、小柄で敏捷《びんしょう》な敵がこの狭間を押し広げ内部に侵入することもあったようで、それを「身通《みどお》り狭間」と呼び、楯で蓋《ふた》をするなど守備側も厳重に管理しました。

塀の屋根は茅葺《かやぶ》きか藁葺《わらぶ》きで、重要な部分は板葺きにします。草葺き屋根は、防火の点でずいぶん心もとないものでしょうが、簡単な板と泥の壁では、雨風の浸蝕《しんしょく》がより心配であるため、こうした材料で我慢したのでしょう。やがて半永久的な「城」が始まると、瓦《かわら》屋根、漆喰《しっくい》と板壁の併用が普通になっていきます。

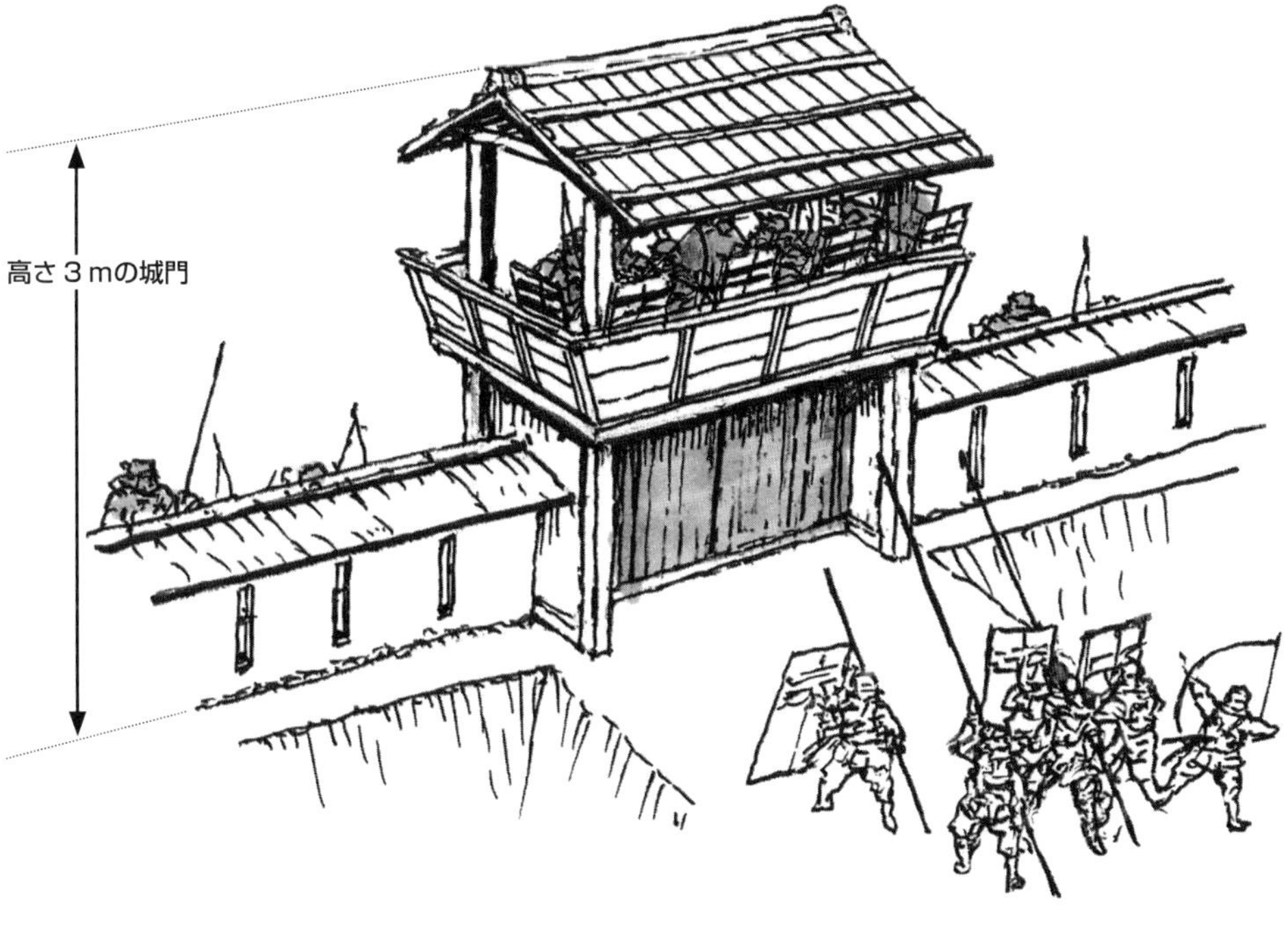

▼土塀の上に桟敷《さじき》を造る

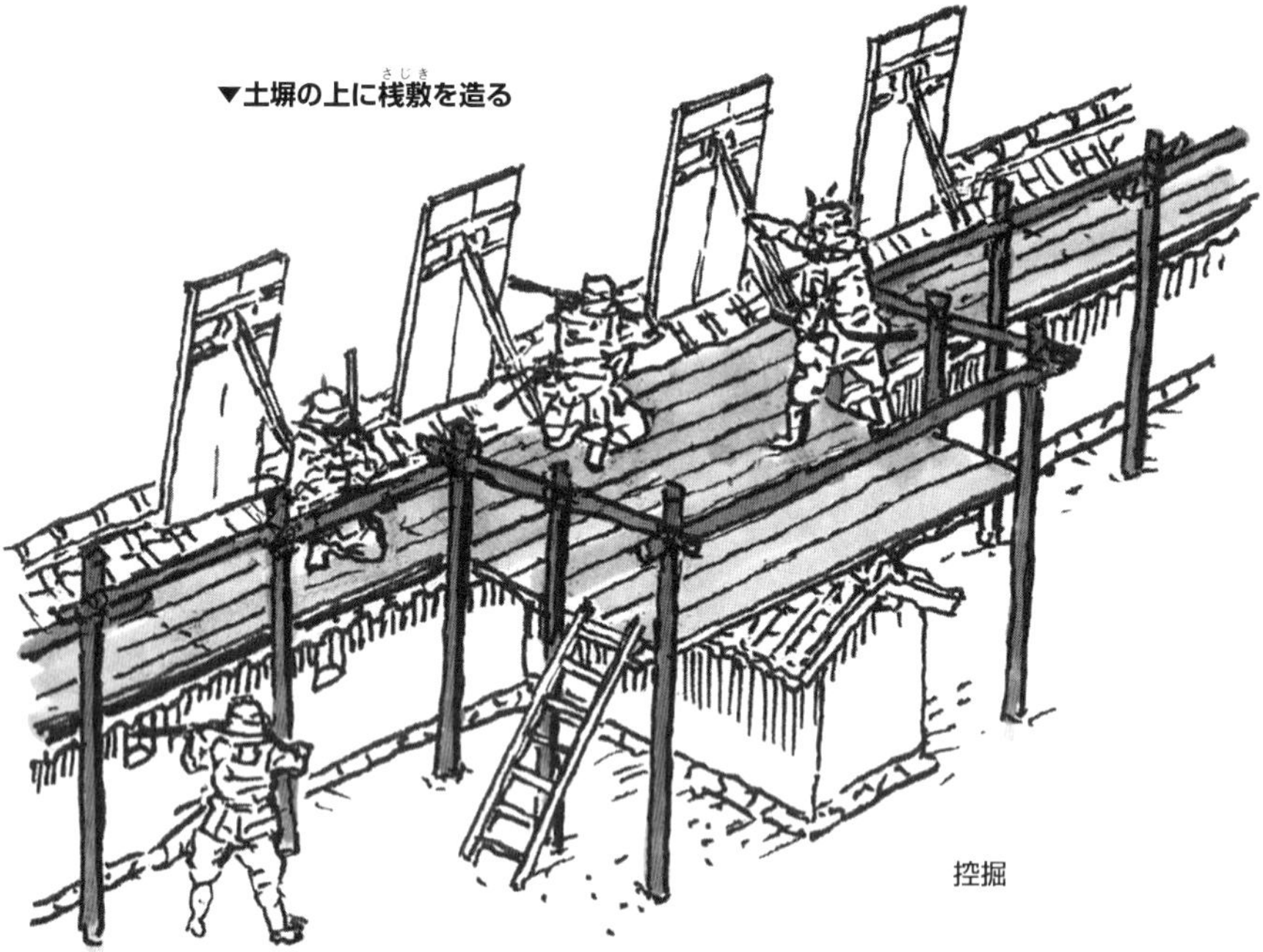

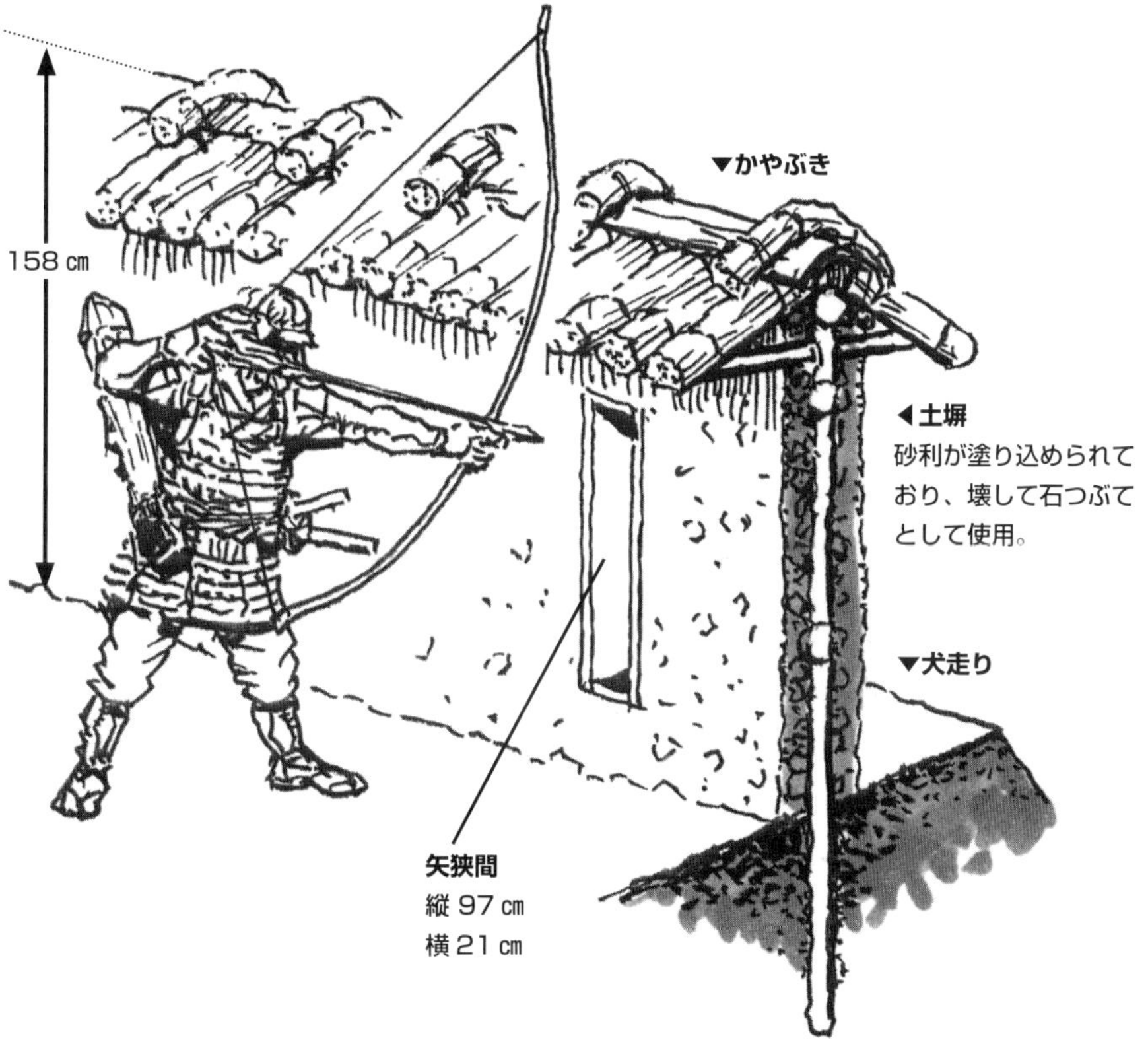
158㎝
▼かやぶき
◀土塀
砂利が塗り込められており、壊して石つぶてとして使用。
▼犬走り
矢狭間
縦 97㎝
横 21㎝

中世山城の上部構造物②／櫓《やぐら》

山城は基本、山の高さを利用して防御するために、櫓《やぐら》（矢蔵・矢倉）はそれほど高層のもの必要としていませんでした。『築城記』にある、塀の隅《すみ》に建てる櫓も、地表から九尺（約二百三十七センチ）が限度で、床の広さは七尺（二百十二センチ）四方という、大変小さなものです。櫓の狭間は横六寸（約十八センチ）縦三尺（約九十・九センチ）が標準で、初めは屋根もなく、敵の射上げた矢が上から飛び込まぬよう、狭間塀の上部に矢避けの幕や筵《むしろ》などを張っていました。やがてここに板屋根が掛け渡されるようになって、ようやく櫓は仮設ではなく、半永久構造物へと変化していくのです。

平場《ひらば》の櫓は、山城の櫓に比べてかなり早い時期から大型化しました。応仁の乱の二年目（一四六八年）にあたる四月一日。山名方が京舟岡山《ふなおかやま》に井楼《せいろう》を建てはじめたころ、細川方が矢蔵から投石器を用いて妨害。しかし山名方は同月十四日に「其高《そのたかさ》七丈（約二十一メートル）」の井楼を完成させ、以後両軍はこうした高層の建物から「土石《どせき》を用いて」攻め合ったとされます。井楼は井桁《いげた》に組んだ横木を用いて柱材を保強する構造で、料理の蒸器「蒸籠《せいろ》」に似ているためこの名があります。

門櫓は城館の出入口を守るため、櫓よりも手間をかけて造りました。これも初めは露天《ろてん》で楯や矢避け幕を張るだけのものでしたが、門柱の上に肘木《ひじき》や束柱《つかばしら》を建てて屋根を設け、内部に見張りの兵を常駐させる施設に変化しました。これを「棟門《むねもん》」または「二階門」と称します。門の柱は高さ一丈（約三メートル）、太さはできるかぎり太いものを選び、柱と柱の間、つまり入り口の広さは七尺（約二百十センチ）から九尺（約二百七十センチ）。門扉は内側へ両開きにして、閂《かんぬき》は平板状ではなく、十六角に削った堅木《かたぎ》。片開きの場合は左側に開き、下げ降ろす吊戸《つりど》（蔀戸《しとみど》）の場合は、いざという時、切って落とすために、内側から外側へ向かって綱で引き降ろします。

▼組上げ井楼
臨時の見張り櫓で夜に組み上げ
昼間は組み上げないとされている。

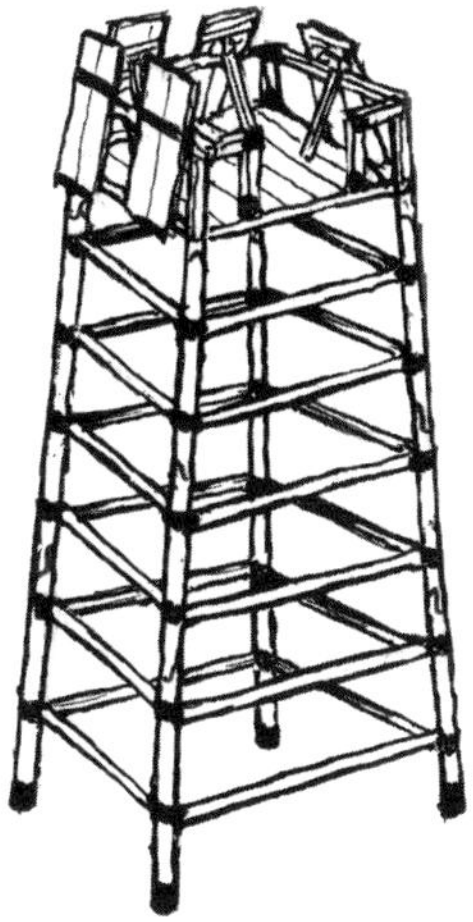

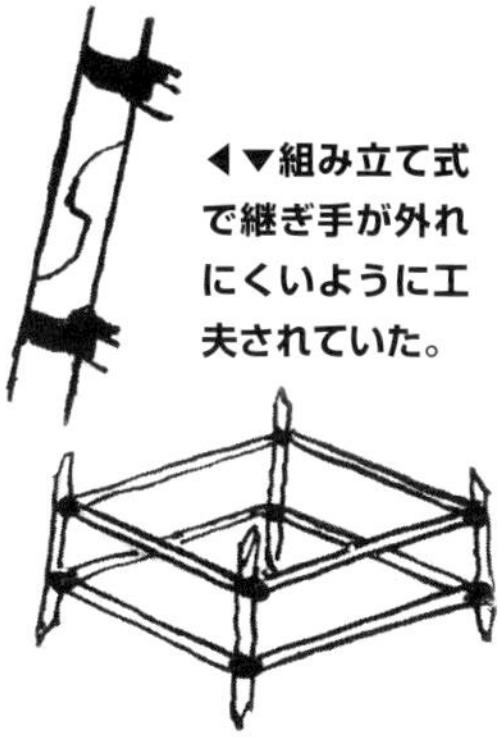

◀▼組み立て式で継ぎ手が外れにくいように工夫されていた。

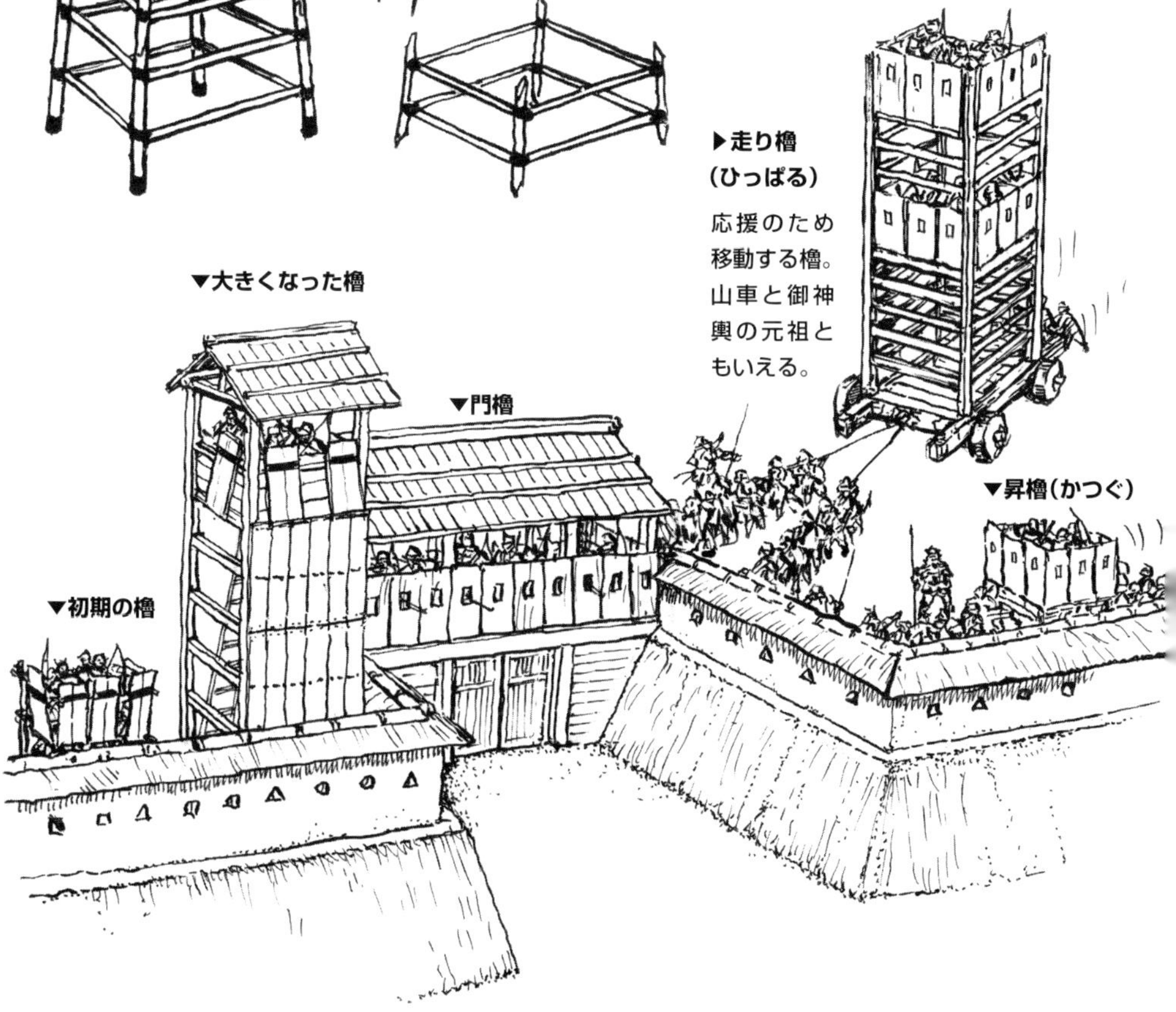

▶走り櫓（ひっぱる）
応援のため移動する櫓。山車と御神輿の元祖ともいえる。

▼大きくなった櫓

▼門櫓

▼昇櫓（かつぐ）

▼初期の櫓

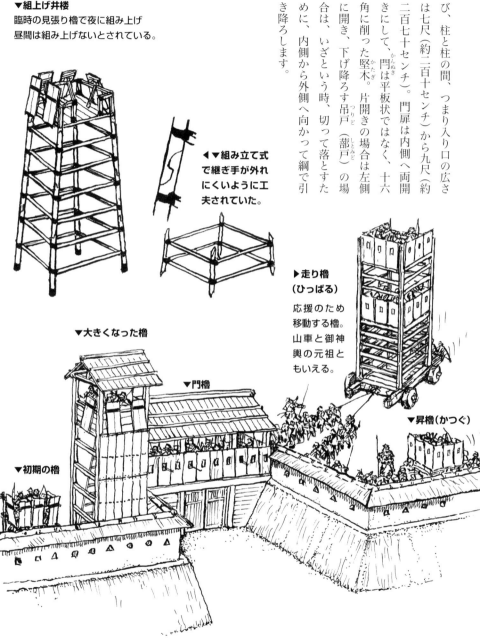

▼昇櫓

▲台座

日本の祭礼を見ていくと、時として山車や御神輿は、山城の移動防御装置ではなかったか、と妙な思いにとらわれることがあります。西日本には神輿を頑丈に造り、わざと放り投げて破壊する祭りが幾つもあり、修理する職人さんが、あきらかに悲しそうな顔をして翌年に備える光景を、テレビで目にします。これなどは、合戦で疵ついた櫓を再生する番匠をイメージさせ、そのお祭りも合戦の予行演習であるかのような気分に陥らせます。

▼『一遍上人絵伝』にある門上の掻楯。

▼『後三年合戦絵詞』に描かれた櫓。平安時代のものではなく、実際には南北朝期の形。

▼土塗りの塀上に増加した板楯櫓。射手は大型の楯を動かして矢を射る。

▼門に沿った塀上に置く掻楯櫓。

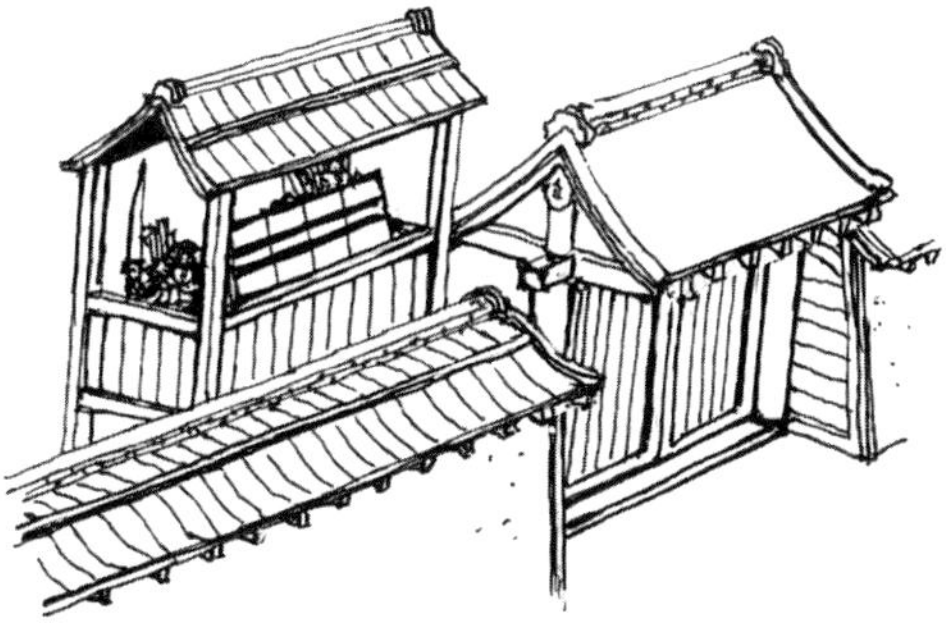

●一列に並べた楯は「かき並べる楯」、掻楯《かきだて》と称する。これを用いた建物が掻楯櫓だ。弓の威力が増し、塀際に寄った射手が、楯破《たてわり》と称する矢で楯そのものを破壊することがたびたび起きるようになると、楯の並べ方工夫が生じ、櫓の形も変わっていく。

応仁の乱に復活した投石機

大型の投石機は、紀元前四世紀頃から世界各地で用いられてきましたが、その基本的な構造はあまり変化せず中世に火薬が登場した後も戦場ではしばらく併用されました。それは初期の大砲の威力が低く、安全性に問題があったこと。また、投石機の方が材料も戦場近くで手に入れやすい、簡易な構造であったことなどがあげられます。

我が国においても『日本書紀』推古《すいこ》天皇のころ、高句麗《こうくり》の使節が弩《ど》（石弓などのこと）とともに大型投擲《とうてき》装置を献上した記録が残っています。律令制度のもとで編成された古代の軍団には、この種の兵器は少数ながら確実に装備されていたと思われます。しかし律令社会が崩壊し、武士の原型が出現すると、次第に大型の投石機は廃れていきます。装備を自前で負担する時代に入ると、そうした大型の兵器は手間と資金ばかりかかって、地方の豪族には手に負えない難物となっていったのです。もともと我が国の地形は起伏が激しく、道路事情も悪い。しかも「城《き》」「舘《たて》」と称する戦闘拠点の上部構造物が比較的脆弱《ぜいじゃく》であったこともあり、投石機は利用価値の薄いシロモノでした。平安・鎌倉時代の古記録には「石はじき」「石弓」は登場しますが、これは山城の塀際に吊るした石を切って落とす原始的な兵器で、南北朝期に成立した『後三年合戦絵詞《ごさんねんかっせんえことば》』にも描かれています。ところが、古式の本格的な投石機がごく短期間ながら華々しく復活した時期があります。それは応仁《おうにん》の乱勃発《ぼっぱつ》直後の、京の都でした。

応仁《おうにん》元年（一四六七年）五月、細川（東軍）、山名（西軍）に分かれて洛中に対峙した軍勢は同月二十六日、東軍の先制攻撃で大激戦となります。この時、細川勝元《かつもと》は自邸に近い西軍の拠点一色義直《いっしきよしなお》の屋敷を攻め、彼に味方する諸将の邸を焼き討ちしました。ここで細川方が持ち出してきたのが、「発石木《はっせきぼく》」と称する投石機です。構造は西洋でよく用いられた木材と網の弾力利用式ではなく、平衡錘《おもり》式のいわゆるトレビュシェット型です。二十人から四十人ほどの人力で索き、百二十斤（約七十二キログラム）の爆発物を放物線上に二百メートルほど飛ばす大型迫撃砲の元祖ともいうべき兵器でした。

　野戦では効果の低い投石機も、敵陣との距離が近い都の市街戦では、かなりの威力を発揮し、庶人をおどかせたと伝えられます。

●「発石木《はっせきぼく》」で発射したものが「霹靂《へきれき》」という陶器製の爆発物。室町時代、火薬はすでに日本へ大量に輸入され、簡易火炎放射器とも言うべき火槍《かそう》が用いられていた。霹靂《へきれき》は雷のこと。「晴天、霹靂《へきれき》を飛ばす」とは南宋の詩人陸游《りくゆう》が病床から突然起きだして筆を取ったその勢いを雷に例えたものだが、こうした小難しい言葉を使うあたり、この種の兵器が、当時の日明貿易によってもたらされたものであることを窺《うかが》わせる。

▼**発石木《はっせきぼく》**
120斤（72kg）の石を
200 mほど飛ばせる。

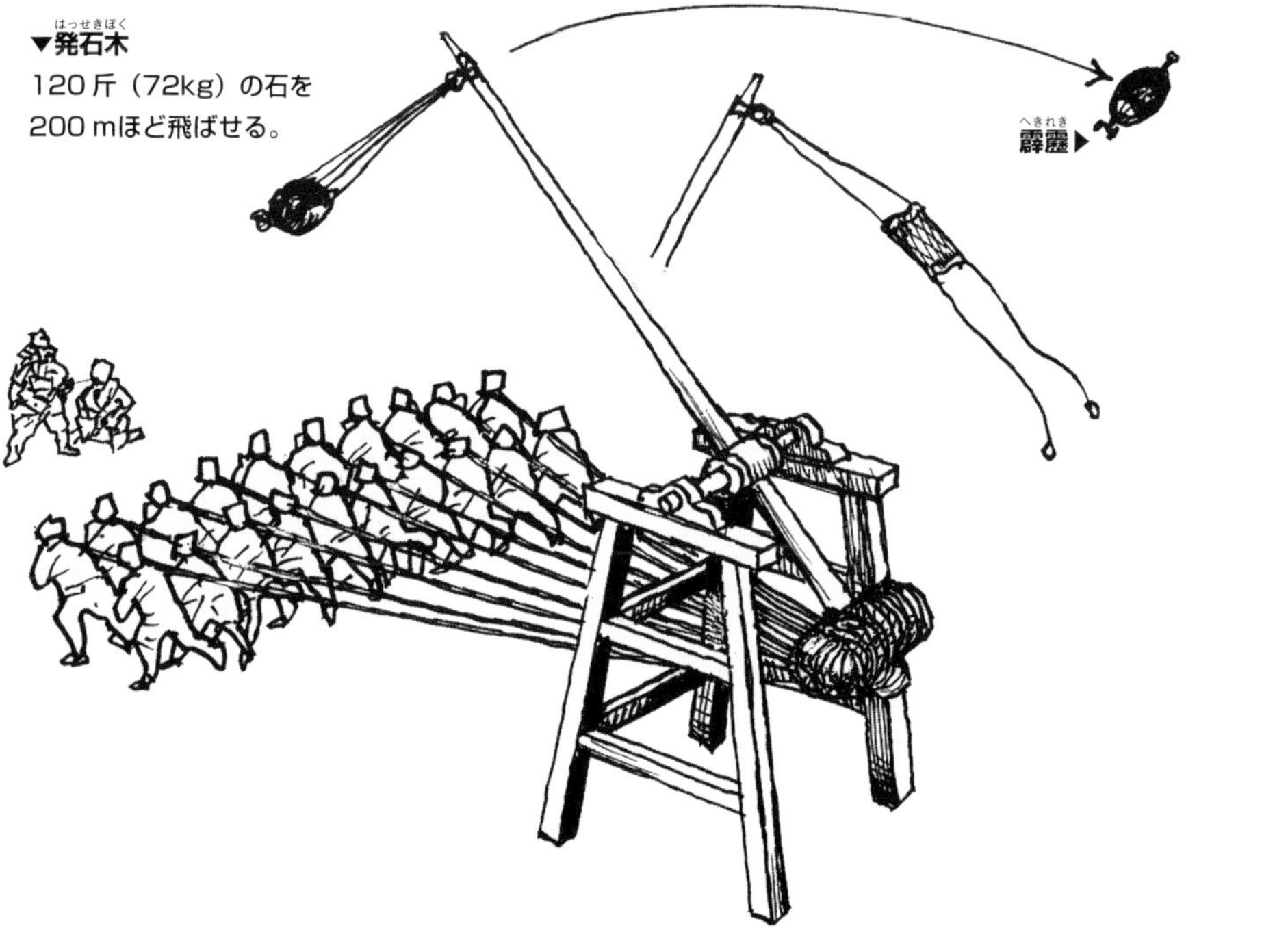

▼霹靂《へきれき》
陶器の容器に火薬と石片を詰め周囲に油布（コールタール）を塗り、点火して発射する。約 72kg もある。

《城壁の石はじき》

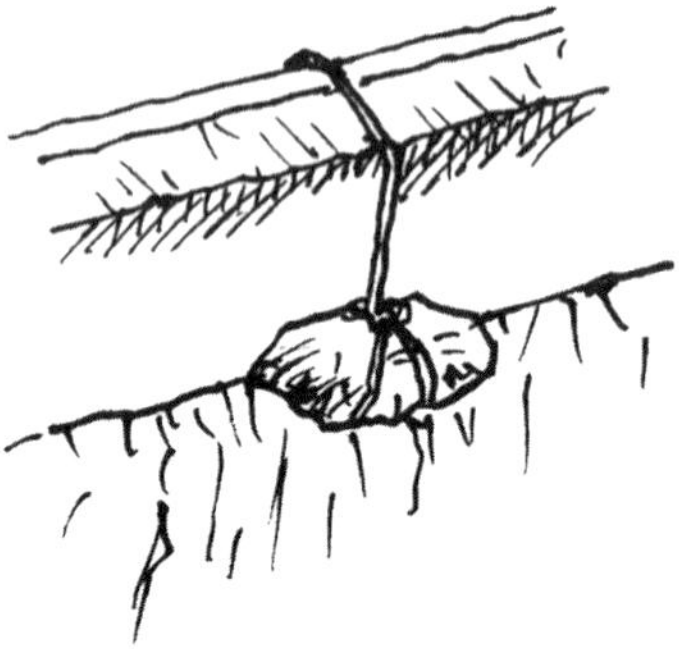

▲「後三年合戦絵詞《ごさんねんかっせんえことば》」の石弓、綱を切って落とす。ヒモ付は釣り上げて再利用もできた。

▲板の上に石を載せ綱を切って落とす石はじき。遠方に飛ばすという観念はすでにない。

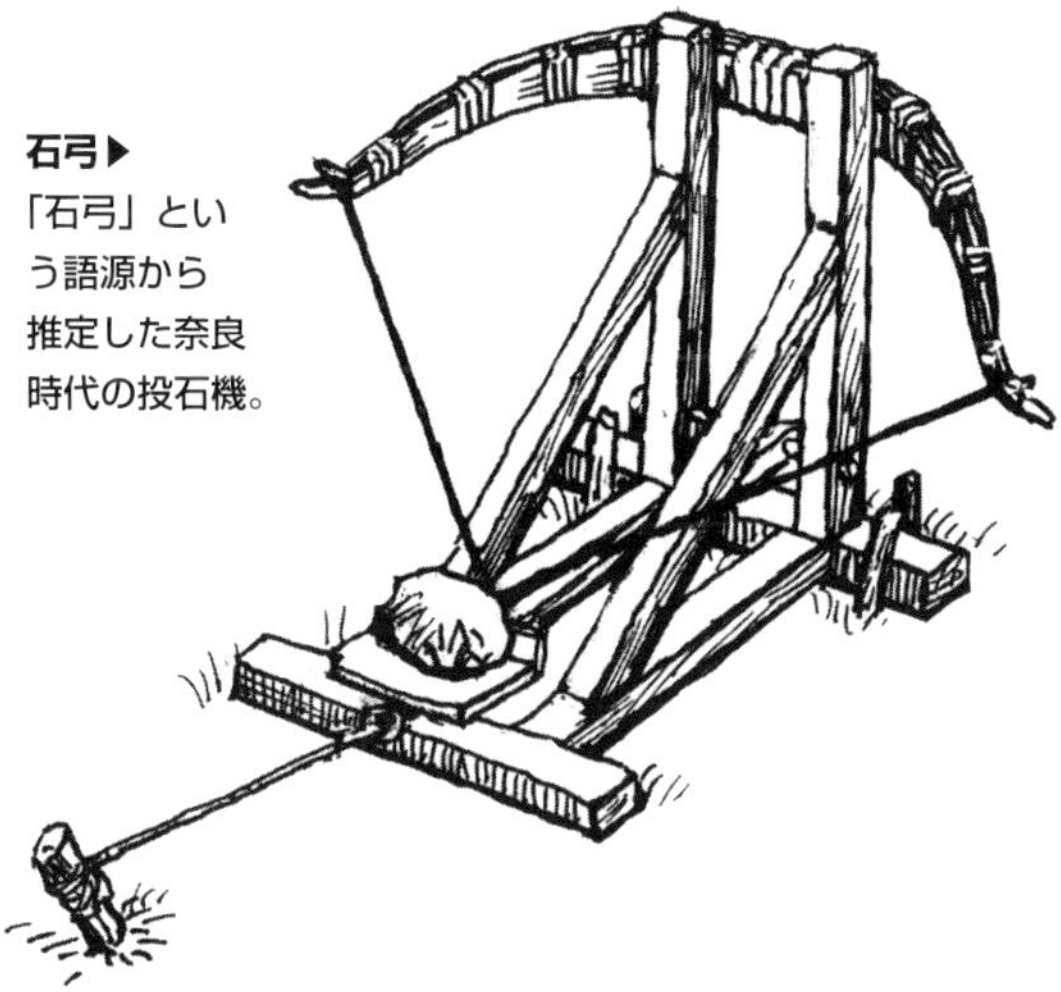

石弓▶
「石弓」という語源から推定した奈良時代の投石機。

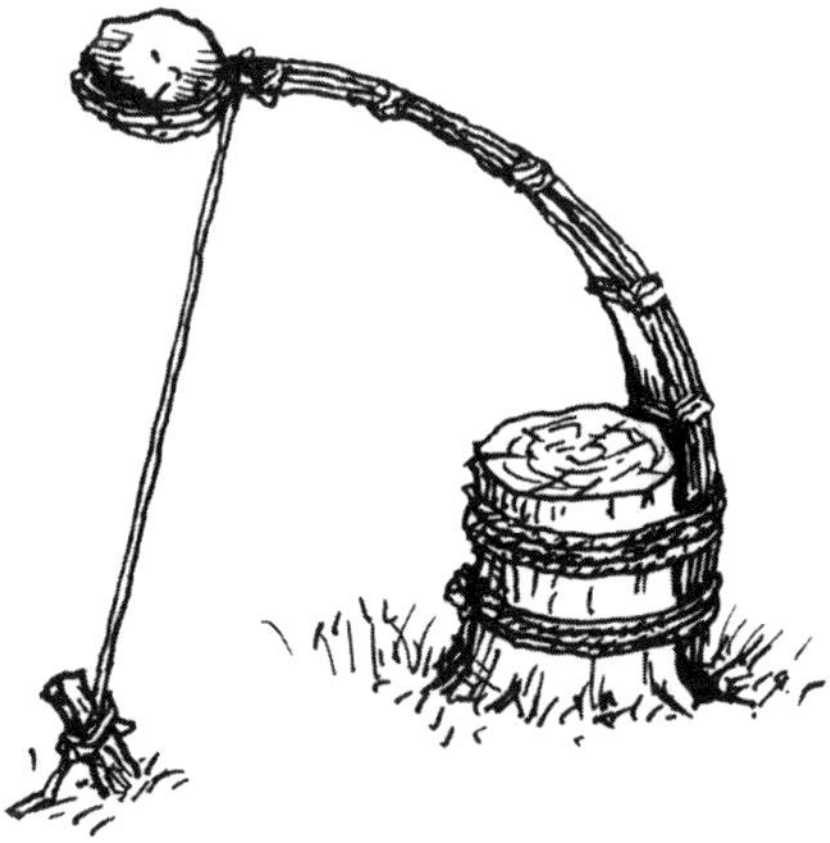

▶「倭名類聚抄《わみょうるいじゅしょう》（平安中期に編さんされた辞書）」の石はじきからの推定図。
武田家はこのタイプを高天神城の出丸攻めに用いたとされる。

究極の城攻め道具「亀甲車」

我が国は近代に入るまで道路事情が劣悪な状況にあったため、装甲化された車両などなかったと断言する書籍もありますが、何事にも例外は存在します。天正の初め（一五七二年ころ）紀州雑賀の鈴木清兵衛《すずきせいべえ》なる人物が、「舟鉄砲《ふなでっぽう》」と称するものを考案しました。長さ五間（約九メートル）の古い川船の周囲をぶ厚い木楯《きだて》で覆い、これに車輪四つを付け、馬二頭で曳《ひ》きます。楯の左右には三つずつ銃眼があり、馭者《ぎょしゃ》が外で馬を操るところは、一五世紀のヨーロッパ宗教戦争当時、フス派のヤン・ジシカが用いた戦闘馬車に似ていました。作家司馬遼太郎は、短編小説『雑賀の船鉄砲』のなかで、「鉄砲を乱射しつつ一挙に敵の本陣に突入して大将を討ちとるために使われるものだ。本陣に突入すると、内部のかんぬきを外して舟のふたをはねのけ、それぞれ槍を手にして躍り出るのである」と書いていますが、この原資料は、戦前の陸軍幼年学校雑誌の記事と思われます。

しかし、確実な史料に登場する車両は、秀吉の朝鮮出兵、文禄《ぶんろく》・慶長《けいちょう》の役《えき》まで待たねばなりません。『両国壬辰実記《りょうごくじんしんじっき》』という本には、半島南部の晋州城《ちんじゅ》を日本側が攻めた時の記録が残されています。少し長くなりますが、原文に迫力があるので引用してみましょう。「乗物の形に丈夫に造り、足に車四つ附けて乗手は内より鉄挺《てってい》にて舟の櫂《かい》の如《ごと》く押行《おしゆく》なり。それに長き細引《ほそびき》（縄）をつけて後にも自由に引き戻すように巧《たく》みなり」とあります。日本側はこの車を用いて城壁に接近を試みました。しかし、初期タイプの車両は城側が投げ落とす火や油に弱く、たちまち焼けてしまいます。そこで、牛の生皮《なまがわ》を剥《は》いで上部のみを包み、防火対策を施した車を新たに三台作りました。

「足軽のうちより究竟《くっきょう》の者を選み、亀の甲にのせ諸手《もろて》（他の攻撃隊）と一同に押し寄せる」

　これが有名な「亀甲車《きっこうしゃ》」のデビューです。

「亀の甲、段々に近寄るを見て（敵は）矢を射かけ、石を飛ばし、松明を投懸《なげかけ》投懸防《ふせ》ぎたれども、遂《つい》に壁際まで詰寄せて、亀の甲より（中の足軽）飛出て、石垣石《いしかべいし》の角《かど》をえいえいと大声を出してはねければ」

　城の角石を抜いたため、がらがらと崩れたとあります。この亀甲車を用いた武将は『加藤記』では加藤清正。『黒田家譜《かふ》』では黒田長政、あるいは宇喜多直秀家の軍勢と書かれており、お互いにその名誉を誇っています。恐らく、数家の寄手《よせて》が競合で製作したのでしょう。なお、黒田家は国内でも亀甲車を用いています。慶長五年（一六〇〇年）九月十七日、関ヶ原役の時、黒田如水《じょすい》に従っていた原弥左衛門《はらやさえもん》は、豊後国《ぶんご》安岐《あき》城攻めに参加。亀甲車で城門を崩した弥左衛門は、その功を認められて、黒田家が筑前国を得ると二千石を拝領《はいりょう》した、と記録されています。

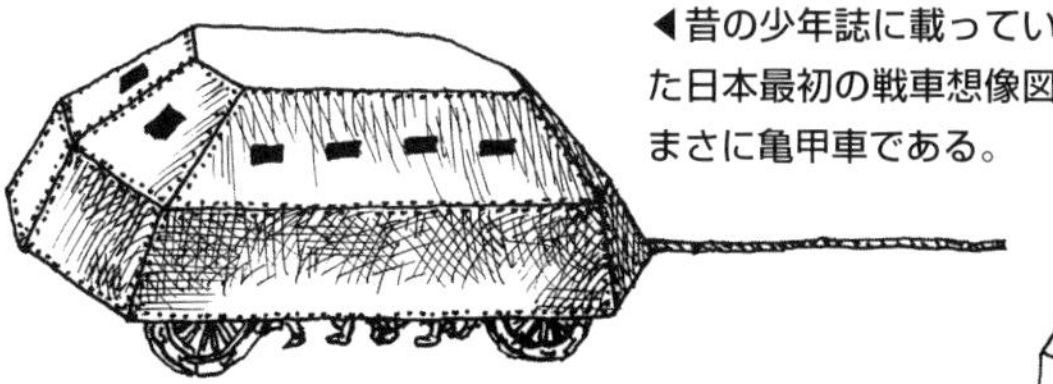

◀昔の少年誌に載っていた日本最初の戦車想像図。まさに亀甲車である。

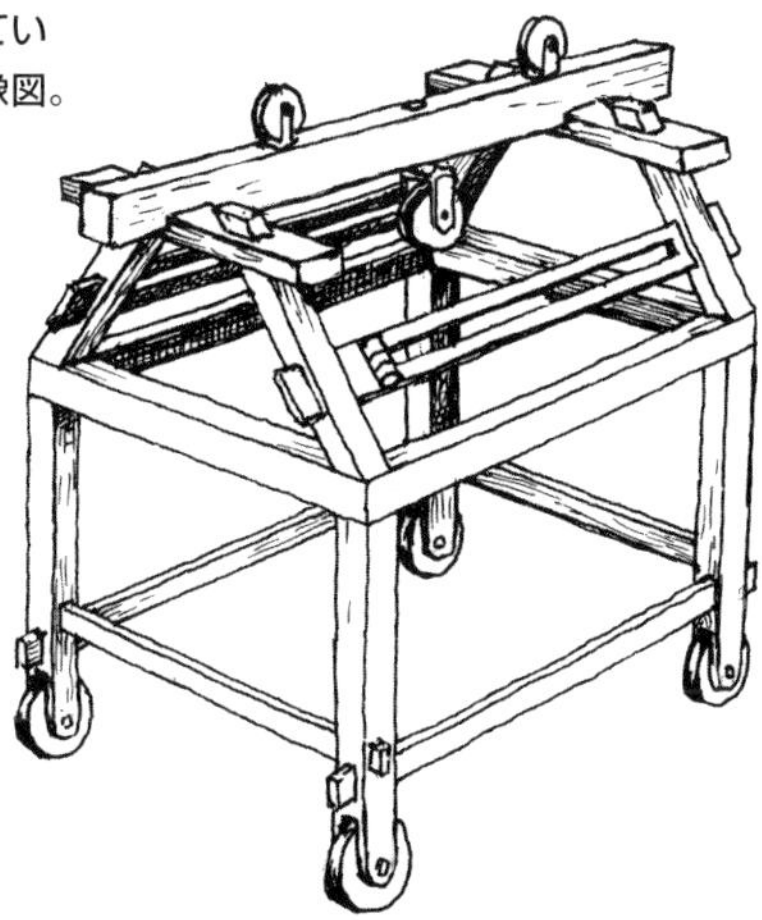

▲江戸期の軍学者が推測した亀甲車の骨組み。全体に細身で弱々しい。内部には破城槌を吊るす滑車がある。

▼牛の生皮とともに牛の生首を車の先に掲げて城兵を威圧したという。これが宇和島の牛鬼の起源かもしれない。

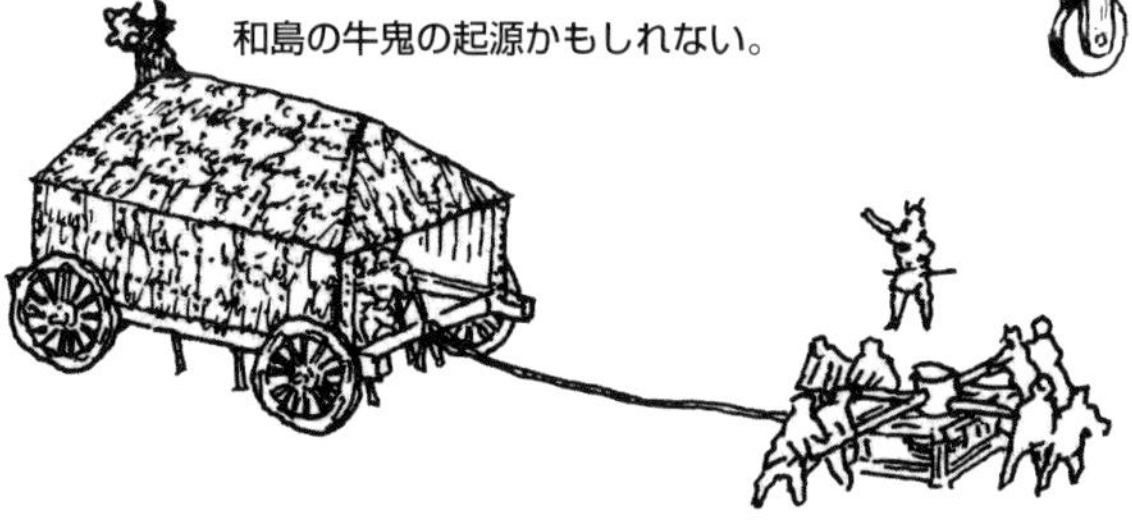

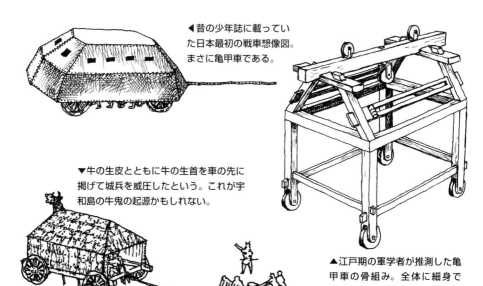

■牛鬼内の雑兵

●愛知県の南予地方に広く分布する牛鬼。布や草木で外側を覆い、全長は５ｍ以上もある。竹ぼらという筒を吹き鳴らして練り歩く。このような祭りになったのは、約二百年前からだが、藤堂高虎が普州城攻めの話を地元に伝えたという伝承もある。

▼四国の瀬戸内側には牛鬼という妖怪の伝承が多く、お祭りにもその造り物が出るが、この牛鬼の山車は、朝鮮の役のころに原型が考案されたという説がある。晋州城は城兵のほかに女子供数万人が籠ったというから、装甲化されていないとはいえ、その巨大で異様な姿は、彼らに大変な威嚇効果を与えたと思われる。亀甲車の中は密閉状態で、硝煙が篭もるから鉄砲足軽はほとんど活動できず、城壁を壊す石工や金掘が活躍した。『両国壬辰実記』には、三人の足軽、石にあたりつつきけれど、別儀はなく石壁七八間（約十四メートル）崩れけり」と書かれている。一種の戦闘工作車であったようだ。

「足軽は貧しい農民ではなかった」

戦国期、足軽の個人装備品は基本、軍役を担う者の自前であり、時代が下がるにつれて出身村の負担となっていった。村々では農閑期に入ると、軍役を果たす若者の成人式を行ない、これを「刀差し《かたなさし》」と称した。ところによっては名主が脇差を贈ることもあり、こうした装備の受給者を、地域の大名は積極的に取り込もうとした。つまり、足軽—貧しい農民という初期の図式は成り立たず、あらかじめ戦闘参加資格を持ち、軍役の代償に税の軽減を受ける階級が「足軽」だった。供与兵器の受給者。三角の陣笠に揃いの桶側胴具足、長柄の槍か鉄砲という、我々が良く知る足軽サンは、補助戦闘員として新式の訓練を受けた人々。大名に取り込まれた後の、「奇妙な階級」に属する者たちなのである。

第四章

戦国の敵味方識別

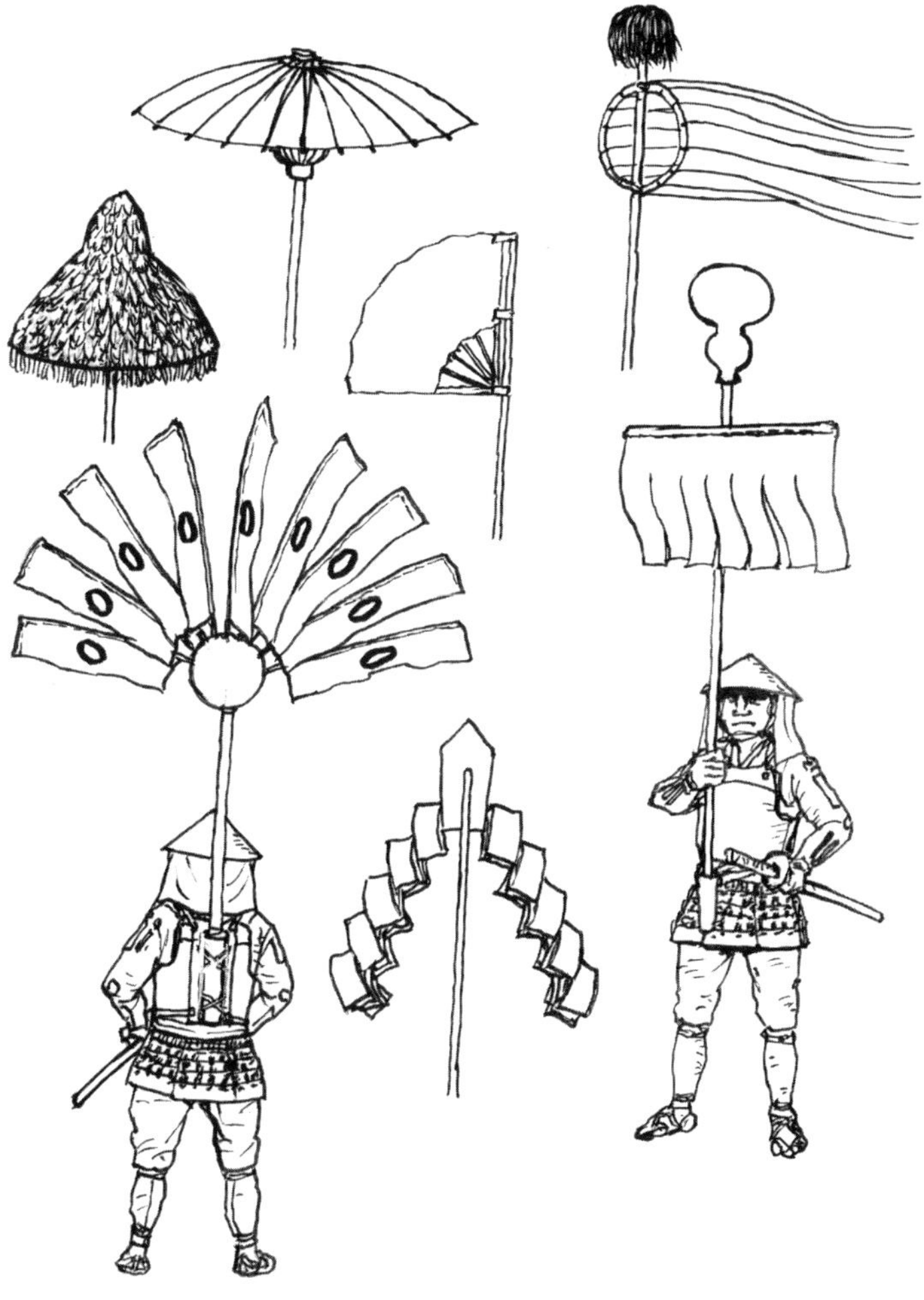

〔総論〕合戦の識別～目立つということ～

合戦に参加する人々が目標としていたものは、敵の首を獲ること。そして目立つことでした。首獲りはそれ自体が手柄となり、個人の収入増加につながります。また、敵味方入り乱れる戦場でひときわ目立つことは、それだけで武勇の証《あかし》とされました。

首に対する武士の異様な執着心は、禄《ろく》を得る目的以外に、古代以来日本人が連綿《れんめん》と受け継いできた南方習俗の遺伝子から考察すべき、とする研究があります。

しかし、同じ執着心でも、合戦で目立とうという執着だけは、どうにも理解に苦しみます。武勇を伴《ともな》わない「目立ち」も時には、重要と考えられていたからです。

『平家物語』には、宇治川の渡河戦で馬を失った武蔵国住人大串次郎《おおぐしじろう》という若者が、怪力の畠山重忠《はたけやましげただ》に助けられて岸へ投げあげられ、「徒立《かちだち》の先陣であるぞ」と名乗ったために敵味方が、どっと笑ったとあります。この笑いには、バカだなあと呆れつつも、負け惜しみの口上で目立とうとする若者に対する、好意的な思いが含まれています。

時代が下ると、こうした情緒的なものではなく、実際に馬鹿馬鹿しいまでの、派手な格好で戦場を往来する武士が出現します。これも初めは鎧の威し糸や鎧下着の色目を派手にして、敵味方の記憶に残そうというささやかな心根《こころね》から始まりましたが、時代が下がるにつれ被り物を奇怪な形に見せることが流行し、旗を背に差す習慣が一般化すると、その図柄を。さらには行動に支障をきたすほど巨大な造り物の標識を背負って戦場に向かう武者も出現します。中には、敵に対する威嚇と言うには少々無理がある剽軽《ひょうきん》な姿も散見され、天正期から慶長期にかけての合戦では、リオのカーニバルも顔負けの光景が繰りひろげられたのです。

こうした状況がなぜ生まれたのか。

それは、往古の人々が、合戦を特殊な祭礼の一種、と位置づけていたからではないでしょうか。御柱祭《おんばしらまつり》やダンジリなど、各地に危険をともなう祭礼が現在も多く残っています。そこで死傷した人々は、祭りに男々しく立ち向かった「男気」あふれる者として賞賛されますが、その浮世離れした評価も、合戦の「目立ち」によく似ています。

兜《かぶと》の立物《たてもの》

立物《たてもの》は兜《かぶと》に装着する一種の識別物です。個人を表現すると同時に威儀《いぎ》を整え、また神仏の加護を願うものでもありました。初めは鍬形《くわがた》一辺倒だったものが、室町時代初期になると鍬形《くわがた》を異形にさせたり、軍扇《ぐんせん》を挟んだ物や、日輪、月、立剣といったさまざまな形式が現れます。これらは、ほとんどが兜《かぶと》の前頭部の正中線上に立てる「前立《まえだて》」で、材質も金属製の薄鉄《うすがね》です。兜《かぶと》の後ろには傘印《かさじるし》という小旗を吊るしました。まだ合戦が牧歌的な時代では、この程度の装備で個人の識別も可能であったのでしょう。

その状態が、室町時代後期に入ると一変します。戦闘の激化と兵士の大量動員で戦場が混乱する中、兜《かぶと》を被った武者は、まず自己顕示欲を、兜《かぶと》の立物《たてもの》で充たすようになります。前述の月や日輪のほかに鹿の角や牛の角、植物、自家の家紋などが出現し、前立《まえだて》以外にも、兜《かぶと》の頂点へ装着する頭立《ずだて》、側面に差す脇立《わきだて》、後頭部に付ける後立《うしろだて》が用いられるようになりました。人と異なる兜《かぶと》を被りたいという武者の強烈な願望はそれでも収まりきれず、後にはついに「変わり兜《かぶと》」という異形の被り物を生むようになっていくのです。

しかし変わり兜《かぶと》のように兜鉢《かぶとばち》そのものを変形させていく思想はおもに西日本、五畿内《きない》と呼ばれた京を中心とする社会のものでした。東日本一帯では天文年間から天正の末頃まで、小星《こぼし》・筋兜《すじかぶと》と称する鍛えの良い厚鉄を矧ぎ合わせたオーソドックスな兜《かぶと》が相変わらず用いられていたのです。西日本型の兜《かぶと》が東日本へ大量に流入したのは、天正十八年（一五九〇年）の秀吉小田原攻め以後のことであり、逆に伊達政宗の用いたような「関東型筋兜《かんとうがたすじかぶと》」の西日本伝播もそれ以後である、と多くの研究者は書いています。東北の人々は安価な兜《かぶと》へ張子《はりこ》で珍妙な形を懸《か》け張《ば》りにした変り兜《かぶと》に、長く違和感を抱き続けていたのかもしれません。

●立物は軽い素材のものをまず第一とした。戦場では立木や建物に引っかかり易いため身体を持っていかれないように、変形・破損した方が良く、また壊れた方が「良く働いた」とアピールすることもできる。

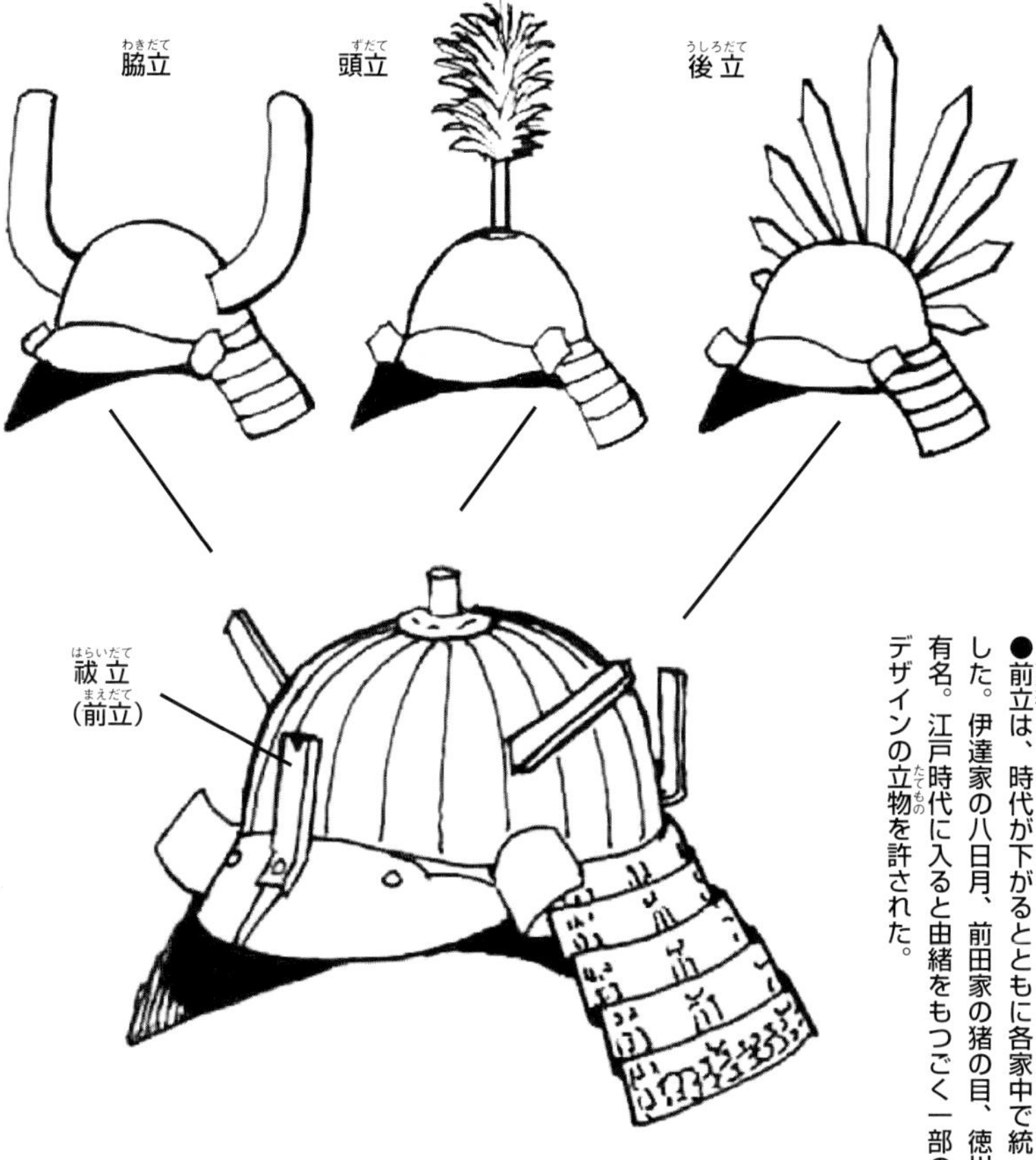

●前立《まえだて》は、時代が下がるとともに各家中で統一されて合印と化した。伊達家の八日月、前田家の猪の目、徳川家の輪抜などが有名。江戸時代に入ると由緒をもつごく一部の家だけが伝来のデザインの立物《たてもの》を許された。

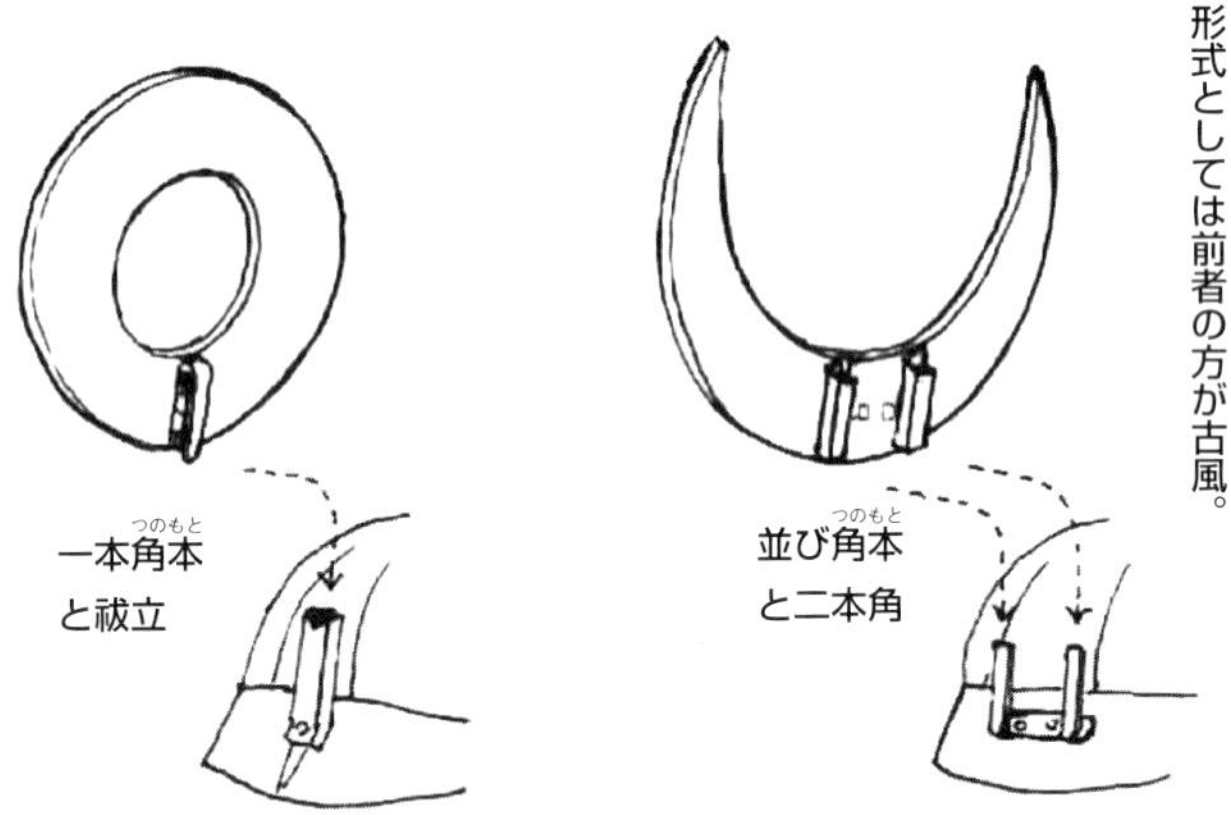

●前立《まえだて》には、突起を兜《かぶと》の台に挿入する「祓立《はらいだて》」と、兜《かぶと》の突起に前立《まえだて》を着ける「角本《つのもと》」に大別する。このアタッチメントのサイズで、立物の大きさも推定できる。形式としては前者の方が古風。

文禄二年（一五九二）三月十七日。秀吉の「唐入《からい》り」、第一次朝鮮の役に際し、政宗は京を出陣します。『伊達治家《ちけ》記録』には

「昇《のぼり》三十本、紺地《こんじ》に金の日の丸なり。昇持《のぼりもち》の者ども、むりょうの下着に具足黒塗、後前《うしえまえ》に金の星（丸型）あるを着す。鉄砲百挺。弓五十張、鎗《やり》百本。これ足軽共《ども》も、下着具足は御昇持に同じ」

とあり、京の見物衆はその華麗さに、

「声々《こえごえ》に褒美賛歎《ほうびさんたん》して、人の言語も聞得《きえ》ざる体《てい》なり（口々に褒めそやして、大騒ぎした）」

以後、洒落者《しゃれもの》のことを「伊達者《だてもの》」と言うようになったのは有名な話です。この記録でもわかるように、当時すでに伊達家は、家中で着用する甲冑を識別のために統一する、いわゆる御家流《おいえりゅう》を行なっていたことがわかります。

上士と足軽では甲冑の造りに当然大きな格差があったでしょうが、着用物・旗差物の色彩が統一されているだけでも、都の人々に大変な威圧感と感動を与えたのではないでしょうか。

伊達家の前立《まえだて》

伊達成実　「毛虫」

白石宗道「也の字」

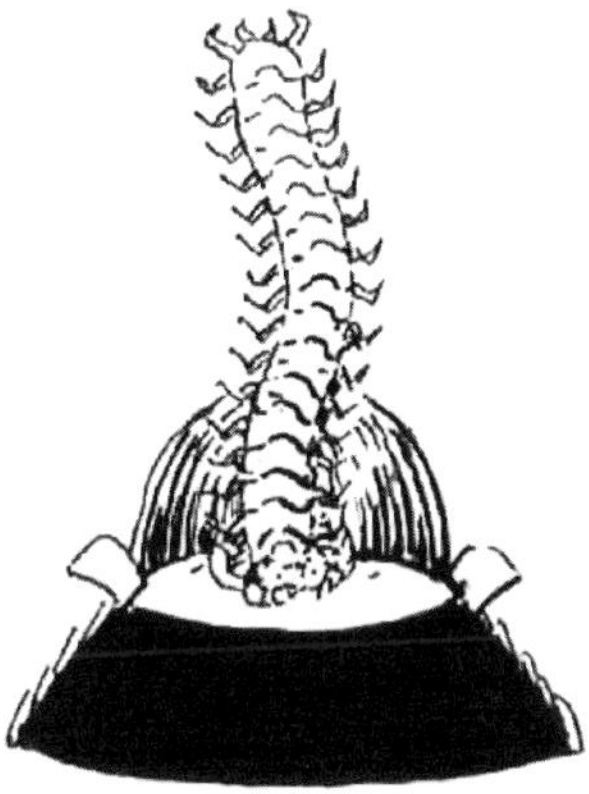

「百足」

片倉重綱
「八日月と愛宕権現守札」

伊達《だて》の甲冑《かっちゅう》

昭和四十九年（一九七四年）。戦災で消失した仙台伊達《だて》家の霊廟《れいびょう》再建に伴う学術調査が行なわれ、その過程で伊達政宗《だてまさむね》の墓室にも発掘の手が入りました。出土したのは、政宗の遺骨とその愛用の品々で、なかでも最大の出土物は、政宗着用の甲冑一式《かっちゅういっしき》でした。この鎧《よろい》については、江戸元禄年間に書かれた同家の公式文書『伊達治家記録《だてじけきろく》』にも、「天正十三年（一五八五年）仙道人取橋《ひととりばし》合戦に使用され、鎧の製作は雪下彦七《ゆきのしたひこひち》（久家《ひさいえ》）が行なった」と記されています。人取橋《ひととりばし》合戦（第一次）において政宗は、七千人の兵で敵三万と死闘を演じ、多くの家臣を失いました。当時、十九歳の彼は兜《かぶと》に五発の銃弾を受け『半月の前立ても斬り折られた』とあります。発掘調査団は、記録にある弾痕や刀疵を調べましたが、残念ながら土中で腐食が進み、その痕跡は検出されなかったようです。

政宗の甲冑《かっちゅう》は、俗に「五枚仏胴《ごまいほとけどう》」あるいは「雪の下胴《ゆきのしたどう》」とよばれています。前・後胴・左の脇胴、右の二枚脇胴に分割した鉄板を蝶番で接続するもので、兜《かぶと》は飾り金具を一切省いた筋兜《すじかぶと》を用います。色はだいたい黒漆塗《くろうるしぬ》り、稀《まれ》に茶漆《ちゃうるし》・赤漆《あかうるし》のものが存在し、通常の桶側胴《おけがわどう》に比べて重量があります。このため長時間の着用時、肩や腰の負担を軽くするために「連尺《れんじゃく》」と称する装置を用いました。連尺《れんじゃく》は、荷物を背負う時に使うスリング式の紐です。胴の内側に二本通し、胴の下腹部から端をさしだして結びます。こうすると鎧《よろい》の肩が微かに浮き、上半身が楽になるという仕組みでした。

伊達《だて》家の五枚胴は、よほど政宗の好みに合ったものか、

《甲冑《かっちゅう》着用図》

天正期以降「お家流」として家中の上下で愛用されます。文禄元年（一五九二年）朝鮮出兵の馬揃えで、政宗は異形の行列を進め、豊臣秀吉を狂喜させました。

●政宗《まさむね》の五枚胴《ごまいどう》姿。彼は寛永十三年七十歳で死去し、翌年に愛用の甲冑《かっちゅう》とともに埋葬された。なお、現在仙台市博物館には、わずかに仕様の異なる同型の仙台胴《せんだいどう》が多数収蔵されている。胴の重量軽減用「連尺《れんじゃく》」は、胴の前面下腹部にある。

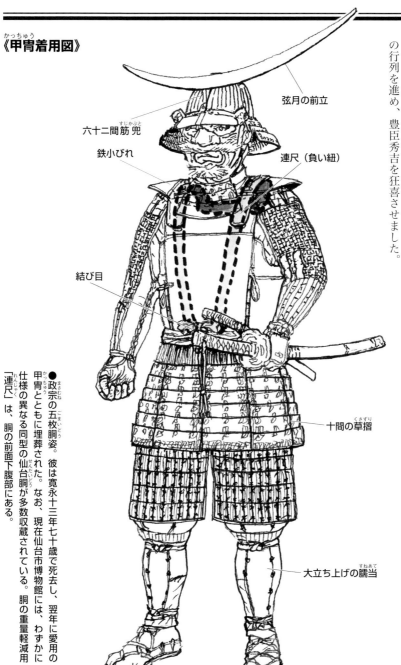

●八日月の前立。政宗というと長大な金の「弓張月」が名高いが、ほかに黒の「弦月」や半円の八日月が存在する。伊達家では月の吉凶によって前立を取り替える風習があり、大阪の陣では「黒半月の御立物」を付けたとある。

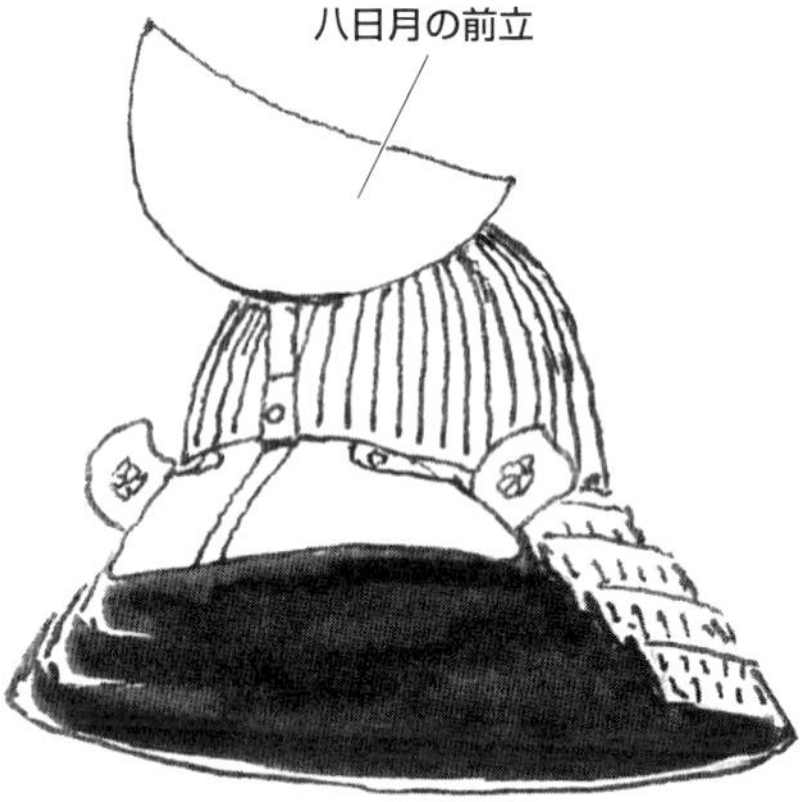

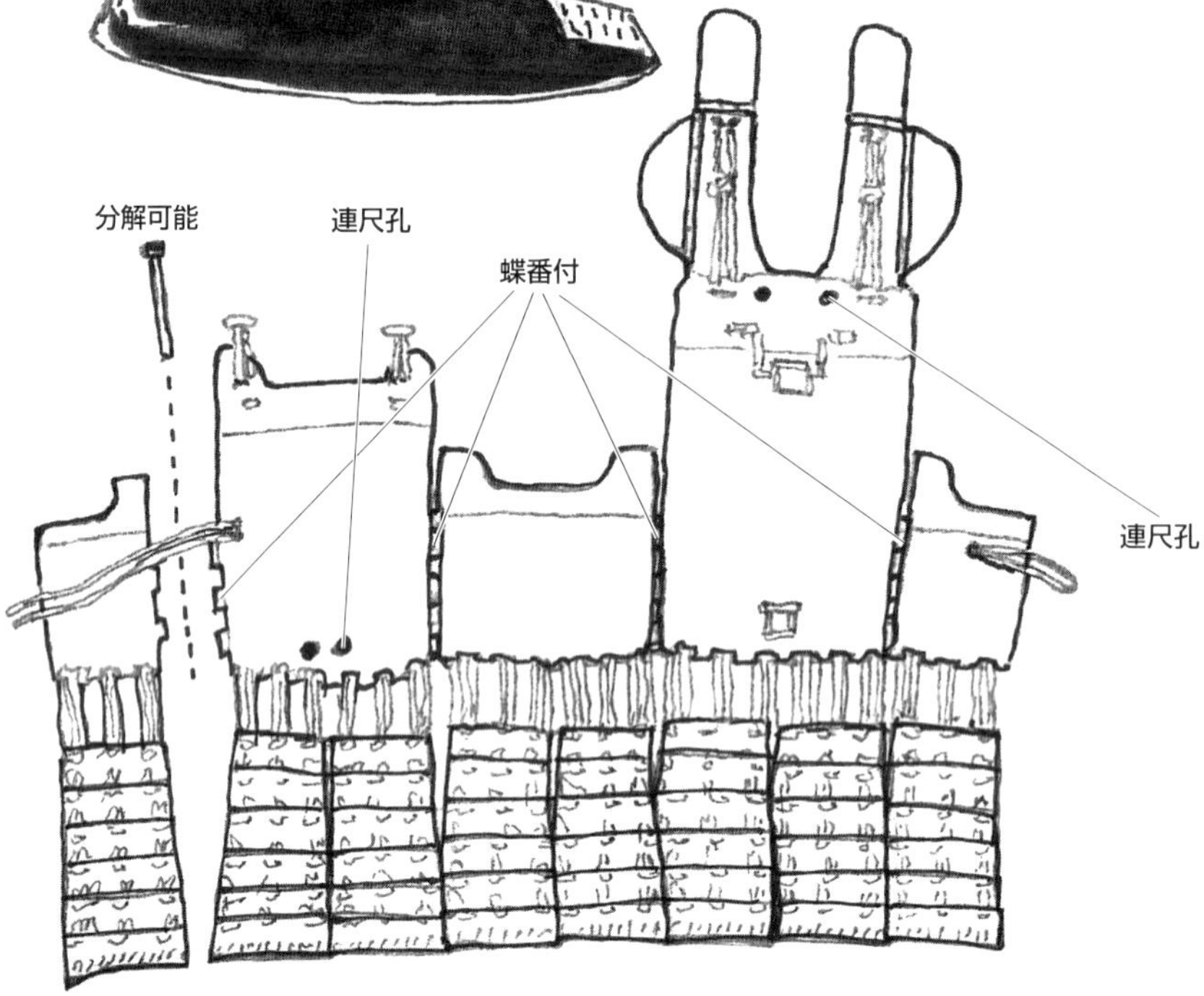

●横に広げた五枚仏胴。主として東日本の甲冑師が製作を得意としたため「関東具足」と呼ばれることもある。接続部は、それぞれ針金を抜くと、バラバラになって小さな具足櫃に収まる。ただし異様に重い。

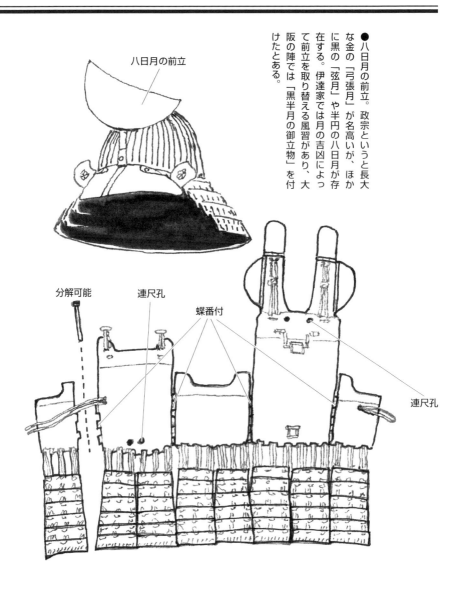

テレビ・映画等で「政宗」役の役者さんが必ず着用することから、現在ではほぼ伊達家のトレードマークともなっているこの五枚胴（正確には「黒漆塗《くろうるしぬり》五枚胴具足」）は、俗に「雪ノ下胴《ゆきのしたどう》」と呼ばれています。その由来は、相模国、現在の神奈川県鎌倉、雪ノ下に住んでいた甲冑鍛冶、久家《ひさいえ》・政家《まさいえ》親子が、慶長二年（一五九七年）、伊達家に招かれて奥州仙台に移住。こうした造りの具足を得意としたために、別名「奥州胴」と言う……と多くのマニア本には記されています。これらは江戸期の『中古甲冑製作弁《ちゅうこかっちゅうせいさくべん》』や『中山公治家記録《ちゅうざんこうじききろく》』等をもとにしています。しかし、現在ではこの説は否定されつつあります。

実は仙台雪ノ下鍛冶のもとは、伊達政宗の頃より遡《さかのぼ》ること二百年ほど昔の会津にあると言います。三代足利義満の康暦《こうりゃく》元年（一三七九年）、この地の芦名《あしな》氏が、鎌倉雪ノ下から鍛冶師を連れ帰った、という記述が『新編会津風土記《しんぺんあいづふどき》』に残っています。どうやらその起源は関東ながら、かなり古くから奥州岩代《いわしろ》国あたりに定着していた雑鍛冶がルーツのようなのです。

筆者が昔、鎌倉在住の甲冑研究家、故笹間良彦《ささまよしひこ》氏に伺ったところ、

「戦国末期まで相模鎌倉で仕事をしていたなら、少しは痕跡が残っているはずですが、雪ノ下家に関して、現時点では全く見当たらない。しかし、似た型式の『関東具足』が、御北条家臣の伝承を持つ家に幾つか伝わっていることから、雪ノ下胴は、上野《こうずけ》（現・群馬県）あたりの鍛冶師と交流のあった会津の鍛冶師が考案したものでしょう」

と言い、また雪ノ下家を甲冑鍛冶の名家明珍《みょうちん》と同一視して「仙台明珍」と書く資料もあるが、

「久家か政家の弟子筋が、そう名乗ったのでしょうね。政宗の頃は違います」

さらに、いわゆる雪ノ下胴と関東具足の相違に関して、

「前後の胴をあれだけ大きな一枚板で鍛えるのも、当時としては大変な作業です。通常は横に長い鉄板を何枚も接《は》ぎ合わせ、上に尅苧《こくそ》を盛って一枚板に見せるのが普通で、関東具足には、それすらしていない造りの物も多いようです。しかし、胴が三枚・五枚分解式なのは、共通です」

とのことでした。

戦場の異形／顔面を覆うもの①

人が外部からの攻撃で、もっともダメージを受けやすい部分は腹部と顔面だそうです。面具《めんぐ》は初め、そうした攻撃を回避する目的で開発されました。しかし、それがいつごろからはじまったものなのか、はっきりとはわかっていません。古墳時代の武人埴輪《ぶじんはにわ》などを見ると、冑《かぶと》の側面から張り出した錣《しころ》や吹《ふ》き返《かえ》しで頬を庇《かば》う仕組みのものが多く、単独の面具は見受けられません。もしかすると、これから先、発掘物に現れるのかもしれませんが、現在のところは「存在」しなかった、というのが定説です。

資料的に面具が出現するのは、平安後期頃からです。それは「半首《はぶり》」（半額《はつぶり》）からはじまりました。額と頬を守るもので、単独に用いられるほか、星兜《ほしかぶと》の下にも装着しました。大鎧に添えられる星兜は吹き返しが極端に大きく、側面や後部からの矢には効果がありましたが、前面からはなぜか矢先を大きく受け入れる形になっています。『平治物語絵巻』などにも、兜の下にこれを装着した武者が多く描かれていますが、これは騎射戦の時、顔面が狙われやすかったからでしょう。

半首が登場してしばらく経った南北朝時代、「半頬《はんぼう》（頬当《ほおあて》）」が出現します。半首が額から両頬にかけて被うのに対し、半頬は下顎《したあご》から頬を覆います。額などは兜の眉庇《まびさし》か額当《ひたいあて》でも防御しますが、顎が露出していては不安と感じる武者が増えた結果でした。このように顔面下部の保護へ移行した最大の理由は、騎射戦から騎乗打物の時代へ入ったことによります。ボクシングでも、下から上に打ち上げる顎（チン）に向けた打撃は、かなり有効とされていますから、これは当然の変化でした。『太平記』の「畑六郎左衛門条《はたけろくろうざえもんのじょう》」には、「熊野打《くまのうち》の頬当」という表現が出てきます。紀州の山岳地帯に住む鍛冶師が製作する粗野で頑丈な鉄製品を熊野打と称しましたが、そういう雑な防具をつけた荒々しい武者がいたのでしょう。時代が下がるとともに、この頬当に鼻の防御と首の基部を保護する部品が付き、俗に言う「目の下頬《めののしたほお》」が出現します。

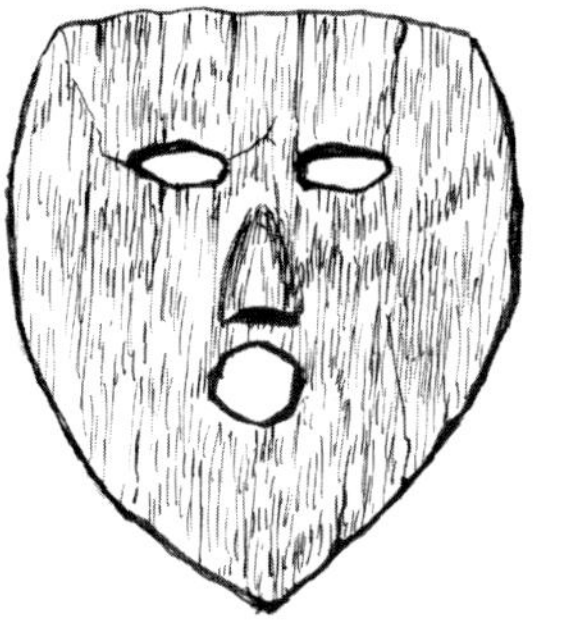

▲３世紀前半の遺跡出土木製下面。
これは祭礼用だが、防御に用いたこともあったかもしれない。

《古代》

▲大魔神の兜に似ている。

▶古墳時代の衝角付兜に付く吹き返し兼用の面具。

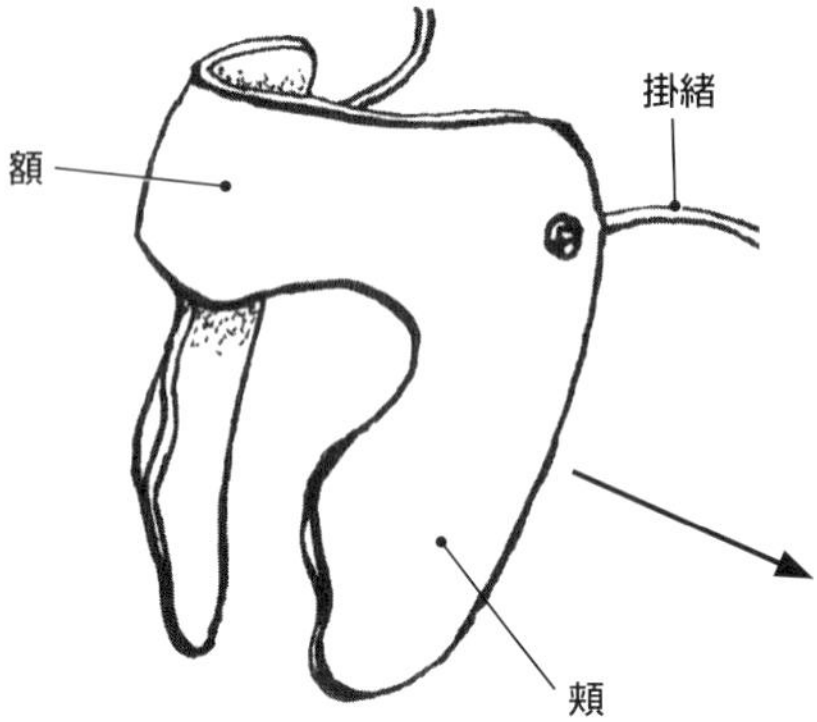

《半首》

こうして見るとやはり顎の部分が防御不足に見えるが、基本的に半首は兜の代用だから雑兵にはこれで充分だった。

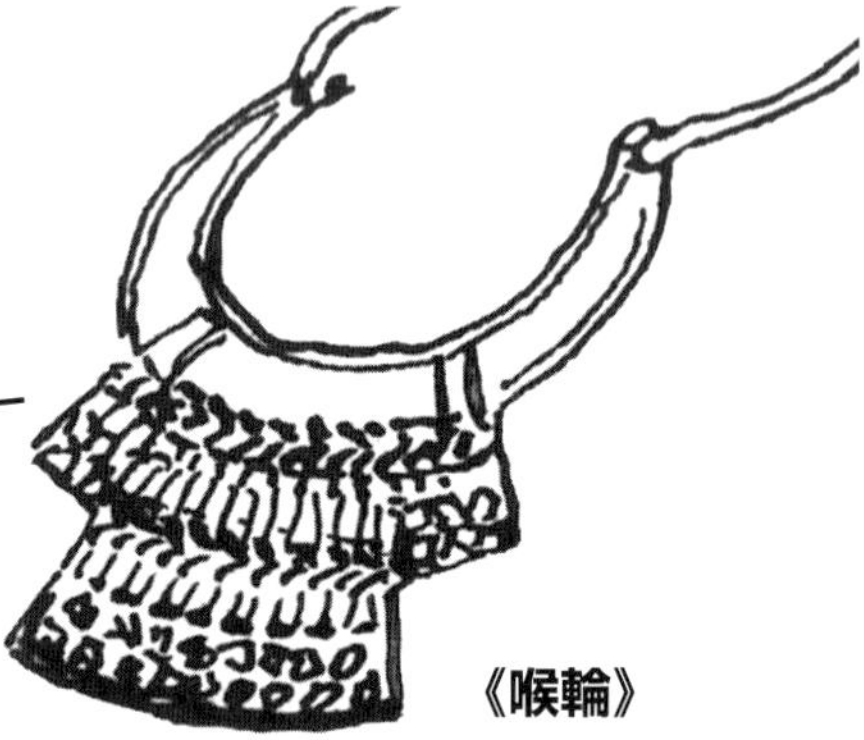

《喉輪》

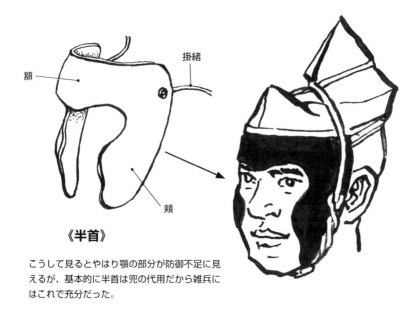

《七人の侍の菊千代》

◀半首。映画『七人の侍』の菊千代は、山賊から捕獲した半首をつけている。当時としても少々古式に属する面具で、寺社の神倉庫などから略奪したという設定のようだ。

▼古式の半頬。数枚のぶ厚い曲面部品を接合したいわゆる熊野打の面具。頬をカバーする部分が大きく張り出し、猿の顔にも見えるところから「猿頬」とも呼ばれた。

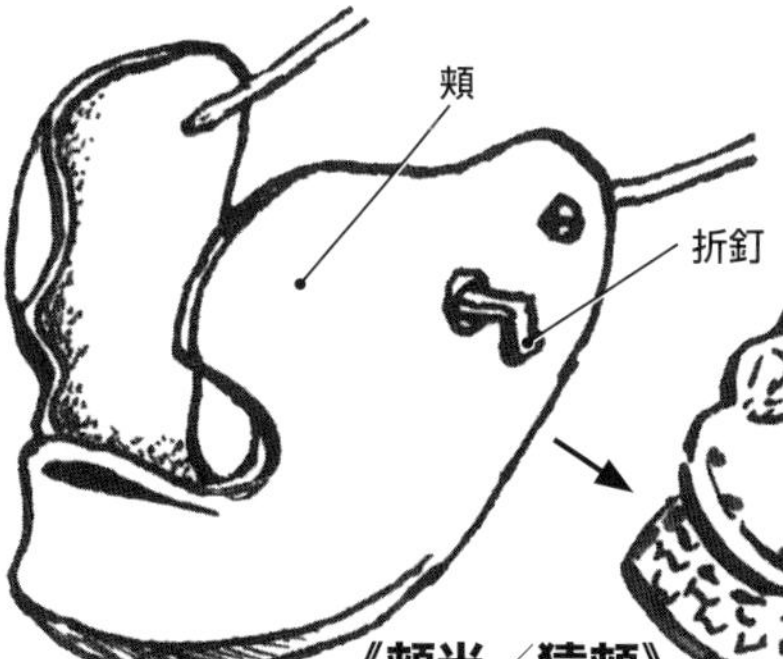

《頬当／猿頬》

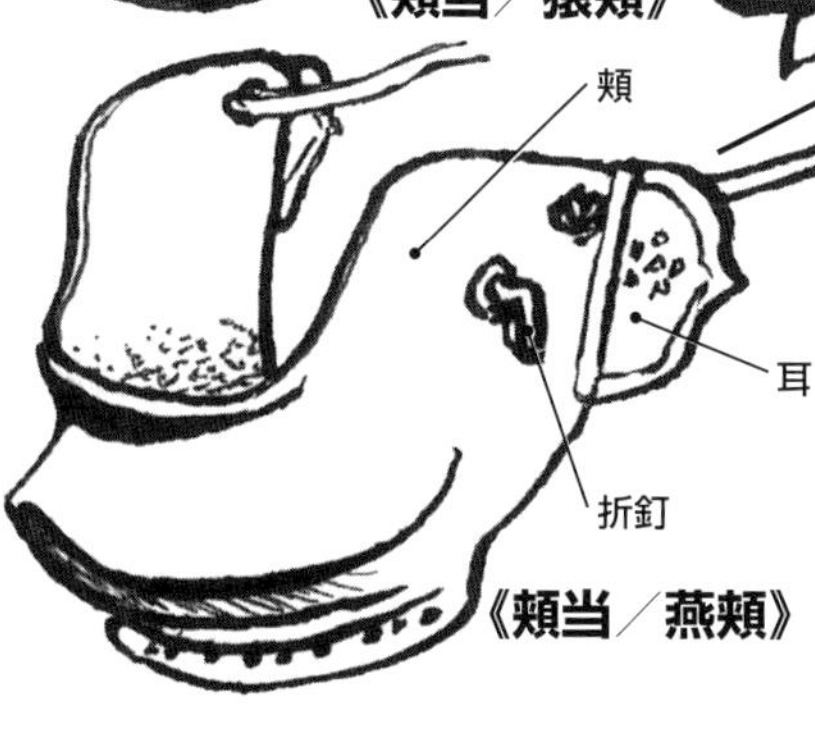

《頬当／燕頬》

▲南北朝時代に入ると、半首と並んで顎を保護する頬当が出現する。江戸期のタイプには必ず喉の下を覆う垂（すが・たれ）が付くが、この当時の面具は面と喉輪に分離しているのが普通。しかし、例外もあり、春日大社の伝楠木正成所用の半頬には大型の垂が付く。

戦場の異形／顔面を覆うもの②

甲冑に属する面具「面頬《めんぼお》」は、研究対象としておもしろいはずなのに、なぜか昔から雑に扱われてきました。面頬という呼称も江戸時代からで、それ以前の面具を解説する古文書には、「半首《はっぷり》」「頬当《ほおあて》」「半頬《はんぼう》」「鉄面《てつめん》」「目《め》の下頬《したほお》」「猿頬《さるほお》」等が研究者によってバラバラに分類されています。

この混乱は現在でも続いており、自称「甲冑研究家」たちがインターネットの上で他者に対する誹謗中傷を繰り返しています。そういうマニアの多くは、特定の資料のみに関心があり、現物の形状ではなく、おもに活字情報だけを重要視しているようです。我々はそうした不毛な「論争」には興味がないので、このころではごく普通に、視覚による分類だけに止《とど》めておこうと思います。

さて、防護用に発達した甲冑の面具は、ある時代から突然、威嚇《いかく》や儀礼《ぎれい》の効果をも期待されるようになりました。日本の祭礼用仮面は、工作技術の進歩によって精巧なものに変化していったのですが、甲冑用面具も金属の打ち出しや練《ね》り革《かわ》の張り抜き技術が発達した結果、室町末期から江戸の慶長年間にかけて、敵に対する心理的威圧効果を計算し、天狗《てんぐ》・山姥《やまうば》・仁王《におう》・鬼《おに》といった「異形」の面具が戦場に登場します。風流《ふりゅう》・バサラを表すこうした面具は、南蛮貿易商人にも目をつけられ多数が海外に流出。スペイン・イギリスの王室、オーストリア・ハプスブルグ家などのコレクションにも入りました。宗教戦争の余波が残るヨーロッパでは、「グロテスク趣味の鉄仮面」が大いに歓迎されていたのです。アイルランドの王様ニール・オ・ニールは、こうした日本製の仮面を愛玩するばかりか、織豊期《しょくほうき》の金小札具足《きんこざねぐそく》をまとって狩猟や戦闘に参加したとされ、現在もその肖像画が残されています。

　このように独特の発達をとげた甲冑面具ですが、江戸期の平和な時代に入ると、職人の製作技能を誇るだけ（甲冑自体もその運命をたどります）の作り物と化し、スパルタンな魅力も失われて、ついには床の間の鎧を飾る際の単なる付属品とのみ認識されるに至るのです。

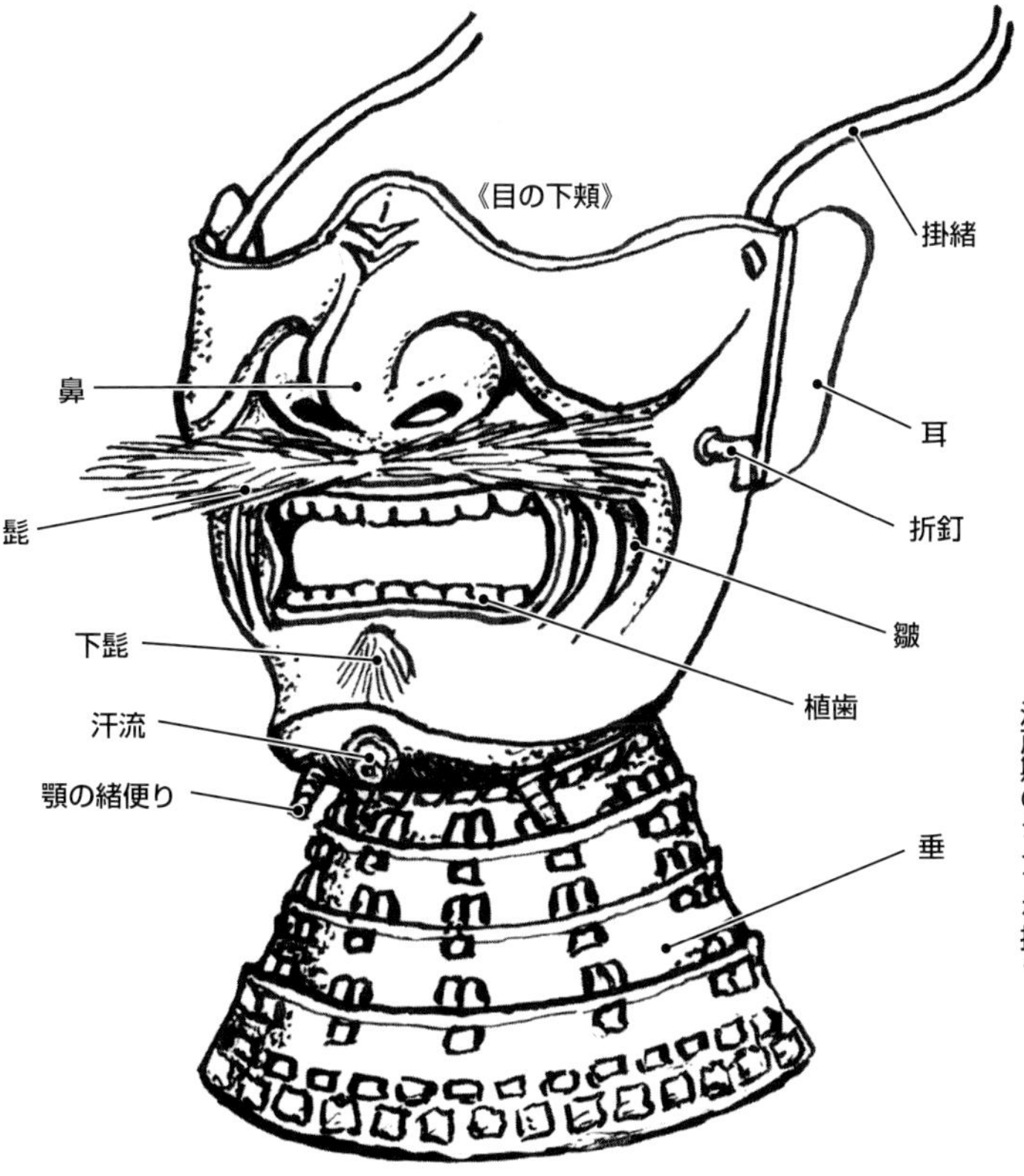

◀頬当《ほおあて》に垂《すが》を付けた典型的な目《め》の下頬当《したほおあて》の部品名称図。戦国期の末頃まで面具の部分と咽喉輪《のどわ》を分離するのが普通であった、と説く研究家もいるが、ここでは現在残っている江戸期のタイプを描く。

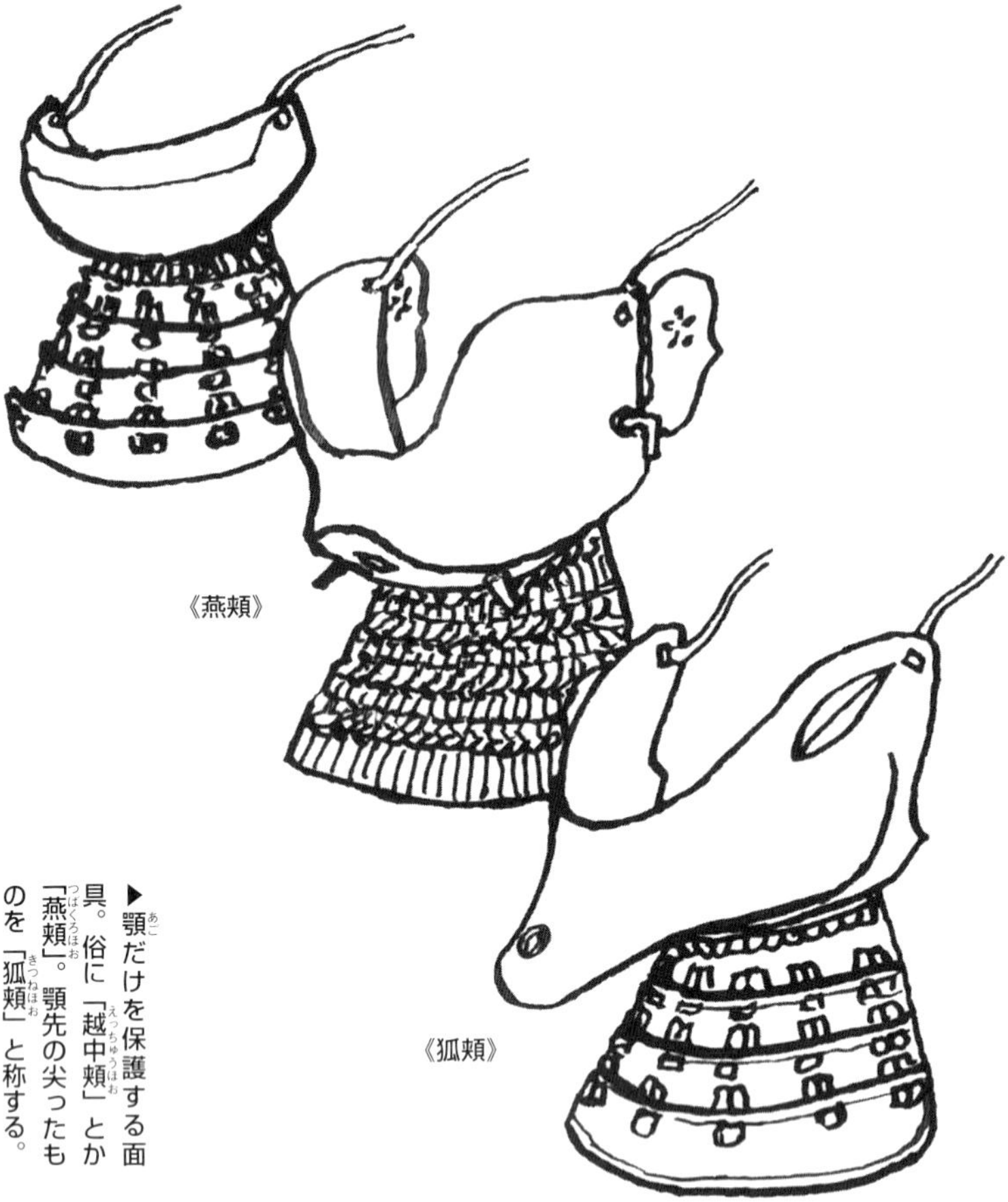

▶顎《あご》だけを保護する面具。俗に「越中頬《えっちゅうほお》」とか「燕頬《つばくろほお》」。顎先の尖ったものを「狐頬《きつねほお》」と称する。

●鼻の露出が不安なために鼻付頬当が出現しましたが、夏場などは鼻先に汗が溜ってたまらないものです。顔面は存外に汗の流れるところで、ひと合戦すると顎の下に汗溜りが出来ます。そこで、鉄板の弾力を利用して、鼻部品の掛け外しが出来る頬当が出現しました。現在残っている当世具足の頬当は、多くがこの型式です。こうした面具の愛用で名高いのが常陸《ひたち》国の雄、佐竹義重《さたけよししげ》（一説には子の義宣《よしのぶ》）です。伊達、後北条共通の敵とされた義重は、戦場を離れても常に鼻付頬当を装着して顔を隠し、影武者にもこれを付けさせて己れの所在を紛《まぎ》らわせていた、と伝えられます。

《総面》

▶仮面型で完全に顔を覆うタイプもある。これを「総面《そうめん》」、「鉄面」と言い、江戸期になると甲冑鍛冶が打ち出しの技を見せる部分となった。

《初期の半頬》

▶荒々しい造りの半頬《はんぼお》（初期型総面）。口を覆う部分も小さく、初めから鼻を付ける部分がない。最も古式の半頬は南北朝期、すでに出現していたらしく、同時期の軍記絵巻には盛んに描かれている。

《燕頬総面》

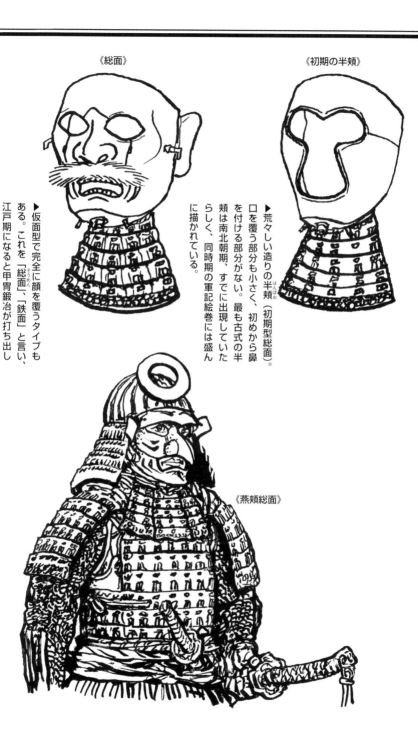

裸に似せた鎧《よろい》のこと

防具で裸体を表現する例は、古代ローマやルネッサンス期のヨーロッパでよくみかけられますが、日本でも室町末期に、当世具足《とうせいぐそく》の一種「仏胴《ほとけどう》」の変型として出現します。仏胴は何枚かの鉄板を鋲留《びょうどめ》してつなぎ合わせ、パテ（尅苧《こくそ》）を盛り付けて継目を消した鎧胴《よろいどう》のことです。これは広い鉄板を一枚で打ち出す技術が未熟であったこと、あるいは実際に鉄一枚造りでは重量があり過ぎるために生まれた技法です。

こうした仏胴は表面が単調になりやすいので、いろいろな布や韋《おしかわ》を張った「包仏胴《つつみほとけどう》」や、絵を描く「蒔絵仏胴《まきえほとけどう》」に変化し、その後、尅苧をもりあげて肋骨《あばら》や肉置きを表現するものに行き着きます。これが「肋骨胴《あばらどう》」、あるいは「仁王胴《におうどう》」と呼ばれる日本式裸形鎧です。緊張と興奮状態の頂点にある白兵戦の場に、一見裸体の武者が髪を振り乱して踊り出れば、その凄惨さに敵がドン引きすることは容易に想像できます。長篠合戦の時、武田方の多田新蔵《ただしんぞう》は裸に下帯だけの姿で戦場を駆けまわり、信長がこれをめずらしがって助けようとしましたが、抵抗の末に討死《うちじに》した、と『甲斐国志《かいこくし》』に出ています。南方型習俗を多く残す日本では、古来、裸体で戦う者を勇者と讃える風潮があったのでしょう。甲冑製作書『甲製録《こうせいろく》』によれば、「胸と肋骨の部分を小さく、腹を大きく作り、これを餓鬼腹胴《がきばらどう》・布袋胴《ほていどう》と称する」とありますから、肉置きの違いでいろいろ別型式の裸胴も存在していたようです。やがて桃山時代を過ぎ、慶長・元和頃になると鍛冶《かじ》技術も急速に向上し、一枚の鉄板で筋肉や肋骨を精巧に打ち出すことがあたり前になっていきます。鎖国前、これらの裸形鎧の幾つかは、幕府の贈答品となってヨーロッパの王室にも渡り、宮殿の一角を飾ることもあったようです。

●加藤清正と言えば、長大な立烏帽子《たてえぼし》形の兜に片鎌槍《かたかまやり》を持って虎退治というのが一般的。こういう毛植えの兜に裸胴というイメージはあまり無いが、現在、東京国立博物館と松坂屋染色館にはほぼ同型のものが一領《りょう》づつ存在し、いずれも伝加藤清正所有となっている。ただ、身長六尺以上という当時としては図抜けた大男の清正着用品としては少々サイズが小さいようだ。

●兜は日根野頭形五枚甲《ひねのずなりごまいこう》の上に熊の毛を植え込んだ総髪《そうごう》。よくこの兜は野郎頭形《やろうずなり》と混同されるが総髪形は、後頭部に髷《まげ》の元結いが無く、髪の伸びた坊主頭を表わしている。別名を黒頭《くろがしら》と言い、裸体型の胴に合わせる例が多い。松坂屋染色館の総髪兜には、南無妙法蓮華経の題目前立が付属し、これが清正所用伝承のもととなっている。

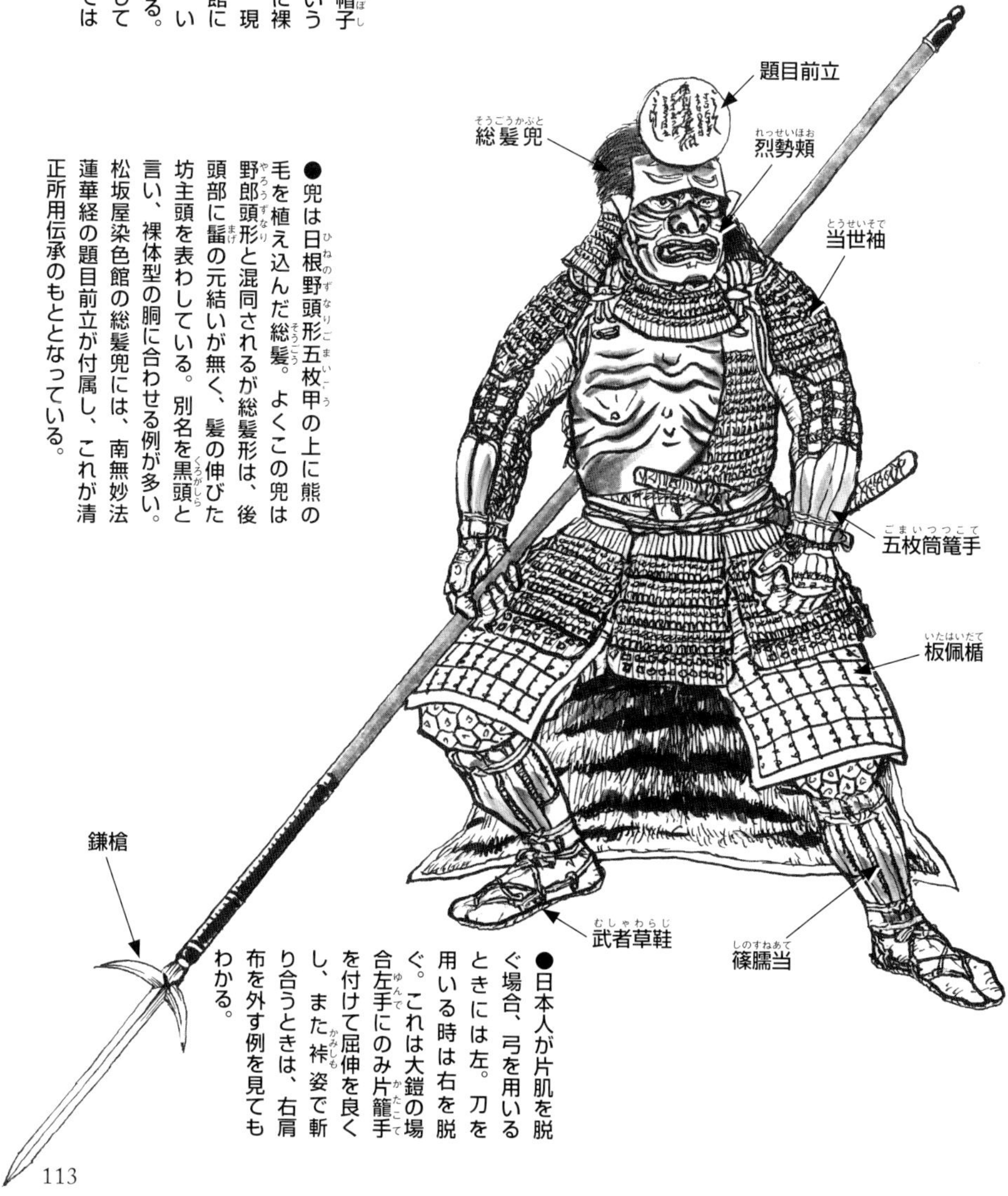

●日本人が片肌を脱ぐ場合、弓を用いるときには左。刀を用いる時は右を脱ぐ。これは大鎧の場合左手《ゆんで》にのみ片籠手《かたごて》を付けて屈伸を良くし、また裃《かみしも》姿で斬り合うときは、右肩布を外す例を見てもわかる。

《鋤骨胴《あばらどう》》

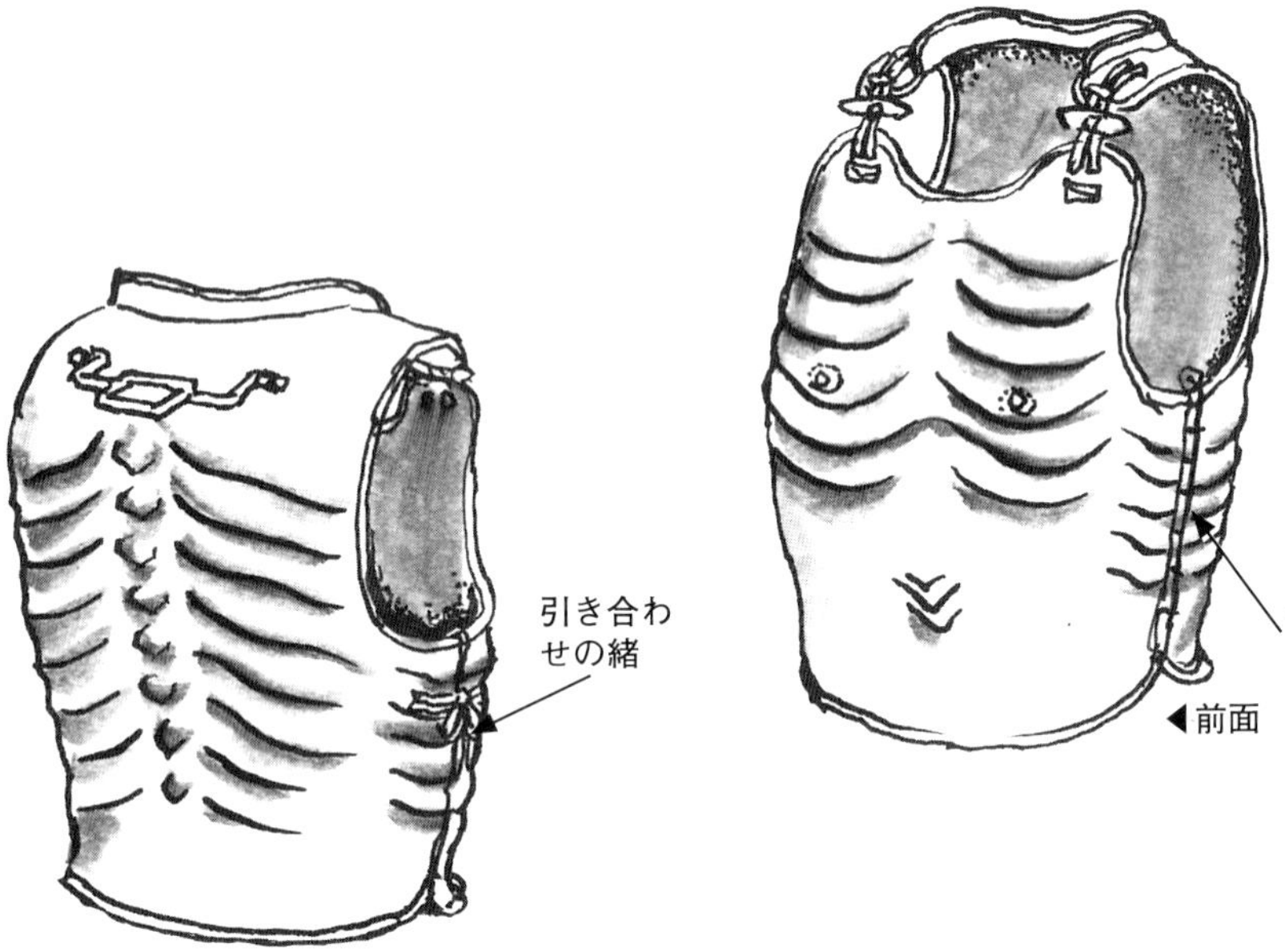

▲後面

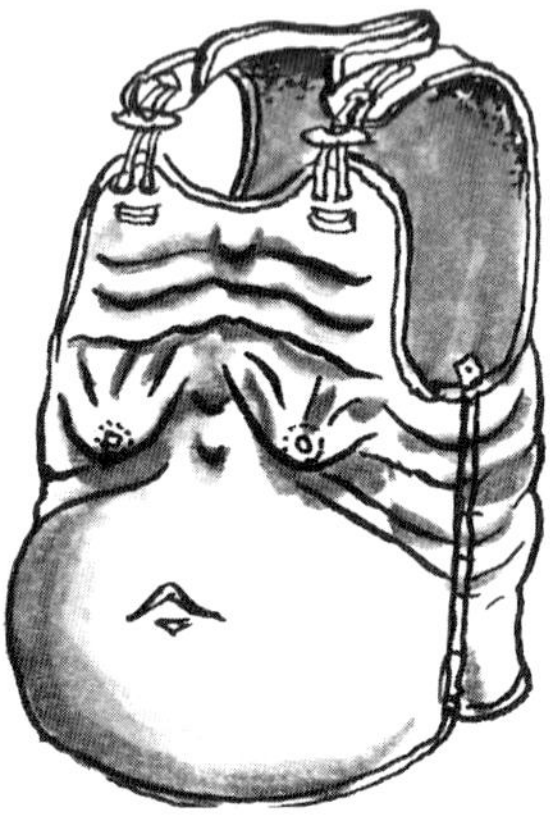

《餓鬼腹胴《がきばらどう》》

●面や胴・籠手の肉色には個人の好みが現れている。江戸期のもののなかには、半ば腐敗した死骸を表す青黒い胴もあり、こういう鎧は平和な時代のグロテスク趣味と言える。

「毛植えの兜」

剋苧《こくそ》は、刻苧・木屎という字を宛てることもあります。木の粉末・粘土・繊維くずなどを漆に混ぜて練り合わせ、漆塗製品の下地《したじ》の隙間を埋める時に用います。古来からある一種の充塡剤《じゅうてんざい》ですが、仏師は、この剋苧と麻の布を木の芯に張りつけて、複雑な形状の仏像も易々と製作しました。

初期の仏胴や肋骨胴は、こうした仏師の技術をそのまま流用したものでしょう。そう思ってみれば、この胴の肉置きのデフォルメなどは、古い寺院の山門にある仁王様を連想させます。

仁王胴に添う植毛《うえげ》の兜も、頭形《ずるり》の表面に剋苧を盛って形を整えます。毛は漆で端の方から丹念に接着していきますが、ほとんどが猪か熊の毛です。これは他の獣に比べて毛の質が固く、雨や雪に対して耐久性が高いからでしょう。古く矢を入れる箙《えびら》にも、防水のために毛を貼った「逆頬《さかつら》」などは、猪の顔の毛を用いています。筆者が以前、兵庫県出石《いずし》神社で拝見させていただいた谷津主水所用の韋包《かわづつみ》仏二枚胴に添う、有名な「猿面」の兜は、何の毛（おそらく貂《てん》か犬科の動物、あるいは本物の白猿の毛）かわかりませんが柔らかい毛を用いており、現在はほとんど表面から剥離して、裏の韋の縫い目だけ残っていました。

植毛兜の種類として、一一三ページの総髪・野郎頭の他に、稚児頭《ちごかしら》・老頭《ろうとう》・尉頭《じょうとう》・力士《りきし》・半首《はっぷり》などがあります。稚児から力士までは髷《まげ》の形を表わすため、毛足の長い獣毛でなくてはならず、これらは主に馬の尻尾の毛を用います。半首は面具ではなく、ここでは額《ひたい》が大きく禿《は》げ上がった男性を表わす兜です。これも考証家の名和弓雄氏とともに、大阪岸和田《きしわだ》の収集家のところで拝見しましたが、乱れ髪に肉色の額が広がり、これも薄気味悪いものでした。

半首

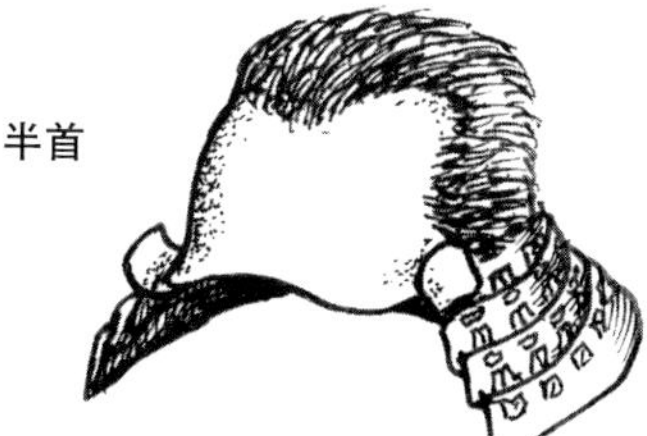

尉頭

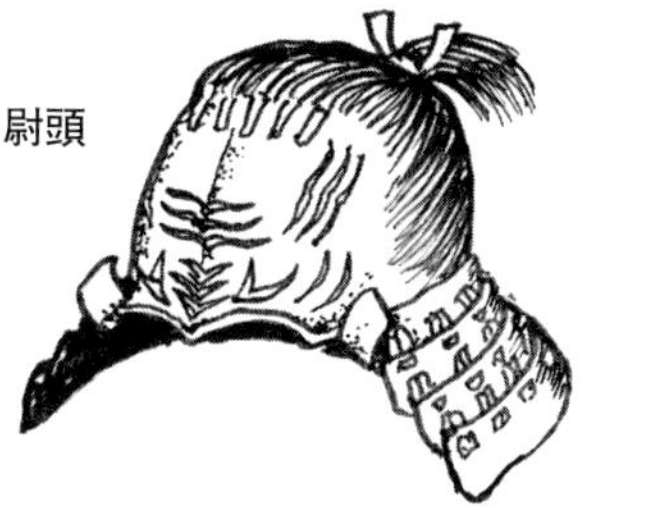

真田の赤備《あかぞな》え

現在、大阪城天守閣の博物館が所蔵する『大坂夏の陣屏風《びょうぶ》』(俗に言う黒田屏風《びょうぶ》)には、四天王寺の西から最後の出撃をする真田信繁《のぶしげ》(幸村)の部隊が描かれています。旗差恰物から具足《ぐそく》まで赤い、いわゆる「赤備《あかぞな》え」で、信繁《のぶしげ》自身は赤い陣羽織《じんばおり》に赤い具足《ぐそく》、黒い鹿角《かづの》の脇立《わきだ》てを打った兜《かぶと》を被り、河原毛《かわらげ》(白毛)の馬に跨がっています。馬標《うまじるし》は金の唐傘で、出《だ》し(傘の頂上に付く目印)は赤熊《しゃぐま》が付きます。これは輸入品のヤク牛の毛を赤く染めたもので、ほかに兜《かぶと》の引まわし(錣《しころ》に掛ける雨避け)にも用いました。使番《つかいばん》も赤の母衣《ほろ》に赤熊《しゃぐま》の飾り付きの赤い団扇《うちわ》。隊旗も赤の無印で統一されています。しかし、どこにも名高い六連銭《ろくれんせん》の紋が見当たりません。伝承によれば、これは徳川方にいる兄信之《のぶゆき》の子河内守信吉《かわちのかみのぶよし》の軍と識別のため、とされています。ただ、この赤一色旗は、東軍の井伊直孝《いいなおたか》、前田利常《まえだとしつね》、永井尚政《ながいなおまさ》の各将と酷似し、敵陣に乱入した際、彼我の区別がつき辛くなります。事実、一六一五年五月七日の合戦で真田方は敵陣に草《くさ》の者を放ち、伊達政宗《だてまさむね》や浅野長晟《あさのながあきら》裏切りの虚報を流して、同士討ちを誘発させました。夏の陣における真田家は出撃発起点の茶臼山《ちゃうすやま》が、その装備で「赤い躑《つつ》躅《じ》の咲きたるがごとし」であったと記録されています。が、「皆朱《かいしゅ》(着衣から刀槍まで全て朱色)」ではなく、遠望すればぼんやりと赤っぽく見えた、というのが本当の姿であったようです。屏風《びょうぶ》に描かれた真田隊にも明らかに黒武者が混在しており、こうした不完全な備えは徳川方の赤備えである井伊隊も同様でした。具足《ぐそく》が板物《いたもの》の場合、その表面には漆《うるし》に朱を混ぜて塗ります。朱は辰砂《しんしゃ》(硫化水銀)で、当

時は非常に高価な品です。また、小札を赤い糸で威す具足の場合も同じで、用いる染め糸の朱や紅色は、通常の黒や紺より値が張りました。浪人勢を主体とする真田隊三五〇〇の兵をすべて短期間で統一するのはむずかしく、具足下《ぐそく》や旗、袖印《そでじるし》などでそれらしく見せれば良いというのが、恐らく信繁の考えであったと思われます。

ところで信繁は、なぜこのような時期に至って突然手勢を赤備えに定めたのでしょうか。それについては、信繁の父昌幸が仕えていた武田家が赤備えで名高かったため、その武声にあやかったのだ、という説が一般的です。

しかし実は、真田家と赤備えには古くからのつながりがありました。真田の旧領、岩櫃《いわびつ》や沼田のある上野国《こうずけ》（現・群馬県）北西部こそ、赤備えの発祥地のひとつに数えられていたのです。上州明珍《みょうちん》と呼ばれた同地の甲冑師たちは、赤色の鎧仕立てを得意とし、これを愛用する上州小幡《おばた》氏は甲州武田家に編入されて、同家の赤備えの一端を担ったとされています。また徳川四天王のひとつ井伊家が赤備えとなったきっかけも、家康から武田の遺臣団を預けられ、上州箕輪《みのわ》に封ぜられたからとされています。

そもそも、赤という色は、陰陽五行説では、火気、方位は南、季節は夏、気は陽気を表わします。五行のうち一番強固な金気（金属）も「火剋金《かこくきん》」で、火気に負けます。山岳神道の知識が豊富であった上州の人々は、敵の刀槍甲冑を溶かす火気「赤色」に、大いなる呪術的効果を期待していたのでしょう。

現在も同地には多くの上州赤備えの具足が残されており、好事家の目を楽しませているようです。

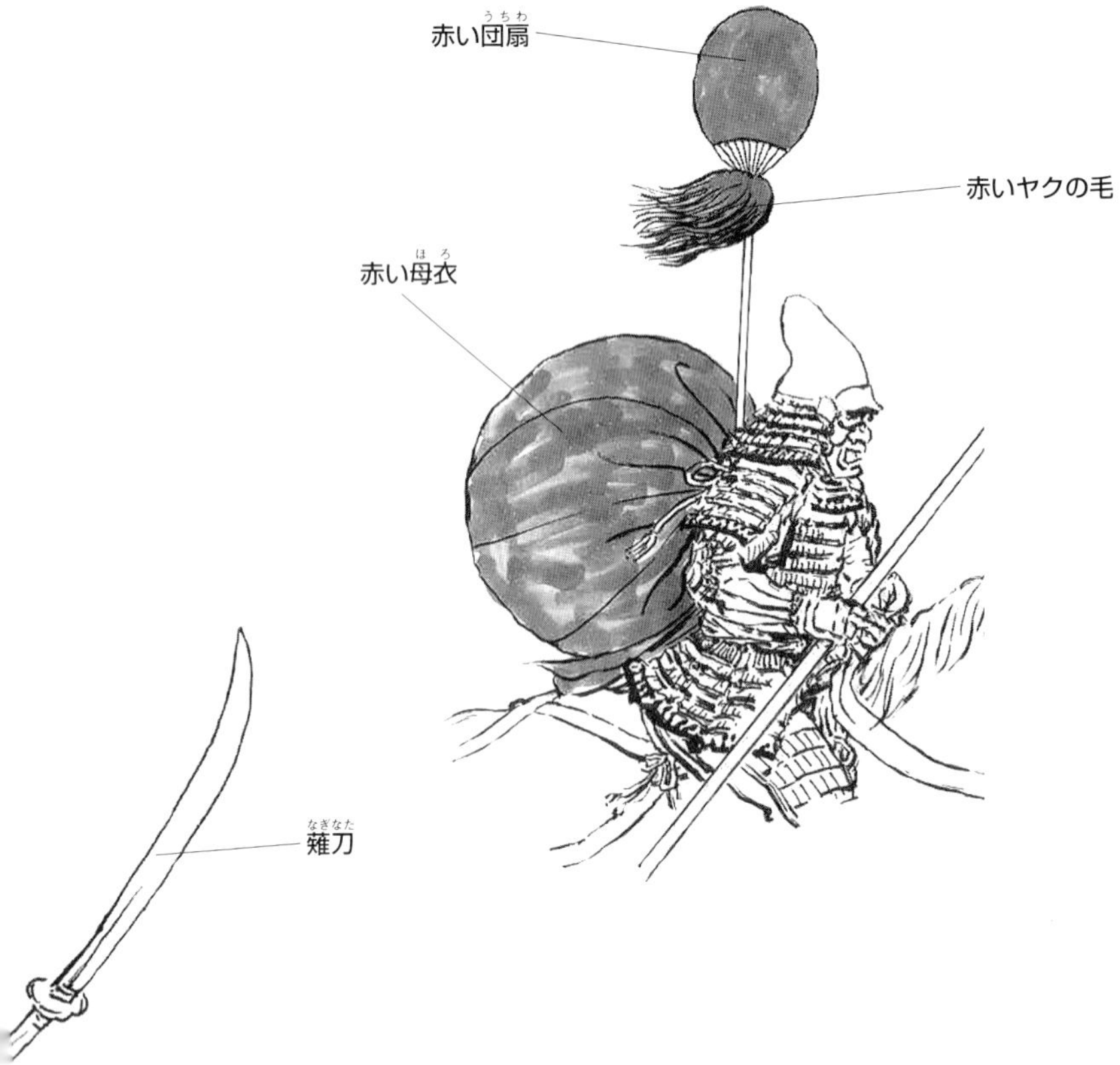

●大阪城天守閣に鉄2枚胴筋兜《すじかぶと》付の具足《ぐそく》があり、かつては真田幸村所用とされていたが現在では「伝」となっている。また、幸村ゆかりの和歌山県高野山の真田庵には5枚張頭形兜《ずなりかぶと》の鉢《はち》が伝来する。ほかにも幸村を打取った西尾家から越前松平家に献上された六十二間筋兜《すじかぶと》が存在するが、朱の錣《しころ》に白いヤクの毛の引回しが付き、これがいちばん伝承に近い品とされている。
●屏風《びょうぶ》に描かれた真田隊は、大野治長《はるなが》隊の前面にあって、他隊よりも薙刀《なぎなた》・長刀《ながまき》の装備が際立っている。記録では、その騎馬兵も馬上筒《ばじょうづつ》を揃えていたとあり、全体に近接戦闘に特化した部隊であったようだ。

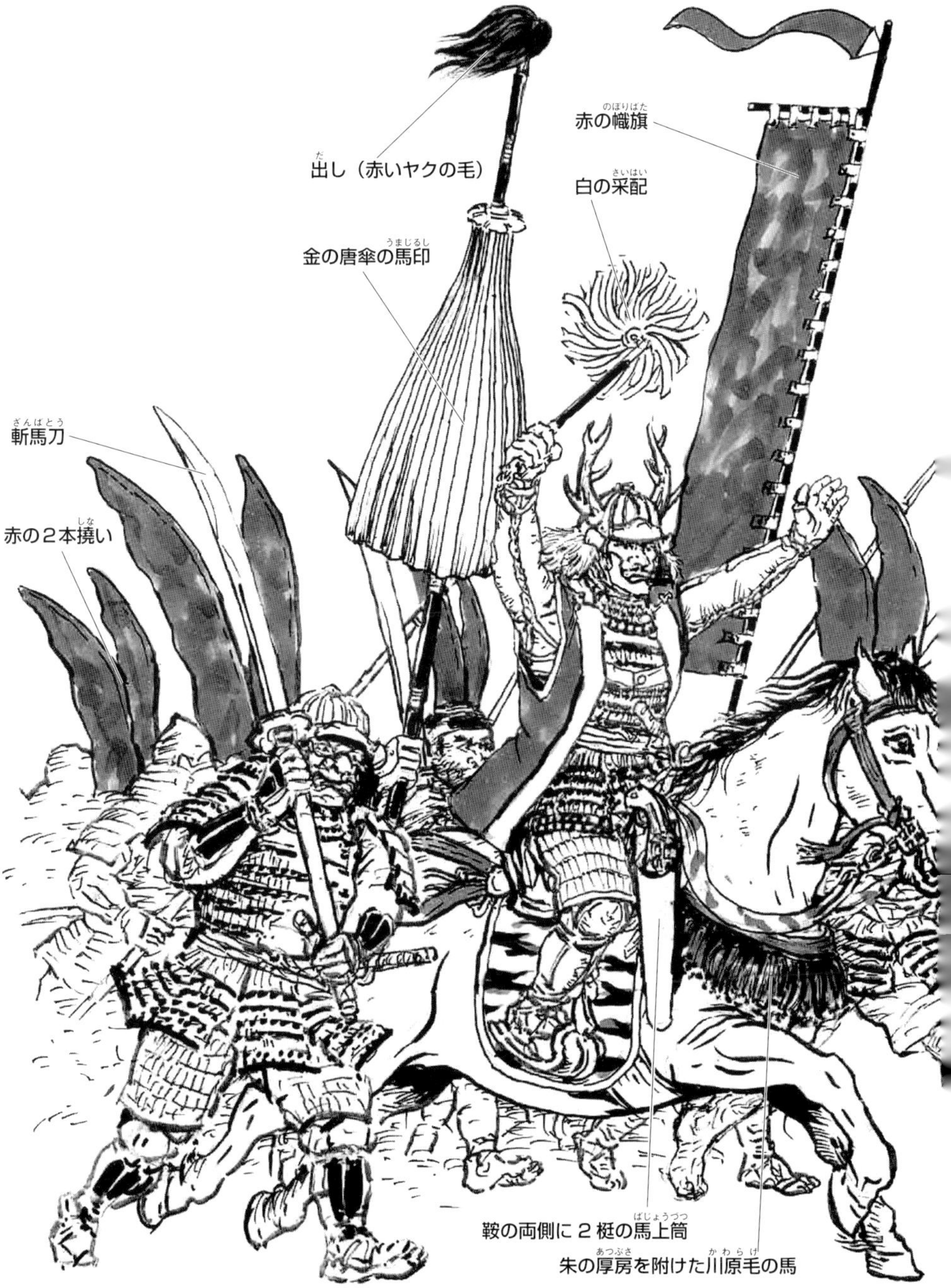
出《だ》し（赤いヤクの毛）
赤の幟旗《のぼりばた》
白の采配《さいはい》
金の唐傘の馬印《うまじるし》
斬馬刀《ざんばとう》
赤の２本撓《しな》い
鞍の両側に２梃の馬上筒《ばじょうづつ》
朱の厚房《あつぶさ》を附けた川原毛《かわらげ》の馬

戦場の敵味方識別①／笠印《かさじるし》と袖印《そでしるし》

平安期、大鎧が出現した頃の合戦では、集団の識別に、誰もがさほど気を遣《つか》ってはいません。一族の目印として一流《ひとなが》れの流し旗があれば充分で、武者たちはその下にただ集まるだけでした。動員兵力も少なく、参加者も敵味方だいたい顔見知りで、たまに初対面の者が混ざっていても、名乗りや鎧の色目《いろめ》で見分けをつけていました。

しかし、平安末期、戦いが全国規模に拡大すると状況は一変します。動員される武者の数が増え、主人の戦闘補助員にすぎなかった従者たちも、積極的に合戦へ参加し始めます。

こうなると、どの集団が敵で味方か、瞬時に判断されねばなりません。最初の頃は、太刀の鞘《さや》や、弓の末弭《うらはず》（弓の上端）近くに白い紙を巻きつけたり、予備の弓弦《ゆみづる》袋を兜の後部、総角付《あげまきつけ》の鐶《わ》に吊るしたりしたことが『源平盛衰記』などには記されています。

小旗形式の目印を付けるようになったのは、鎌倉時代もかなり後期に入ってからのようです。モンゴルとの合戦を正確に描いたという『蒙古襲来絵詞《もうこしゅうらいえことば》』にも、それらしい表現はどこにも見当たりません。兜や鎧の袖に布の標識を吊し始めたのは、やはり、南北朝の争乱が激化した頃からと思われます。この兜の後ろに吊るした小旗を古記録では笠印《かさじるし》（笠験・笠標）と書かれていますが、初期の頃は鎧の袖に付けられる布も笠印と称し、室町時代に入った頃から区別して袖印《そでじるし》と呼ぶようになりました。と、同時に、この袖印も少しずつサイズが小型化していきます。だいたい左膊《はく》部（左の肩から肘近く）の動きを考慮して、肘より少し

《大笠印》

▲兜の鍬形中央部に祓立が付くようになると、ここに小旗を差して目印にした。これは後頭部に付ける笠印より大きいので「大笠印」とも言う。

◀保呂に誤えられるほど大きい大笠印もある。

▲大きな笠印と大きな袖印を付けた例。

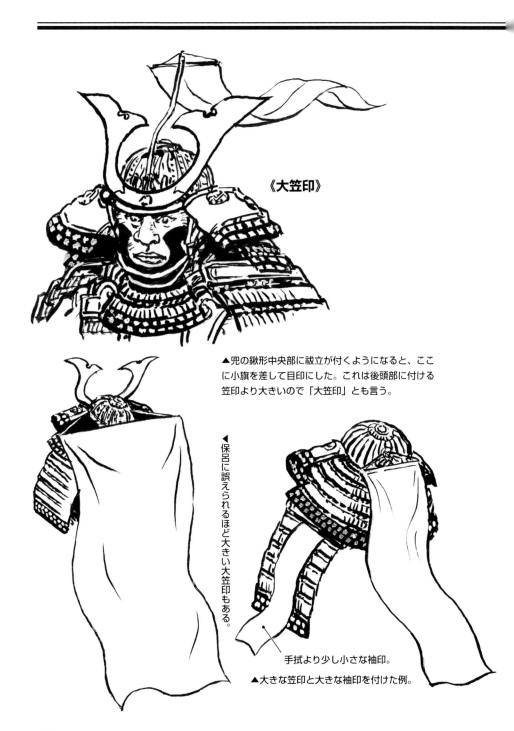

短く布を切り、兜の印はそれより縮小して作ります。幕末になると、標準サイズも定まり、戊辰《ぼしん》の役《えき》の頃の官軍兵士が左腕に付けたいわゆる「錦切《きんぎ》れ」は縦九寸三分（約十七センチ）、横三寸九分（約六センチ）に指定されています。ただし、これには例外も多く、江戸入城移、関東北部や東北に進行した官軍は十センチ五ミリメートルの正方形の白布に朱印を押したもの。相馬《そうま》の野馬追《のまおい》に出場する鎧武者のように手拭いの布幅ほどもある巨大な袖印に、軍監《ぐんかん》・大目付《おおめつけ》・使番《つかいばん》といった役職と姓名を記したものも見受けられます。

兜の後部、総角付の鐶に下げられた普通サイズの笠印。
袖印

●鎧の大袖に付ける「袖印」だいたい小札の一ノ板あたりに竹ひごを通し、そこから布を吊した。『太平記』千種京合戦の条には『白き絹を一尺ずつ切りて風という文字を書きて』とあるからだいたい約三十センチほどの長さだったようだ。

《戦国期の袖印》

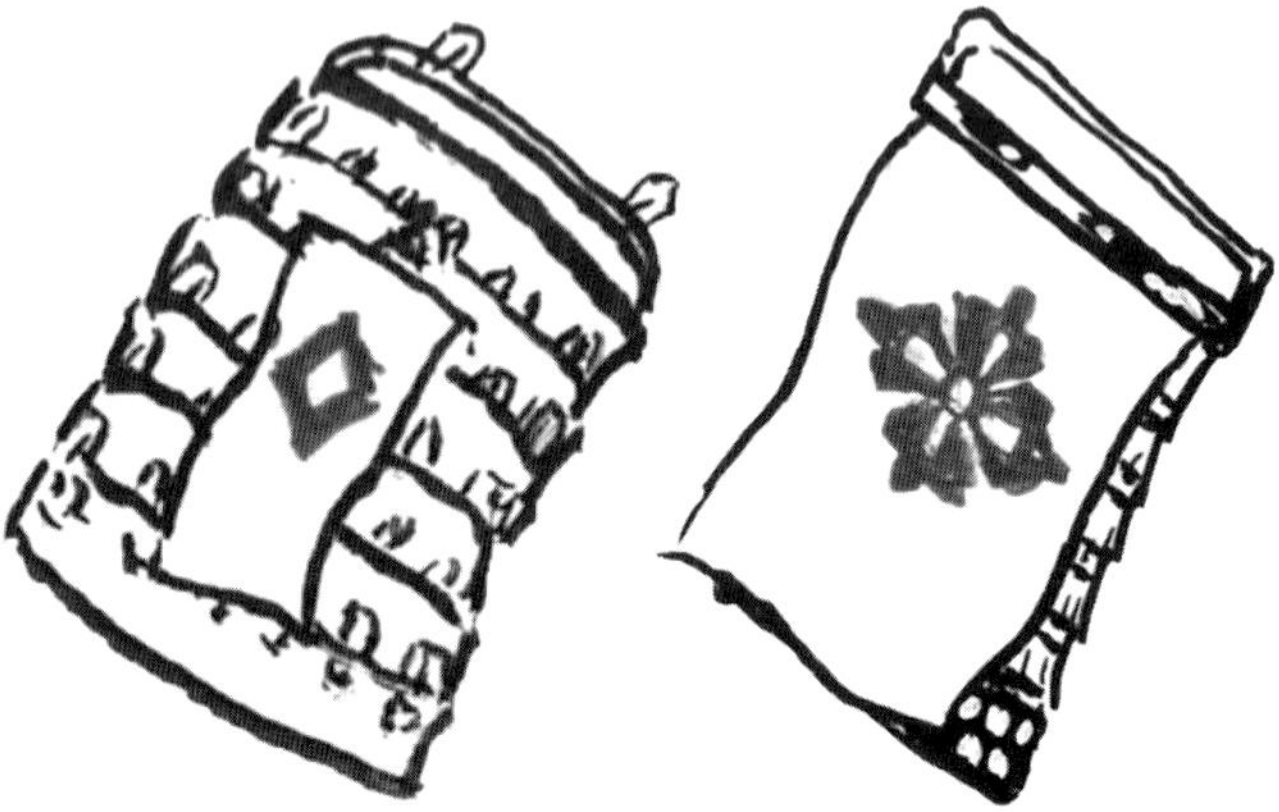

「顔に付けた印」

紀元二〇年頃。未だ日本が倭国と呼ばれてもいない時代、中国の「新」王朝に農民が大反乱を起した。彼らはたまたま曲阜（きょくふ）という町に保管されていた大量の赤い塗料を発見し、これを眉に塗って同士の証とした。『赤眉（せきび）の乱』の始まりである。こうした識別法は、世界各地に見受けられるが、そこには戦意高揚の効果もあったのだろう。中世スコットランドの反乱者は、民族カラーの青と白で顔を塗り別け、ネイティブ・アメリカンも部族ごとに顔面の印を変えて戦いに望んだ。

こうした例は日本でも戦国時代、九州あたりの小規模な合戦で時折、見受けられた。化粧用の紅（べに）や墨（すみ）で額（ひたい）や頬に丸や三角の印を描く。汗ですぐに落ちてしまうが、袖印も用意できぬ緊急事態には、これが一番てっとり早い方法であった。江戸時代初期に起った島原の乱でも、キリシタンたちは、額に十字を描いて幕府軍と戦っている。

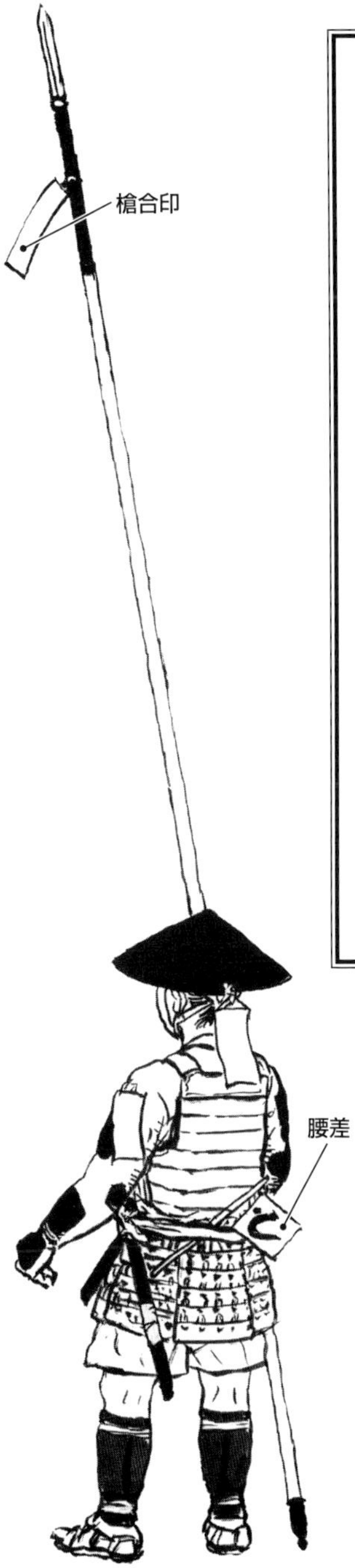

◀戦国期の袖印は少し小さくなる。大名家によっては、合戦の直前、合言葉と一緒に配布する。これは敵にコピーされるの防ぐため。通常、左肩に下げるが、刀の鞘や両腕に下げる時もある。『雑兵物語』には戦場で揉み合ううちに合印が千切れ、味方に首を取られる悲劇が語られている。

戦場の敵味方識別②／受筒《うけつつ》と腰差《こしざし》

室町時代も末期に入ると、敵と味方の識別が袖印程度では収まらなくなってきます。それだけ乱戦状態が普通になったのでしょう。しかし、甲冑には未だ差物を装着する装置が付いていません。そこに出現したのが腰差《こしざし》という方式でした。合印用の小旗の竿を甲冑の上帯《うわおび》後の腰へ斜めに差します。ずいぶん雑で、不安定な方法ですが、小さな袖印よりは格段に目立ちます。後北条氏の軍役規定にも、『腰差ひらひらめくよう（風ではためくようにせよ）』と書かれています。腰差は、背中が大きく開いている古式の腹巻《はらまき》や腹当《はらあて》しか用意できない雑兵には、うってつけの識別装置でした。

次に登場するのが、我々が映画やテレビで良く知っている旗差物です。甲冑の背中に「合当理《がったり》」という差物専用の装置を設け、ここに旗竿を挿入しますが、時代が下がっていくにつれ、布製の旗ばかりではなく、皮や紙の張り抜きで奇抜な形の造形物を作って差すことも流行りはじめます。差物が単なる敵味方識別の枠を越え、自己の存在誇示の印となっていくのです。

さて、甲冑の差物装着部を「合当理」と書きましたが、これは通称です。正確には、旗竿は受筒という部分に挿入されます。この受筒は簡単に取り外せるようになっており、下の部分を待受《まちうけ》という固定部分で、また上部の肩あたりを可動式の合当理で止めます。合当理は鉄ばかりか、練革《ねりがわ》、木の板、鯨《くじら》の髭《ひげ》で作ったものもありました。江戸時代に入ると雑兵用の合当理はほとんど木製の板合理となり、竿の受筒・待受も無く、ただ竿の末端を固定するための紐が二本、むくろもち（枕《まくら》）という小型の座布団が附属するだけ、という足軽具足も登場します。さらにひどいものになると、板状の簡単な旗差し装置「背板」だけを配布する大名家も現れました。大阪夏の陣を描いた「最上《もがみ》屏風絵」には、差物を付けた鎧武者の他に、布子《ぬのこ》一枚で戦っている雑兵が多く描かれています。夏の陣は炎暑《えんしょ》の中、裸で合戦する者が多かったと記録されていますから、さして不思議にも思わなかったのですが、問題は普通の着衣に、一体どうやって旗指物を付けているか、です。最上屏風ではかなり誤摩化《ごまか》して描いていますが、この背板の存在を知った時、なるほど、と納得した次第です。

●比較的小振りな四半旗《しはん》（次項参照）を差した鎧武者。面積の広い分、細長い旗よりも風を受けて筒から抜け易くなるため、竿や布地に紐を付けて、このように固定する者もいた。ただし、こうすると緊急の場合、旗が抜けずに思わぬ苦労をすることも多い。

▶典型的な「受筒」の図。合当理が可動するのは、受筒を抜き差しするためであり、かつ旗を立てる際、胴の外側へある程度の角度を保つため。「枕」が付くのは、この部分に旗竿の力がかかり、具足の胴が擦れるから。

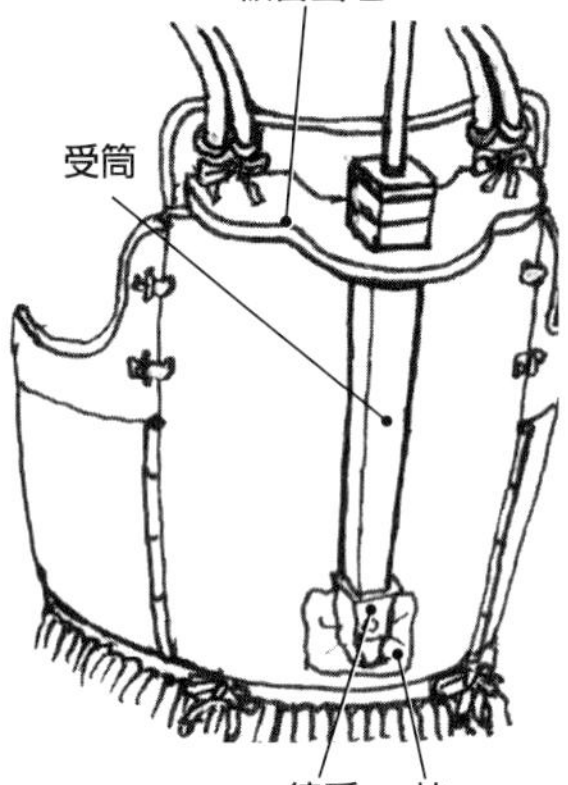

《板合当理》

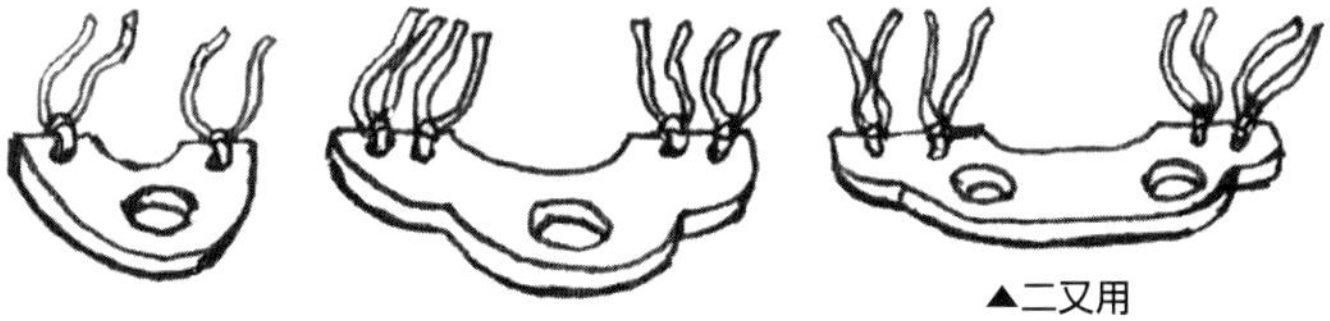

▲二又用

《合当理》

ほかに丸など各種有り。

《ハジカミ合当理》

中央で折れ、折り畳めて格納に便利。

《受筒》

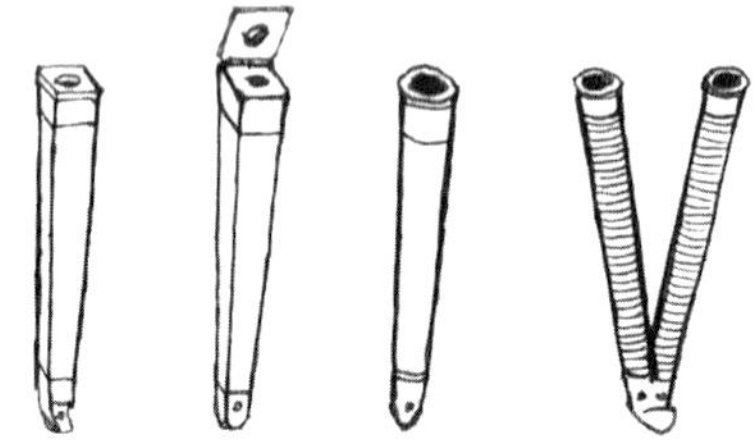

《待受》

《枕》

《腰差》

▼▶武者は左腕（弓手）を常に前方へ突き出して戦うので、腰差の旗は邪魔にならぬよう右腰の斜め後ではためかせる。この方式ではあまり大きな旗は装着できない。

◀腹巻

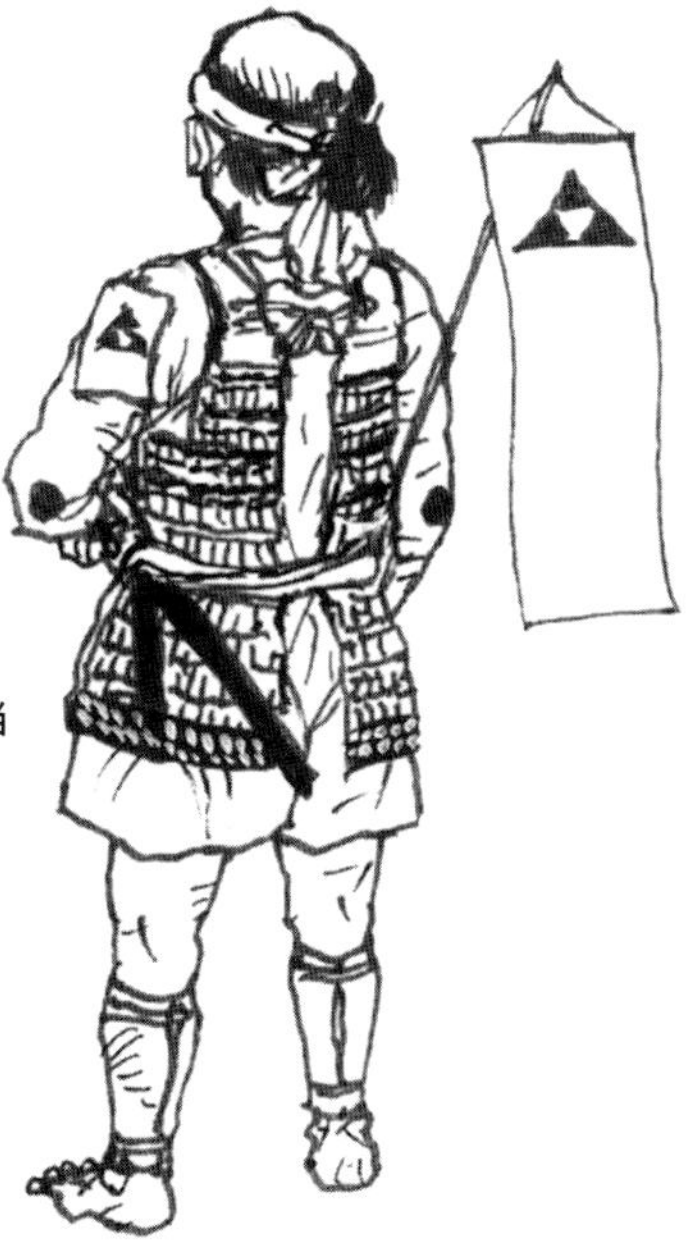

▶腹当

◀「最上屏風絵」にある、具足無しで差物を付けた寄せ手の鉄砲足軽。

《背板》

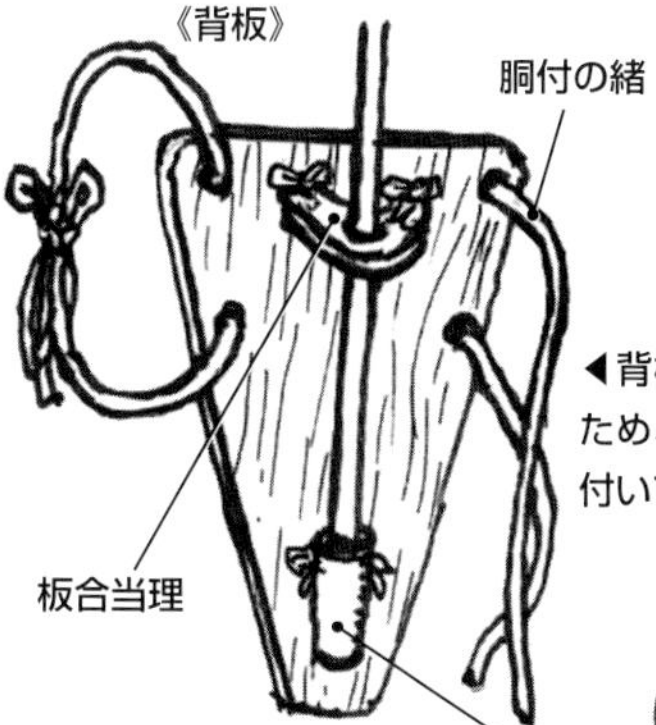

◀背板。基本、雑兵用のため、合当理と待受しか付いていない物が多い。

▲皮の待受

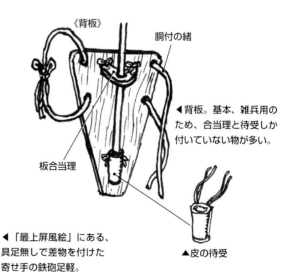

戦場の敵味方識別③／差物《さしもの》

鎧の合当理《がったり》に識別用の幟旗《のぼりばた》を差す習慣が全国的に広まったのは、戦国時代もかなり後期、天正年間後期頃からではないかと思われます。

長宗我部元親《ちょうそかべもとちか》の一代記『元親記』・『長元記《ちょうげんき》』などの異本に、こんな話が載っています。

秀吉に降伏して土佐一国を安堵《あんど》された元親が九州攻めの先鋒に加えられた時、突然秀吉から、

「上方勢《かみがたぜい》（豊臣方）と同じように、兵には必ず背旗を着けさせよ」

と命ぜられました。元親配下の土佐兵は、初めて見る背旗に戸惑《とまど》い、取り合えず鎧の胴に荒縄で旗竿をぐるぐる巻きに付けたのは良いけれど、身体が曲げられず非常に困ったとか。まるでテレビのコントみたいな話ですが、この物語によって、少なくとも天正十四年（一五八六年）の長宗我部勢九州上陸直前まで、土佐地方には合当理が一般化されていなかったことがわかります。たしかにこの装置は構造が複雑で、押付《おしつけ》（鎧の背板）の頑丈な二枚胴具足でなければ装着できません。

しかし、こうした合当理がいちど普及すると、背中の旗は常識化し、旗を持たぬ者は「寸法《ずっぽう》（旗無し）」と呼ばれて半ば軽蔑《けいべつ》されるようになっていきます。

いちばん多く用いられた旗は、手拭いの布幅とほぼ同じ、縦七十センチ、横三十五センチ前後の細長いタイプです。これは現在の映画やテレビでも使われる小道具のサイズで、日本各地の時代祭りにもよく借し出されていますから、読者の方々で装着した人もいると思います。これは合印《あいじるし》です

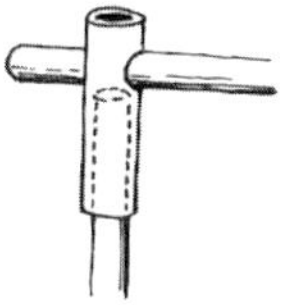

▲《映画用のからくり》

▼竿の先端は風を受けて回転するように別部品が普通。

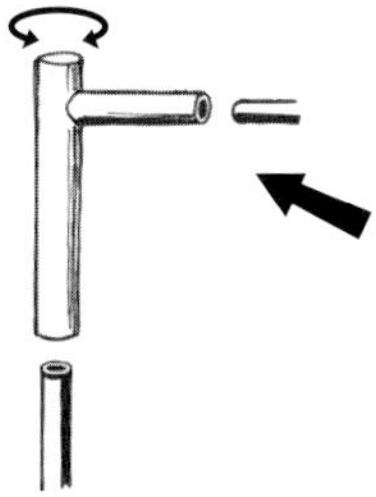

▲《乳付きの旗》

▼《格子縫いの旗》
文字旗の場合、逆から見ると文字が読めないこともある。この場合、裏表二枚張りにして碁盤の目のように糸で縫う。「格子縫い」とも言い、絹地の旗の保強にも用いられた。

◀袋縫い旗のL字型金具からくり。

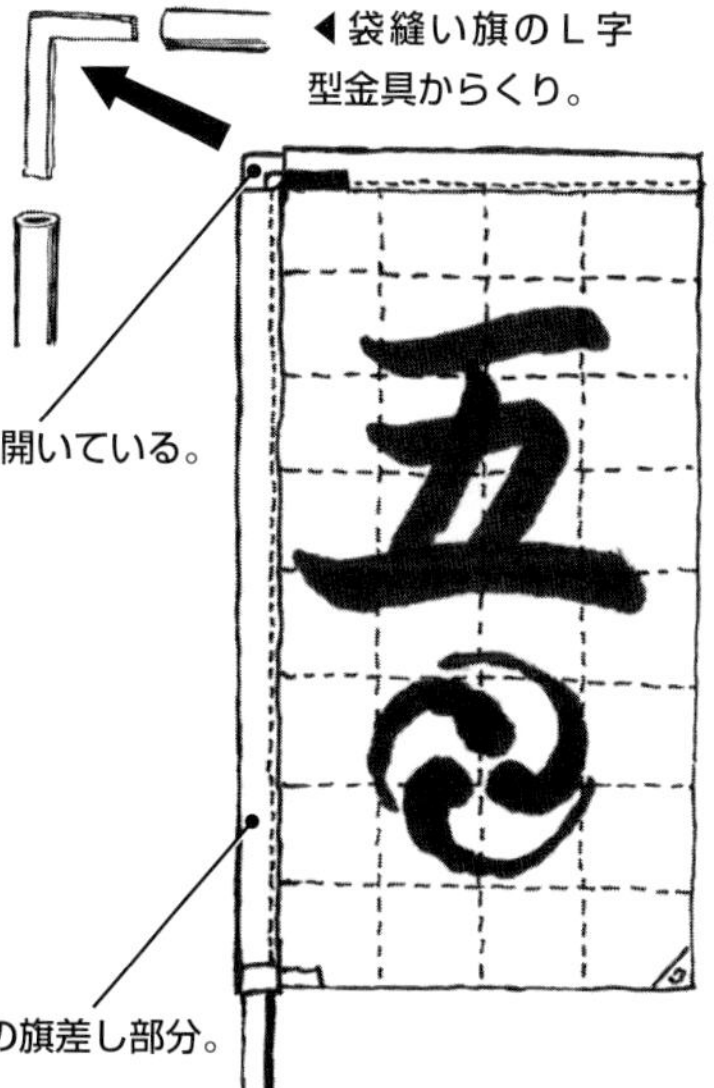

●室町時代後期までは木綿が貴重であったため、ほとんどが麻地で製作された。また、正四角形の旗や、背旗で流し旗というタイプはあまり見かけない。

●旗竿の縦棒を「さお」、横に突き出す部分を「横手」あるいは「簪」と言う。風を受けて横手が自由に回転出来るよう、さおの先端には「カラクリ」と称する部品が付く。簡単なように見えて差物竿は、意外に複雑な造りだ。

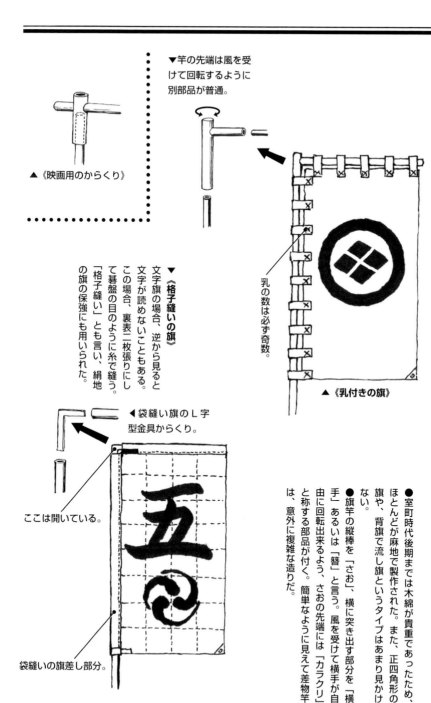

から下級の兵士用ですが、馬上武者の場合は役職、あるいは家の格式、個人の武功で独自の意匠《いしょう》を決めました。こちらは、「縦四尺五寸（約百四十七センチ）、横三尺の四半《しはん》」が常識的なサイズです。四半とは、正方形の布の端にさらにその半分を足した形と思えば良いでしょう。旗竿に布地を装着する部分は「乳《ち》」または「袋縫《ふくろぬ》い」とし、竿の長さは六尺（約二メートル以内）。文字を描く場合は、背に差した時、竿が左、旗をなびかせる方向を右にします。これば射向《いむ》けの方向を表と見る習慣からで、逆旗は不吉としました。

▶甲冑の背に合当理のない土佐の武者に無理やり背旗を付けさせた例。竿が垂直なので首をまわすと兜のしころがつかえてしまう。また、胴に縄を巻くと上半身の動きが規制されてしまう。

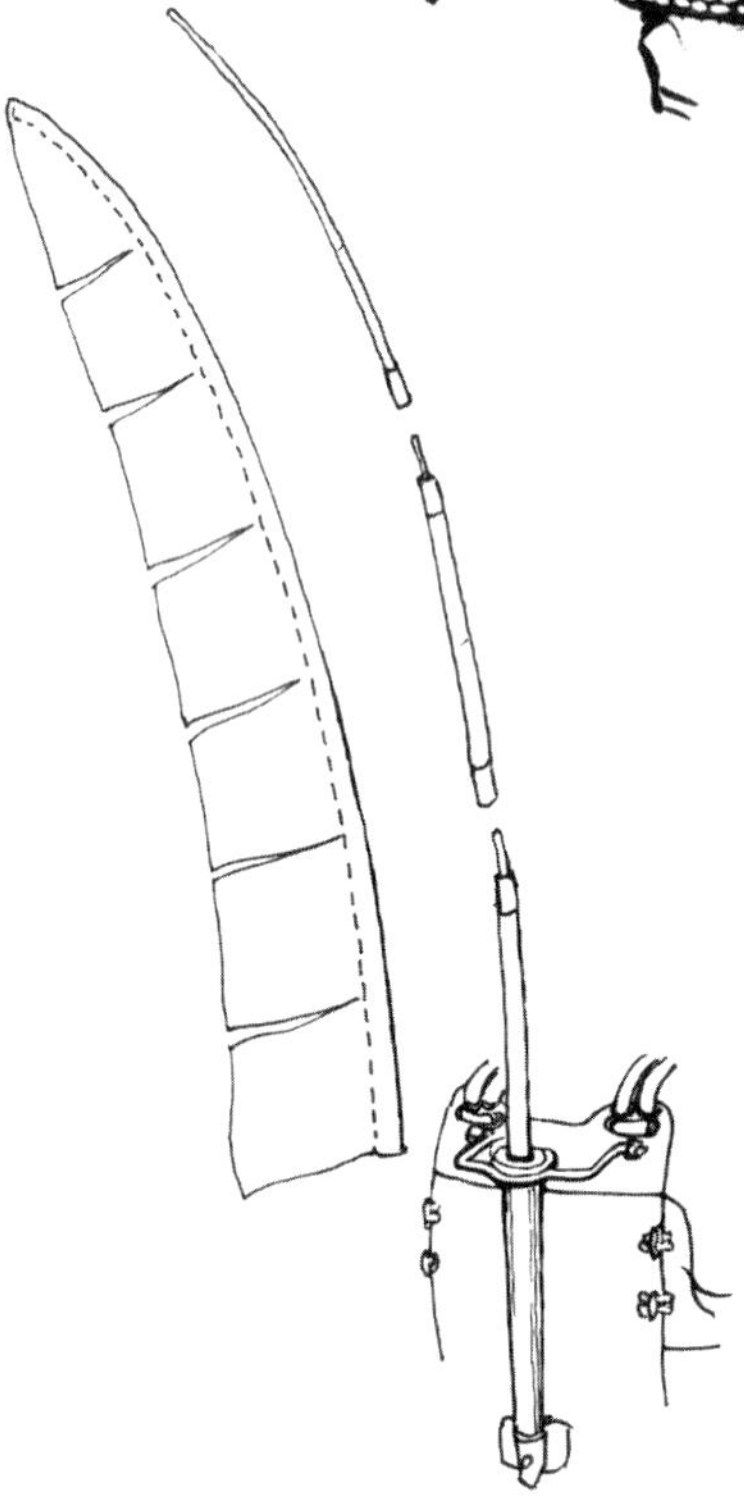

◀**《撓旗》**しない、しなう、しなえなどと言う。撓い竿は竹以外にもくじらの髭や藤を用いる。風にしない、物に引っかからない利点がある。

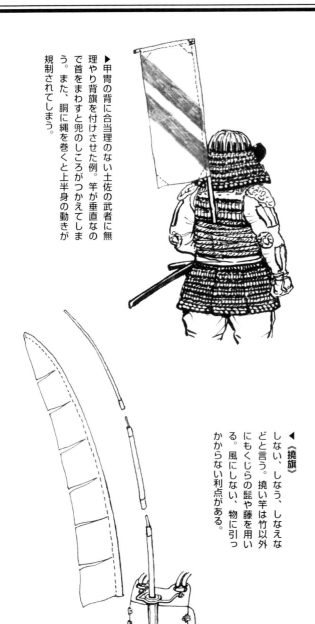

▼福島県相馬の「野馬追い」に用いられる四半の差物。横三尺以上、縦五尺以上と定型より少し大きく作るという。通常の四半は横三尺、縦四尺五寸。合当理の端から上部まで六尺（約二メートル）くらいの高さにする。

戦場の敵味方識別④／立物《たてもの》

誰もが背差しの幟旗《のぼりばた》を用いるようになると当然、これに飽《あ》き足《た》りなくなった人々が現れます。

大型化した戦場では、いくら旗の色や紋様を変えても、布の林の中に埋没してしまいます。そこで具足の合当理《がったり》に装着できる範囲で立体造形化した「作り物」を背に差す武者が、各地に出現しました。

これには馬印《うまじるし》の普及と、張り抜き職人の技量向上も関係しているのでしょう。

『信長記《しんちょうき》』に、「永禄《えいろく》の頃まで（馬印は）無《な》かりしに、元亀の頃あい（一五七〇年）より始まれり」とあります。それ以後、京の祭り道具を作る人々が、和紙の張り抜きや練革《ねりかわ》で色々な形を作り、これを大将の馬印にすることが流行しました。練革とは、動物の革を膠水《にかわみず》に浸《ひた》し、柔らかくした後、木の型に被せて打ち固め、乾燥させて抜いたものです。軽く弾力性があり、漆《うるし》を塗ると、ちょうど現代の合成樹脂に似た感触の材質となります。

目立とう精神の武者たちは、この馬印の小形化したものを背に負《お》いました。こうした立体物の差物は当時の流行り言葉で、「立物《たてもの》」「風流《ふうりゅう》」と呼ばれることもありました。前述した通り、基本は具足の合当理に差しますが、その受筒は幟旗と異なり、断面の四角いタイプが多いようです。これは立物を必ず正面に向かせるため、背中で回転しないよう立物の支持棒が四角棒になっているためです。

古記録を読むと、半月《はんげつ》・桃灯《とうとう》・天衝《てんつき》・生笹《なまざさ》・御幣《ごへい》といった何となく想像のつく形から、帛輪《きぬわ》・ふけり・ぶらぶら・四手車《しでぐるま》など、何を表しているのかわからぬものまで千差万

別です。慶長期以後の戦場は、まるでリオのカーニバルみたいな状況となり、これを嘆いたある老武者が、

「武者の風流も時によりけりである。巨大な唐傘《からかさ》を差しては動きが鈍る。不落浮乱《ぶらぶら》を差して手柄を立てても、多くの人々はそれを何と呼ぶのかわからず、口ごもるだろう。目立とうとしても、これでは本末転倒《ほんまつてんとう》である」と語った話が残っています。

▼大阪冬の陣頃の陣押し。リオのカーニバル状態である。カブキ者が溢れる慶長年間の戦場は、まさに「お祭り」の場であった。

▼敵を倒してその差物を奪い、以後それを自分の目印に用いる例がある。また、実用の道具として水呑み用の柄杓《ひしゃく》を差したり、敵を討った証として笹の葉を生首の口に含ませる。そのため生笹の差物を差した武者もいた。後者としては美濃の可児才蔵《かにさいぞう》が名高い。この人は、普段は普通の蟹《かに》の布旗を差していたようだ。

◀《動く「立物」構造の一例》

▶不落浮乱《ぶらぶら》の内部
竹籠に和紙を張った一貫張《いっかんば》りで椀状の可動部分を作る。「吊鐘《つりがね》」や「伏《ふ》せ鉢《はち》」も、内部はほぼ同じ。

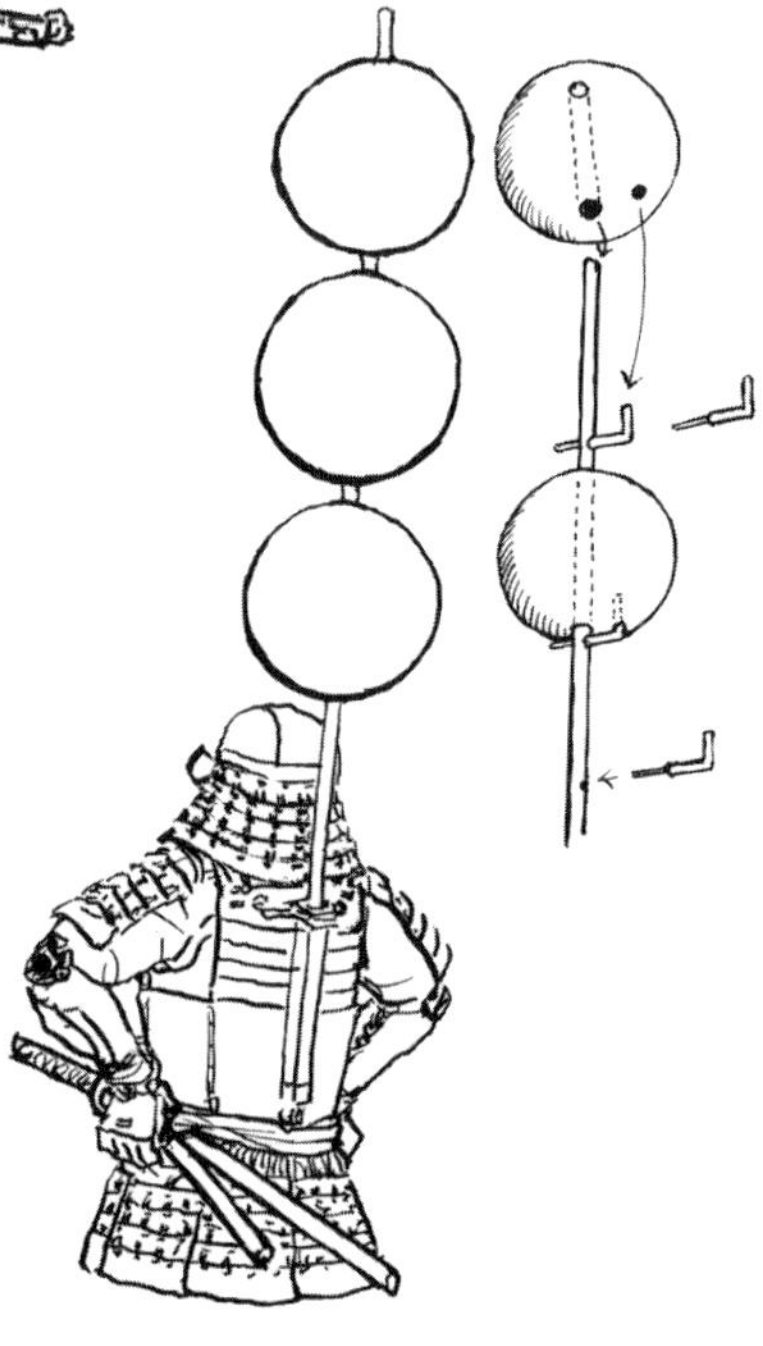

▶**《団子の装着法》**
軽い張り抜きの球体を、鉤《かぎ》でひとつずつ引っ掛けていく。一見すると滑稽な形だが、じつは団子は首を象徴的に表したもので、「多くの首を串刺しにして獲る」という決意を示している。同様なものに「つなぎ提灯」がある。

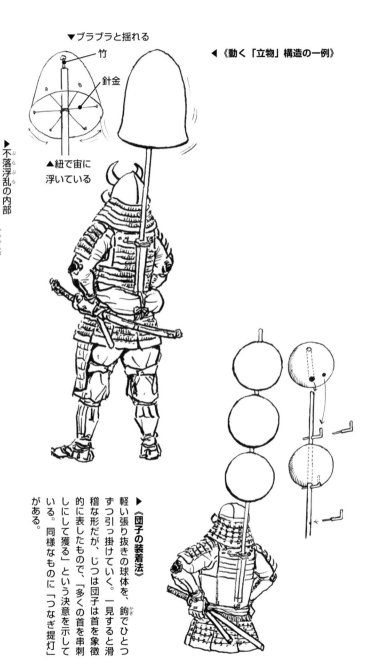

戦場を先駆する異形者たち

戦場に行軍する人々のなかで、まず目立つ者は総大将か、といえばさにあらず。旗差《はたさし》でした。この名称は、具足の背中に小旗を差す室町末期には戦闘員の総称になってしまいましたが、中世初期では一団の象徴である大旗を持って部隊の先頭に立つ特別な役を言いました。『武家名目抄《ぶけめいもくしょう》』にも、「進退にかしこきものならざれば不便《ふべん》なるが故《ゆえ》に、思慮《しりょ》もあり、力量もすぐれ、殊《こと》に慧敏《けいびん》なる者を選《えら》ばれし」とあり、豪勇の武者が選出されて流し旗を保持しました。

やがて時代が下り、動員される兵士が増えると、旗差し（大旗持ち）は足軽の役となり、これを管理する旗奉行の武者が別に附くようになります。主役の大旗持ちにも手替《てがわ》り（予備の交代要員）と、現場監督役の「宰領《さいりょう》（小頭《こがしら》）」が附き、大旗持ちが疲れると即座に取って替りました。大阪の陣で大活躍した伴団右衛門《ばんだんえもん》は、朝鮮の役の際、伊予松崎《いよまつさき》城主加藤嘉明《かとうよしあき》の配下でしたが、足軽数人がかりでも保持できぬ数反帆《すうたんほ》の巨大な吹き流しを、単身背負って先駆し、敵軍ばかりか、味方をも、アッと言わせました。

さて先駆の者は旗差ばかりではありません。奥州伊達政宗軍の先駆は、一時期『さんさ時雨《しぐれ》』という唄をうたう喉自慢の男でした。現在では宮城県を代表する民謡となったこの唄も、歌詞をよく聞けば意味深な春歌で、こういうものを行軍時に流して歩かせるあたりが政宗のバサラ魂というものだったのでしょう。

もっとひどい例が雲州尼子家《うんしゅうあまご》の山中鹿之介《やまなかしかのすけ》の先駆です。鹿之介は、尼子十勇士を率いて各所に転戦しましたが、彼はそのなかの一人、井筒女之介《いづつおんなのすけ》という奇人を先触れに指名したことがあります。女之介は文字通りの女装家で、つねに女物の小袖をまとい、髪を女髷《おんなまげ》に結っていました。ただし、女髷の結び目には敵に掴まれぬ用心に小さな刃物を仕込み、身長ほどもある大太刀を杖代《つえ》わりについていたといいます。何の目的でこういう奇抜な人物を軍勢の先に立てたか不明です。しかし、常識を外れたこの人選が、かえって敵に不気味さを感じさせたのもまた事実です。

▼朝鮮蔚山城に篭城した日本軍を救出する部隊の先頭に立つ伴団右衛門。風の抵抗が大きな長さ十数メートルの大吹き流しを単身、背板一枚、裸体で担ぎ、味方の手替りも寄せつけなかったという。裸体で旗を保持した理由は、筋肉を張っていたために、その張力で着用していた帷子がビリビリに裂けた。あるいは、主人の加藤孫六嘉明が団右衛門の勇壮さが好きになれず、「あれは裸に剝いて旗の竿にするくらいがちょうど良い」と言ったという説を、作家司馬遼太郎が紹介している。

▲尼子十勇士の井筒女之介《いづつおんなのすけ》（めのすけとも言う）。今で言うニューハーフだが、一度の合戦で数個の敵首を獲った剛の者でもある。女子供に人気があったが、これは現在《いま》で言うBL趣味のようなものだろう。同じ出雲地方からは歌舞伎の元祖「出雲のお国」が出るが、彼女は逆に男装で人気を得た。その姿は女之介に酷似しており、もしかするとお国は幼い頃に女之介の晴れ姿をその目にしたのかもしれない。

《大型の旗持ちと手替り》

▼通常はこの手替り二人へさらに二人の替り手と、押し足軽（小頭）が付く。彼らも部隊の中では特に力持ちで、見た目の良い者が選ばれた。左は一人持ちの小馬印。これにも手替りが付く。

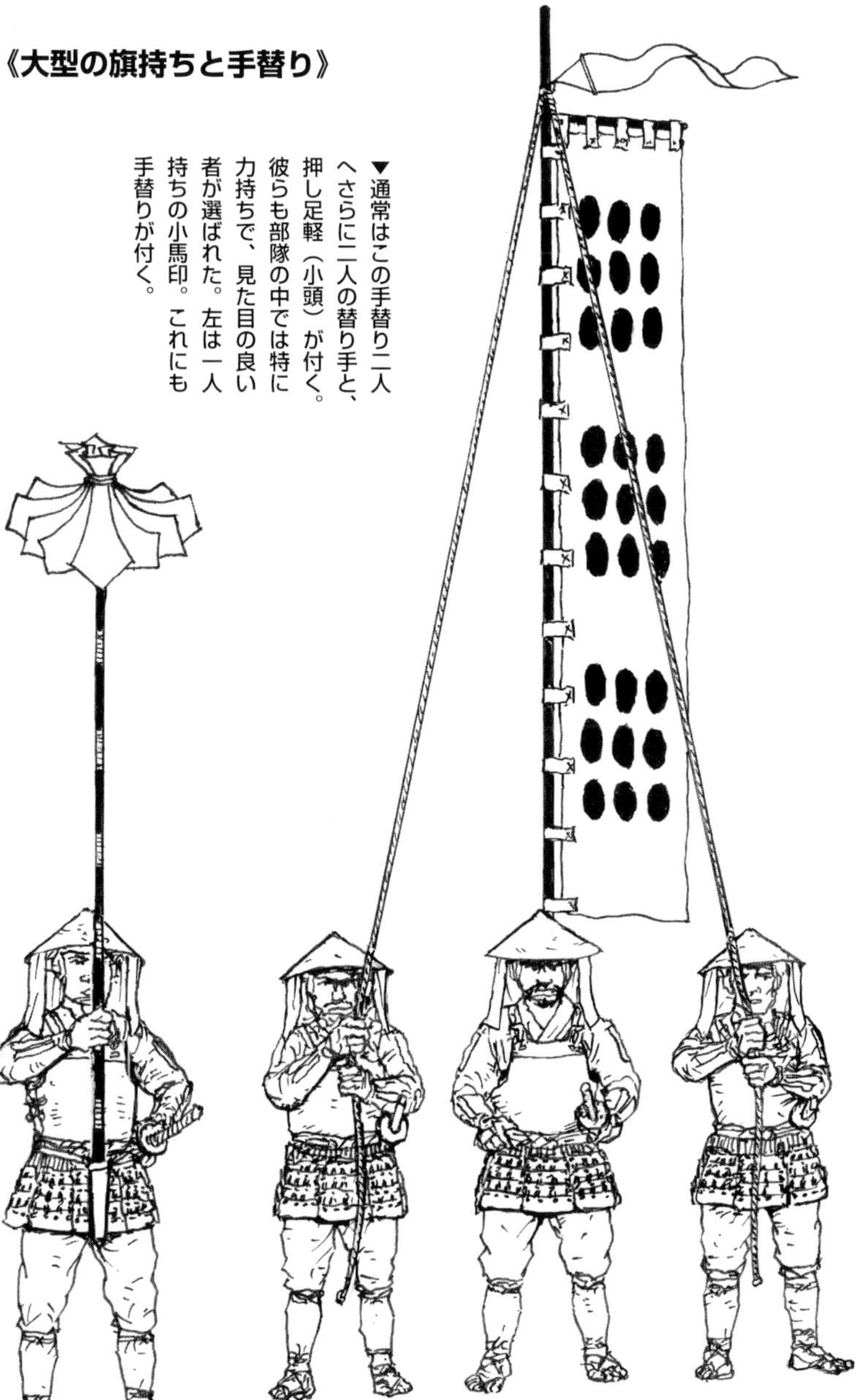

「識別と信仰」

我が国における旗の起源は、あの邪馬台国の時代から始まります。

女王卑弥呼《ひみこ》が狗奴国《くなこく》の卑弥弓呼《ひみここ》と争いはじめた頃、女王に味方する魏《ぎ》の斉王《さいおう》は、その証《あかし》として黄幢《こうどう》（黄色い流し旗）を贈った、と『魏志倭人伝』にあります。

古代中国では、旗がはためく音は、風神が喜んでいる印だと言い、日本の九州地方でも流し旗は八幡神や稲穂の神の関心をひいて豊作をもたらす、という伝承が残っています。最近、「戦国史」のある研究家が、軍役の人数比を古文書から割り出し、合戦参加者の六割が後方担当で、実際に戦場へ立つ者の内十五パーセントほどが、旗や標識を保持する役割と知って驚き、

「なぜこうも飾りのような人々の比率が高いのか、理解に苦しむ」

と書いていました。近頃は、こういう西欧型の「良識」で日本史を考察しようとする研究家が増えていますが、そういう人は旗が敵への威圧と味方の守護を祈る大事な道具であったという事実を無視しているのでしょう。

旗への信仰は、後の世になっても変わりがありません。五月の、端午《たんご》の節句に立てる玩具の旗やのぼりも神を招く目印です。

合戦の際に、左肩や兜の後部に吊るす合印《あいじるし》を、大旗のミニチュアに作るのも、小型ながら同じ神慮を願ってのことと思われます。夏場、疫病除《えきびょうよ》けに牛頭天王《ごずてんのう》の小旗を軒先に下げる地方がありますが、これも戦国時代の袖印《そでじるし》にそっくりです。

旗形式以外の識別で有名なものに、襷《たすき》があります。本来は着衣の袖口が邪魔にならぬようにたくしあげる紐でしたが、これには過激な行動に移る際の緊張感を高める効果があり、『万葉集』にも。神慮を求める人々が、

「白たえのたすきをかけ、まそ鏡を取り持ちて」

と、襷がけをしたことが書かれています。特に白い襷は強い力を持つとされ、仇討ちや、闇夜の合戦に利用されました。この際用いる襷は本来の袖ではなく、目立つように胴へ交差して識別をはっきりとさせます。元亀元年（一五七〇年）の九州今山合戦や、日露戦争の二百三高地でも白襷は用いられました。

第五章

馬とその装具

〔総論〕馬の周辺

一九九十年代、ロシアの社会主義体制が崩壊した直後のモンゴルに旅行したことがあります。首都のウランバートルには今のような高層ビルはひとつも無く、町の中央部にも遊牧民の天幕《テント》「ゲル」が張られていました。

そこで、あるモンゴル人の女性ガイドと、いろいろ話していたところ、話題がなぜか草原に生息する昆虫の話になりました。驚いたことに彼女は蝶々も蝗《ばった》も虻《あぶ》も、全て「虫《むし》」でひとくくりにし、モンゴル語での正式名称が言えませんでした。

ところが、羊《ひつじ》の識別になると一転します。その名称は実に多彩で、種別だけでなく、僅かな毛色の違いで全く異なった名を口にするのです。聞けば彼らは羊以外に馬や山羊《やぎ》、牛も見た目の僅かな差で詳細に名前付けをしているというのです。

実は、古く日本でも馬は、その生産地や毛色で詳細に分けて呼んでいました。黒馬で二十三種、河原毛《かわらげ》（たてがみの黒い白馬・駱《らく》）で八種。同じ河原毛でも斑文《ふちもん》がある無しだけで分類します。他に糟毛《かすげ》、鹿毛《かげ》、栗毛など、大別するだけで百四十種を越えるでしょう。軍記物と称する古書を読めば、昔の人が、いかに馬と密接な関係にあったか、がわかります。

地域によって差はありますが、戦国時代の武者は、五十貫文以上の収入がある者が騎兵でした。

関東の後北条氏の軍役でも、馬上一騎に槍持ち二人の伴で戦場に出る武士がその程度です。銭一貫を五石と計算すると、江戸時代の二百五十石取りに近いのですが、いざ出陣となれば、その程度の揃えでは済みません。指定された人数の他に、馬の口取り、小荷駄の人夫、替え馬も数頭曳《ひ》いていかなければならず、下級の馬持ちは普段の生活を、相当質素にしていなければ軍役を果たせませんでした。

さらに馬は生き物ですから、常に餌の心配がありました。干し草の他に糠《ぬか》・大豆・塩も欠かせません。よく歴史の本に、「日本馬は大豆を与えるので肥満して」などと書かれていますが、大豆ばかり食べさせていると「疝痛《せんつう》」という病いで死んでしまいます。しかし、もし痩せ馬に跨がって出陣した場合、家中によっては、軍役不履行《ふりこう》としてその武士を処分するところもあり、騎馬武者というものはなかなかに大変な商売でした。

戦場の馬①／馬の丈

二世紀から三世紀にかけて存在したという邪馬台国《やまたいこく》に関する記録『魏志倭人伝《ぎしわじんでん》』には、「其《そ》の地（当時の日本）には牛や馬がいない」と書かれています。ところが、近年、愛知県熱田高倉貝塚や鹿児島県出水貝塚の新石器時代の遺跡から、小型馬の下肢骨や臼歯《きゅうし》が出土し、日本列島には古くから少数ながら馬の棲息していたことが確認されています。しかし、これらの馬が人に飼い馴らされていたかどうかはまったく不明で、我が国における乗馬の風習は依然として「三世紀後半から四世紀中ころにはじまる」というのが定説になっています。また、用いられた馬も、中国東北部から朝鮮半島経由で入って来た蒙古馬《もうこうま》、あるいは中国南部に生息する四川馬《しせんば》の系列が黒潮移動による海洋民の手で太平洋岸にもたらされ、すこしずつ両者が混血化していったと考えられています。

その後、西日本に統一王国ができ上ると馬匹《ばひつ》の繁殖と品種改良が一気に進みます。さらに奈良・平安期を経て武家の発生がはじまり実戦的な馬術が著《いちじる》しく進歩しました。が、しかし、そこで改良化された馬も、ユーラシア大陸西部の馬に比べると、依然として小型馬（ポニー種）のカテゴリーに含まれるものばかりでした。

『古今要覧稿《ここんようらんこう》』という古記録には、「凡《およ》そ馬の丈《たけ》は四尺（約百二十一センチ）を定めとす」と書かれています。馬の肩甲骨《けんこうこつ》から垂直に糸を降ろして前足の蹄《ひずめ》部分に当たる長さの基本高を四尺とし、それ以上の高さを一寸《いっき》（約三センチ）ごとに数えるのが決まりになっています。

これによれば、源平合戦の勇者畠山重忠《はたけやましげただ》の愛馬

「秩父鹿毛《ちちぶかげ》」は八寸（約百四十五センチ）、源義経《みなもとのよしつね》の「青海波《せいかいは》」は七寸（約百四十二センチ）、宇治川先陣争いの佐々木高綱《たかつな》の猛馬「生唼《いけずき》」でさえも百四十五センチほどしかありません。ちなみにサラブレッドの平均体高は百六十五センチです。

このように現代人の目から見てあまりにも体高数値が低いことから、「日本の軍馬は単なる移動手段に過ぎなかった」だの「侍は合戦時、馬に頼らず必ず下馬して戦った」といった珍妙な「定説」がいまでは堂々とまかりとおっています。

しかし、日本人の平均身長が現在のそれよりずっと小柄（平均百五十センチ以下）であったことを考えれば、騎馬と乗り手のバランスはさほど崩れていたとは思えません。

▼外来種の馬の体高と和種の馬の体高。日本人の平均身長と比べれば、ポニー種といえどもかなりの大きさということがわかる。同時期にルーマニアやハンガリー辺で活動していた騎兵も、体高140㎝前後のノリーカ馬を用いていた。

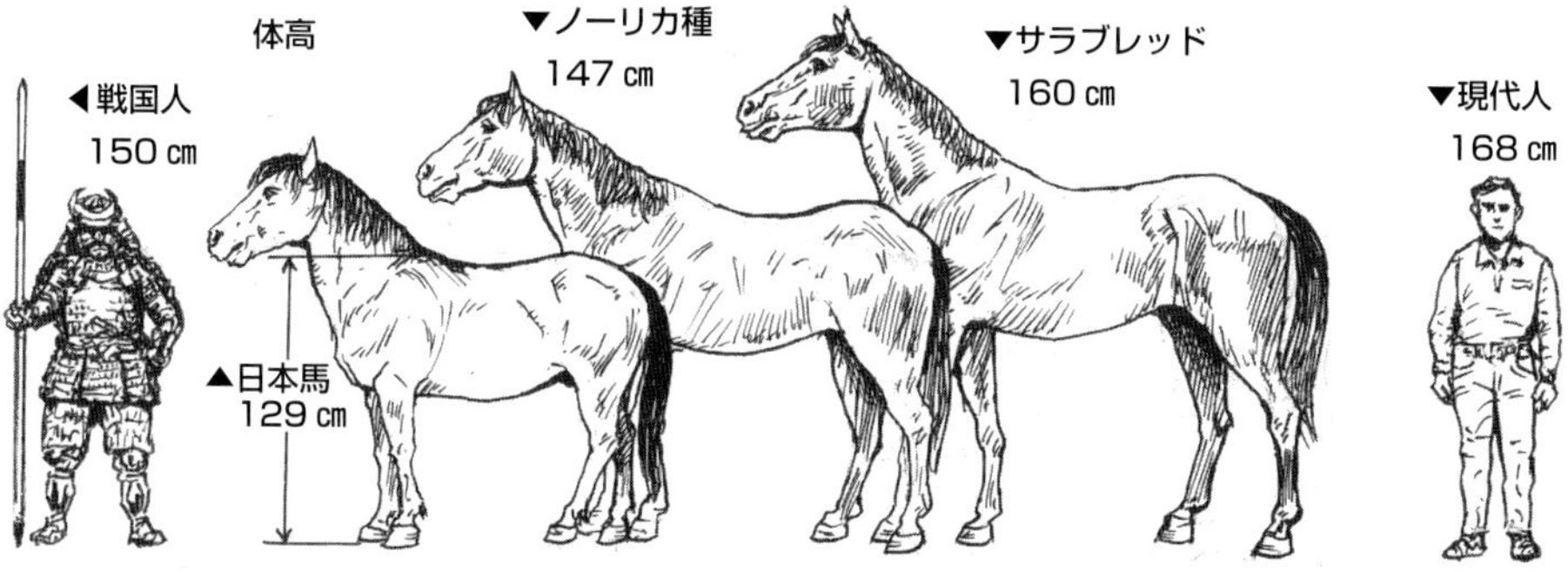

▲日本馬は平均体重280㎏。それに比べてサラブレッドは450㎏以上もある。しかし、こと重量物の運搬となると、小形ながら日本馬の方が脚も太く重量耐久力に優れている。中東、砂漠地帯の騎兵が比較的軽武装なのも、スピード重視という点以外に、その地の馬が重い鎧を着た騎士を運搬できないからだと思われる。

●馬の乗り方は、日本では右側から、西洋では左側からが普通。現代のテレビや映画では西洋式に慣らされた馬を多用するため、右側から乗る場面をめったに眼にしない。なぜ「右」からということには諸説あるが、右腰へ水平に佩《は》いた太刀が馬の胴や尻を打たぬようにしているという説が有力。

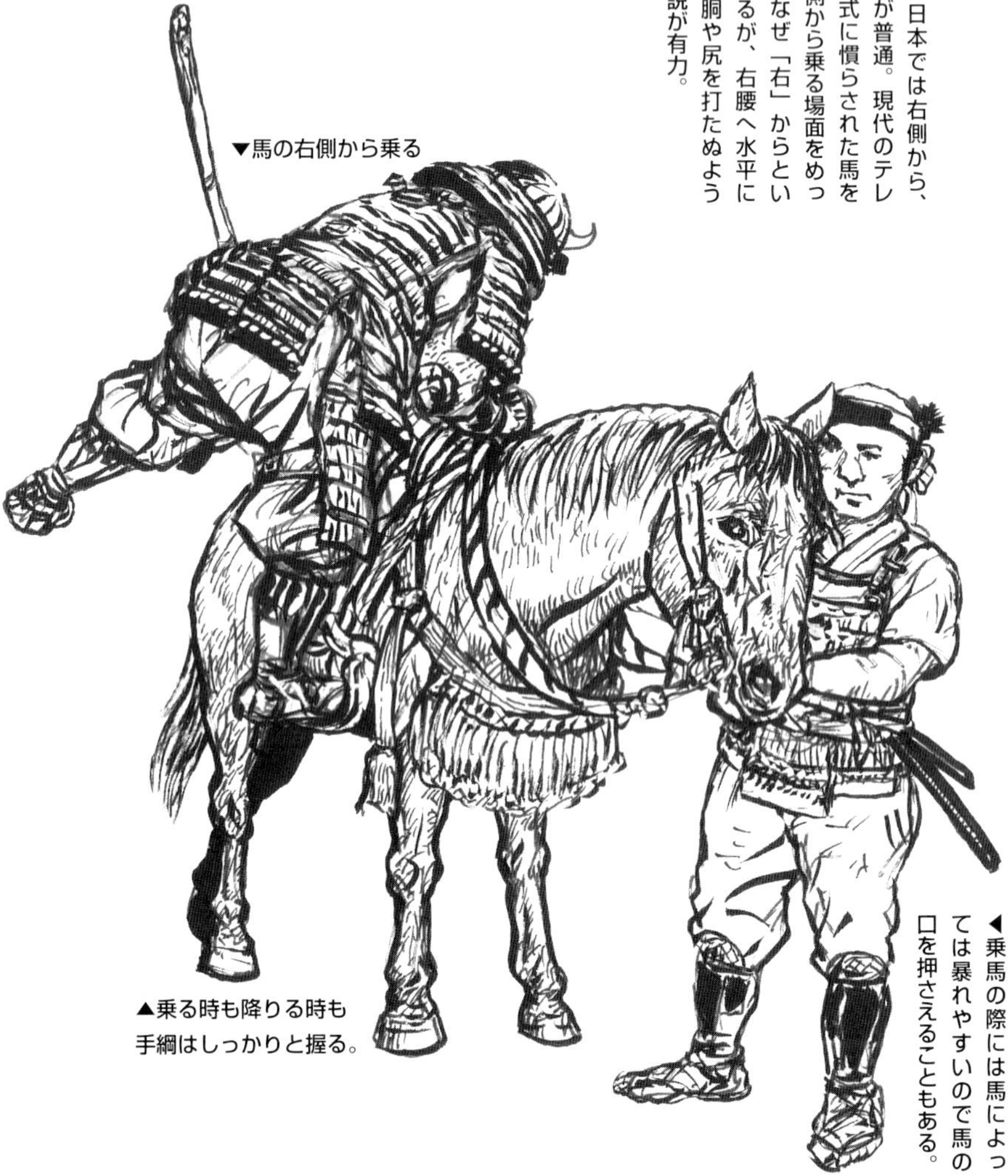

▼馬の右側から乗る

▲乗る時も降りる時も
手綱はしっかりと握る。

◀乗馬の際には馬によっては暴れやすいので馬の口を押さえることもある。

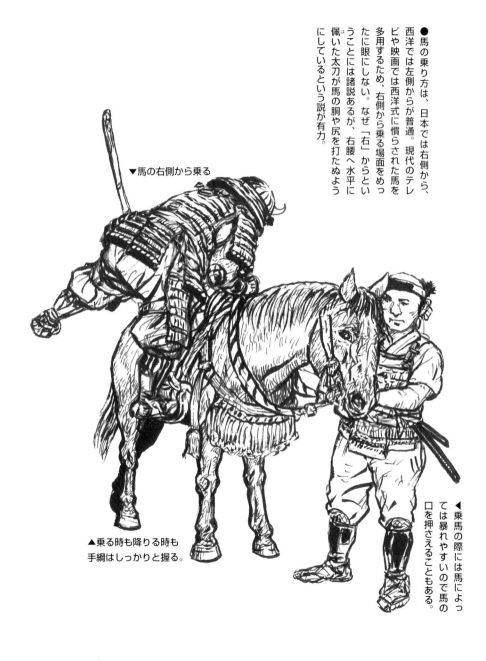

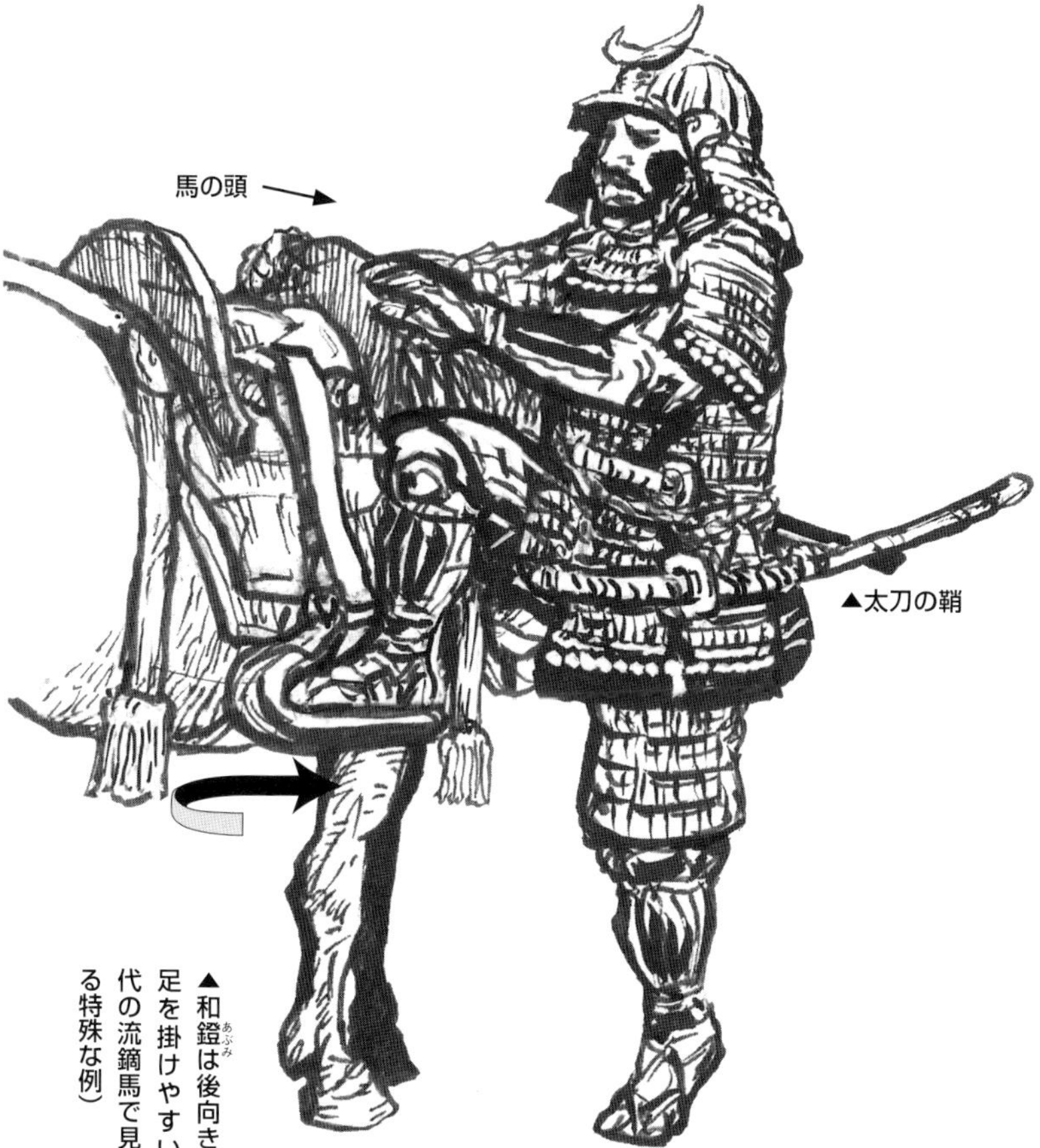

▲和鐙《あぶみ》は後向きに回すと足を掛けやすい。（※現代の流鏑馬で見受けられる特殊な例）

戦場の馬②／馬甲《ばこう》

「将を射んと欲する者は、まず馬を射よ」
という諺《ことわざ》にもあるように、馬はその図体の大きさから、戦場では格好の目標物となりました。そのためかなり古い時期から、防御用の衣類［馬甲《ばこう》］が考案され、実戦投入されています。中央アジアの砂漠地帯や、中国・朝鮮半島に残る古代の壁画には、人馬ともに甲冑をつけた、いわゆる重装騎兵の姿が多く見受けられます。

　我が国でも近年、和歌山県大谷古墳その他数ヶ所で鉄製の馬甲（主に顔を覆う馬面《ばめん》）が出土し、また、『古今要覧稿《こきんようらんこう》』などの古い資料にも、
「馬甲は軍防令《ぐんぼうれい》に、私家《しか》（自分用）に有《ゆう》するを得ずとあれば、大宝《たいほう》（大宝律令・日本最古の法典）以前より有りしこと明《あきら》かなり」とありますから、七世紀ころにはすでに馬甲は戦場の常識であったと考えられています。しかし、それらは当時の日本人の好みに合わなかったものか、それとも小型の日本馬には負担重量が大き過ぎたのか、次第に廃《すた》れていきました。

　後、平安期に入るとわずかに復活したらしく、『源平盛衰記』平三景時歌《へいぞうかげときうた》の条《じょう》には、
「稲を重ね馬冑《うまよろい》を着《ちゃく》すべし」
という言葉が述べられています。この時の馬甲がどういう形であったのか、まるでわかっていません。ただ、ここにある稲とは、矢避けに用いた稲束《いなたば》のことです。

　それが、十四世紀、鎌倉末期から南北朝期に入ると、馬甲は突然流行りはじめます。『太平記』や『明徳記』に『鎖《くさり》の馬鎧』という表現が何度も現れ、日本でも中央アジ

ア風の馬用鎖帷子《かたびら》が用いられたことがわかっています。が、針金を鎖地に直して隙間なく組み上げた鎖帷子は重量の点で問題があったらしく、時代が下がるにつれて植物繊維を編んだ網代《あじろ》形式や、革を練《ね》り固めて厚布に綴《と》じつけたより軽量なものに変化していきました。

そして、戦国時代に入ると一・五センチから三センチ角の練革を角型や亀甲《きっこう》型に固めてこまかく綴じ合わせたタイプが一般化し、その上に輸入品の虎皮や孔雀《くじゃく》の毛で覆ったものが現れて、これが平和な江戸期になるまで主流となっていきます。

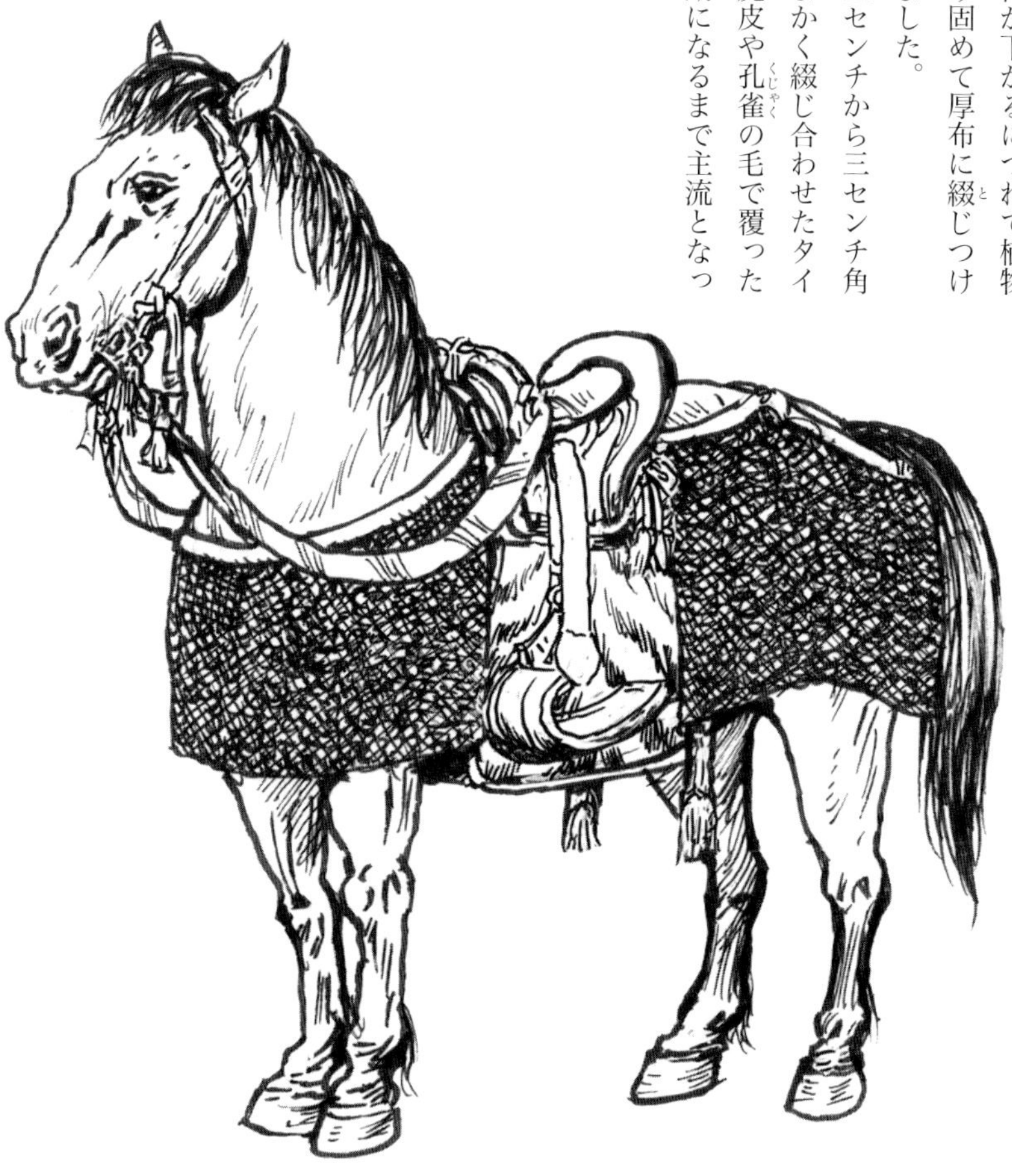

▼南北朝時代の馬用鎖帷子《くさりかたびら》。重量があるために、胸元と腰のまわりだけの防御しかできない。

《金箔押革札の馬鎧》

●馬甲には馬体に合わせて一体化したタイプと、前後分割式の二種がある。戦国期の馬甲は圧倒的に後者が多く、馬面《ばめん》・首筋から胸、鞍の後ろから尻や太股、尾のつけ根を覆う四分割タイプが普通となった。馬面は馬の鼻先から耳まで覆うフルフェイス型から、馬頂（前髪のあたり）のみ守る半面型まで数種あるが、いずれも練革製か、紙を漆で固めたものが大部分で、鉄打ち出しの面は、ほとんど江戸時代の儀礼用。

●馬面も初めは金属製が多かったが、後にほとんど練革《ねりかわ》製となった。馬の鼻先近くまで覆うものと、額《ひたい》から目のあたりだけ覆うタイプがあり、後者は半《はん》馬面と言った。室町末期、越前豊原に丈夫な兜鉢を鍛える鍛冶集団があり、大坂の陣の後、「馬面」派を名乗った。馬免《ばめん》、と書く資料もある。こういう変った通称を付けるのは、先祖に馬面造りを得意とした者がいたからかもしれない。

◀馬甲を流用した鎧

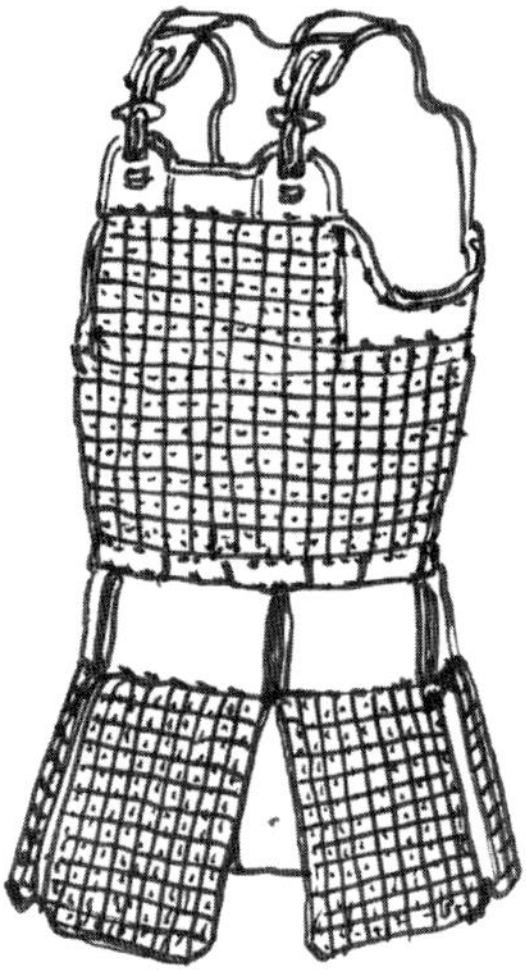

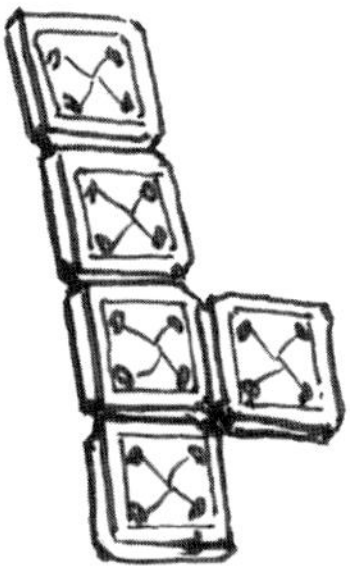

◀馬鎧札
練革を打ち出して金箔
を捺して布に綴付ける

●馬甲に用いる角型の練革は「馬鎧札《うまよろいざね》」と言い、麻布に縫いつけるが、同じ方法で製作した畳み具足もある。馬革の生産が盛んであった東北の南部地方ではこの札を足軽たちに支給して、冬場の農閑期、自宅で自前の具足を作らせていたという。

《馬鎧》

▲馬面

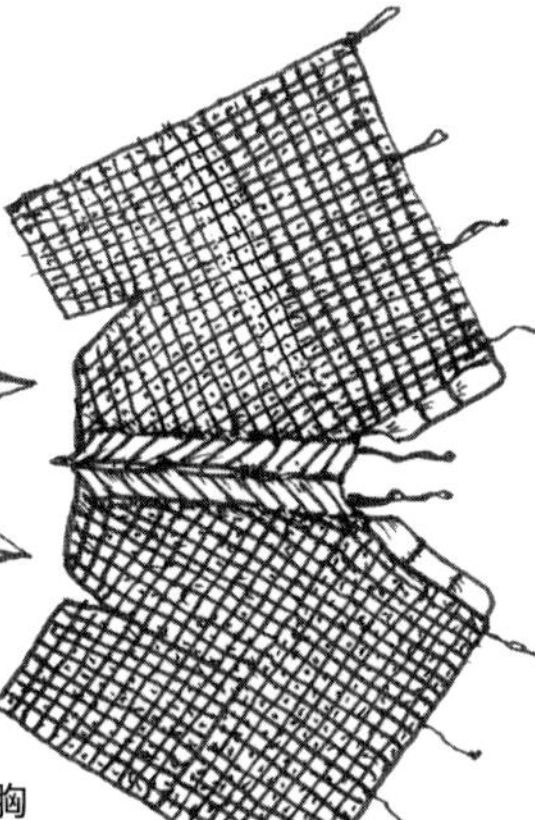

▶首から胸

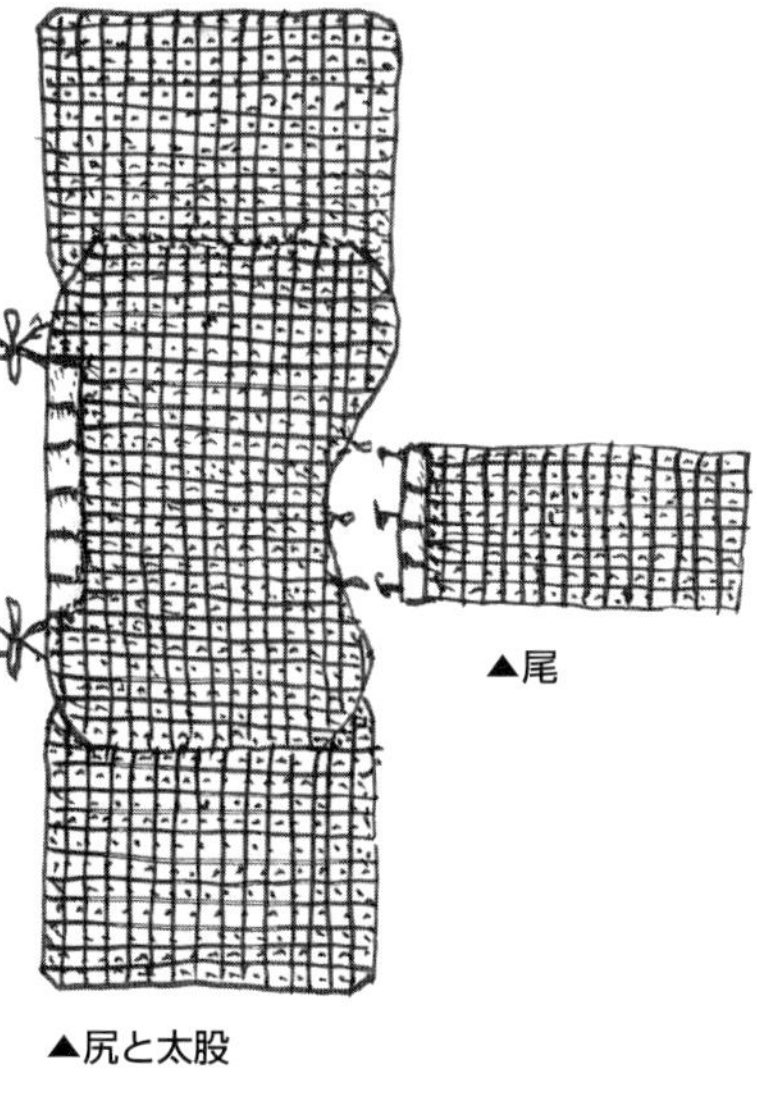

▲尾

▲尻と太股

●馬甲は防御効果より戦場での威嚇効果が期待されていた。後北条氏の軍令状にも、「馬鎧まできれいにいたすべし」とあり、関東では馬甲によって軍陣の威儀を整えていた時期が長い。

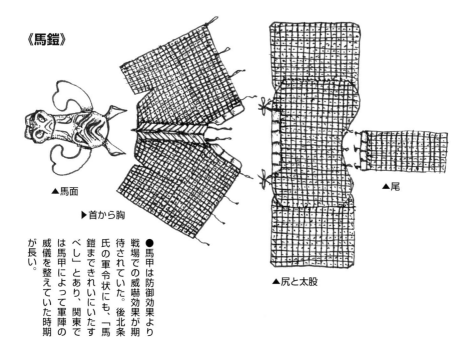

戦場の異形／保侶《ほろ》①

以前、金沢の「加賀百万石祭り」を見た人から、
「行列の中に大きな荷物を背負った人が出ていたけど、あれは何でしょう」
と尋ねられたことがあります。漠然とした質問なので、最初は小荷駄の足軽が唐櫃《からびつ》でも運んでいる姿を見たのだろうと思いましたが、念のため聞き直してみると、騎馬武者だといいます。

ああ、保侶《ほろ》のことを言ってるのだな、とわかりました。

鎧武者が背負う標識《ひょうしき》の中でも、保侶（母衣という字も用います）は、異形中の異形といって良いでしょう。その初めは、矢避けと防塵《ぼうじん》・雨避けの効果を狙ったマント状のものであったことが知られています。

平安初期の寛平《かんぴょう》六年（八九四年）九月に、対馬へ新羅《しらぎ》の船四十五隻が来寇《らいこう》して戦いがありましたが、その折に保侶が捕獲された、という記事が『扶桑略記《ふそうりゃくき》』に書かれています。マント形式の保侶は国外でも広く用いられていたようです。

その後、日本では国風文化が華《はな》ひらき、大鎧の時代がはじまります。従来のマント型では鎧の大袖《おおそで》が邪魔になるため、保侶は胴の肩上《かたがみ》後部に紐で結び、背中だけを覆う形に変化しました。馬上疾走《しっそう》すると、布が風をはらんで丸くふくらみ軍容を増します。多くの武士がこれを好んだようですが、ただ欠点として、馬が停止するとすぐに垂《た》れてしまい、矢や石を防ぐ効果が失われるばかりか、端の方が突起物に引っ掛かってずいぶん不便であったようです。

それでも鎌倉時代には、布の幅《はば》六尺（約二メートル）、長さ八尺（約二・六メートル）から一丈《じょう》（約三メートル）

の布をだらりと馬の尻の方に垂らした形式が大流行しました。

　色も源氏を表す白布、平家の紅《べに》布、紫染め、二引両《にびきりょう》（二本線入り）など、いろいろな色彩のものが現れました。そのうち、戦場で目立つ保侶武者は名誉の者、という観念が定着し、これを討ち取った武士は、必ずその保侶も捕獲することや、敵方に首を返す際、持ち主の保侶に包んで送るという作法が一般化していきました。

▼『軍用記』によれば、保呂の幅は五尺八寸五分とし、紋を描く場合は大きさ七、八寸にする。また古くは幅の広い布を織る技術が無いため、三枚から五枚の布を縦に縫ってつないだとある。この際、縫い糸の色は必ず地の色と同色とした。

▶長い保侶は、徒歩戦になると地をひきずるようになり、あまり格好の良いものではない。

◀大鎧の保侶の掛け方。肩上に掛けて余った紐は、ヨリ結びにして背中中央に下げる。

▼江戸期の研究家伊勢貞丈は、裾をなびかせた古式の保侶が、矢石を防ぐため背中から前にまわして、馬の首から騎馬武者の上半身を覆うこともあったと書き、その図を『軍用記』に載せている。しかし、これでは前が見えず矢も放てない。後世の軍学者が考えたらウソという説が一般的だが、現在も時折、この図を引く歴史ムックがあるのも困ったものである。

戦場の異形／保侶《ほろ》②

鎌倉時代以後に保侶（母衣）が大型化した後、徒歩戦が主流となります。裾を引きずるような装飾品は一時的に廃《すた》れていきました。

しかし、古来からの武勇の形というものは、そうそうなくなるものではなく、室町期に入ると布の中に籠《かご》状の骨を入れて、丸く膨らませるようになります。骨の材質は竹や藤《とう》、鯨《くじら》の髭《ひげ》がほとんどで、稀《まれ》に細い金属板を用いたものもありました。はじめは文字通り籠を背負うように鎧の上から紐結びしていましたが、差物《さしもの》を背に付ける合当理《がったり》や受け筒付きの具足が出現すると、簡単に着脱する工夫も生まれます。合当理に差す部分を「母衣串《ほろぐし》」と称し、上部に別の目印「出《だ》し」を付けた籠が武者たちの間で愛用されるようになりました。

ところが、さして矢石の防ぎにもならぬこうした大型の飾り物を我も我もと使用すれば、戦場では他人迷惑《はためいわく》以外の何者でもありません。そこで、各大名家は、保侶に規制を加え、名の聞えた豪勇の士か使番《つかいばん》だけに用いることを許しました。織田信長は、自らの馬廻《うままわり》り衆に黒母衣と赤母衣を与えて功名を競わせ、豊臣秀吉も親衛隊を鬱金《うこん》（黄色）染めの母衣衆で固めたと伝えられます。

しかし、それにしてもヘンテコなこの保侶に固執《こしつ》する武者の心というのが、現代人にはいまひとつピンと来ません。これについては、『武用弁略《ぶようべんりゃく》』着具之部《ちゃくぐのぶ》に、「母衣と言うは、孩児母《あかごはは》の胎《じ》にある時、頭に胞衣《えな》を戴《いただ》く。以《もっ》て諸毒《しょどく》を防ぐなり」

つまり、胎児《たいじ》の胎盤《たいばん》が生命を守るように、その形を真似て戦場での災厄《わざわい》を防いでいるのだ、という解釈が成されています。なるほど、多少働きに支障をきたしても、縁起物だと思えばありがたく装着できるのでしょう。

このことでひとつ思い出話があります。故中西立太氏が、生前、甲冑研究の第一人者笹間良彦氏（故人）から一時的にお出入り禁止となったことがありました。それは某歴史雑誌のイラストに、鎧武者が転んだ時のクッションとして保侶が用いられる、と書いたことが原因でした。これは中西氏のせいではなく「自称歴史マニア」の編集者の勝手な指示によるものでしたが、

「保侶はもっと宗教的なものです。と電話ですごく怒られちゃったよー」

としょげかえる中西さんの顔と、考証学の怖さをいまも思い返すことがあります。

▶突進する保侶武者。

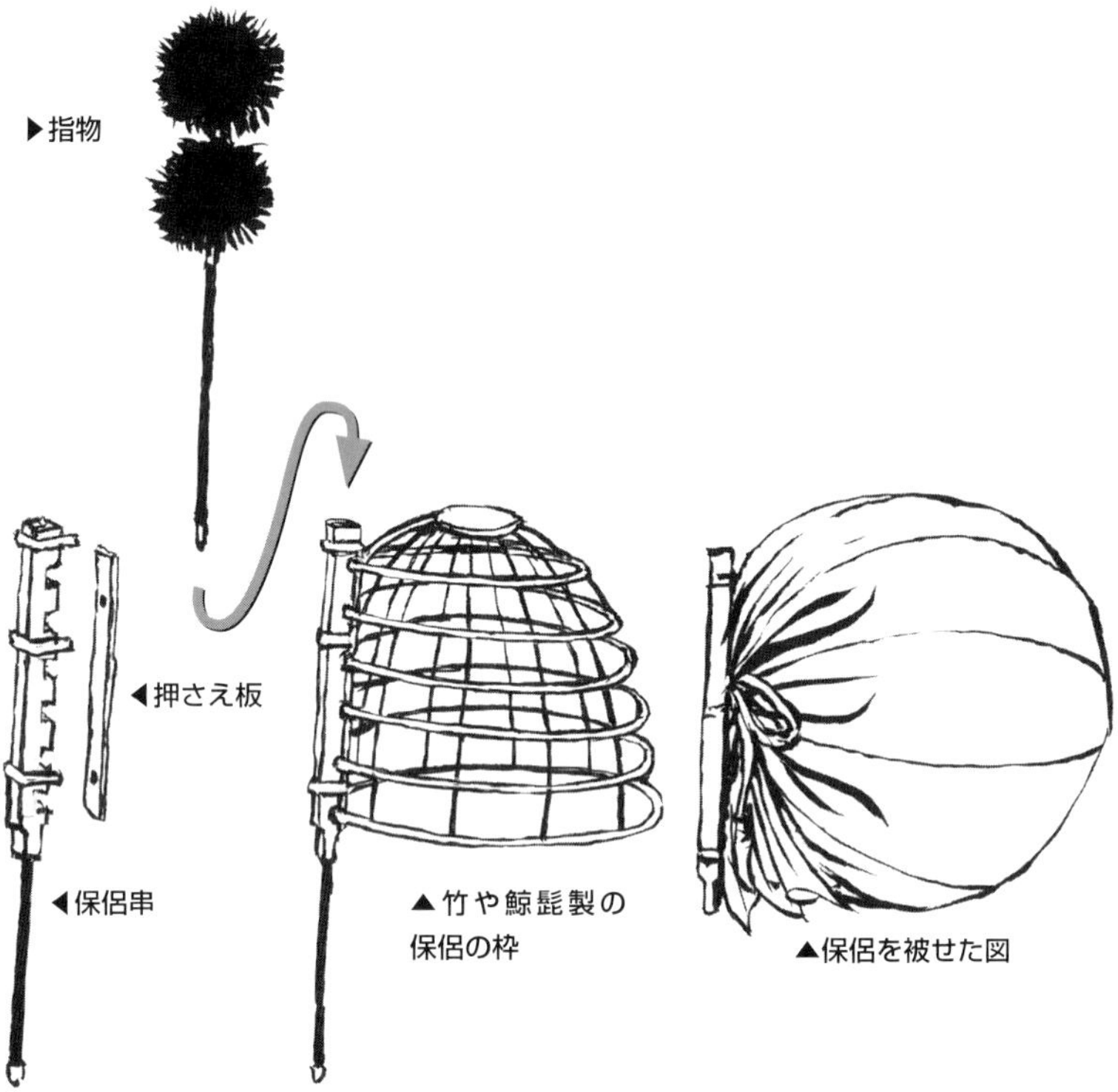

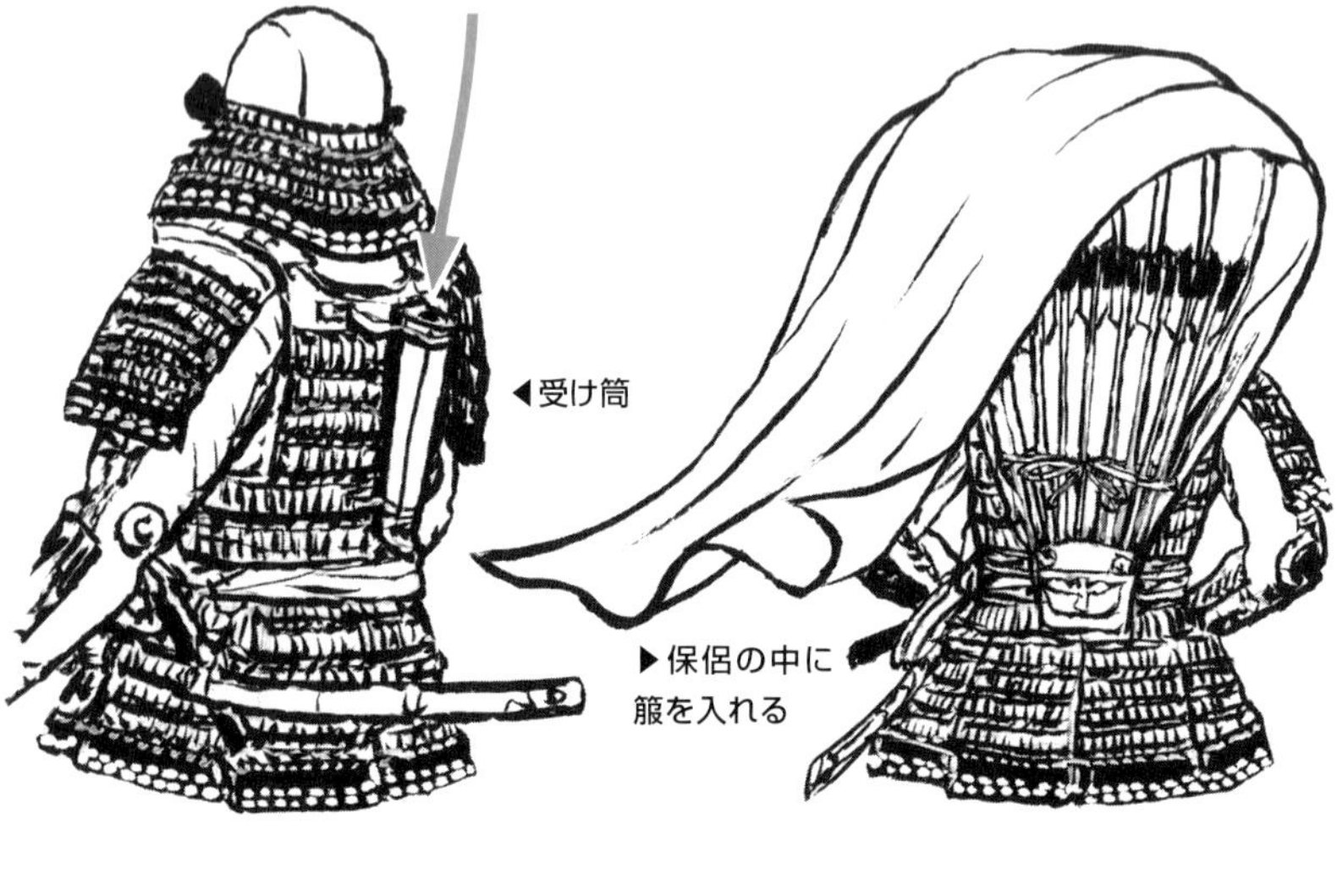

●江戸初期には、保侶の中に箙を入れて矢を保護するものや、固く竹籠編みにして紙を張り、塗り固めたものも現われた。後者の場合、保侶とは言えず、団子や塊型の差物に分類されるのかもしれない。

●保侶籠のいろいろ

▲竹骨

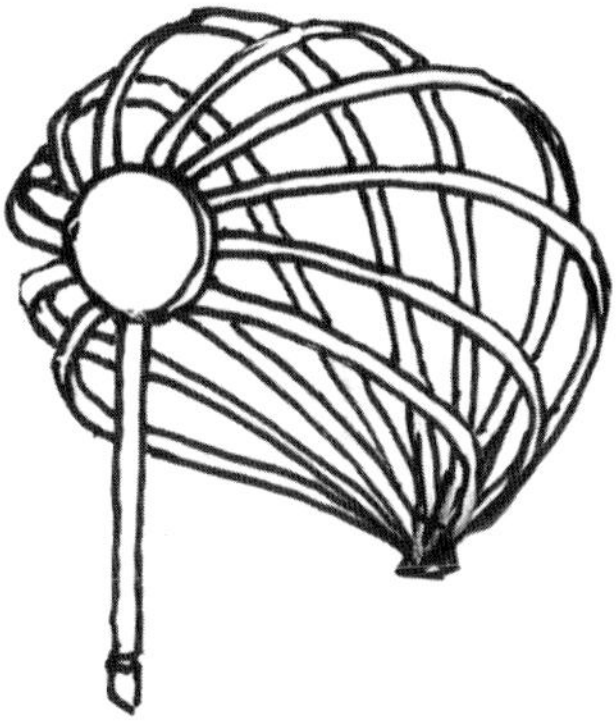

▲鯨の髭、竹、藤、金属

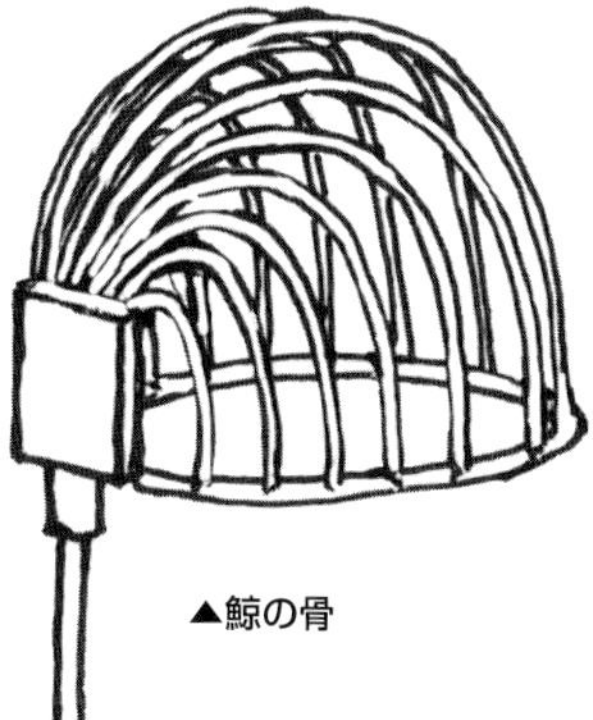

▲鯨の骨

●室町以後の保侶へ入れる籠の部分には、材質・形状に故実や規制が無い。『武具孝』写本にも「定まれる古法なし。其人の好みによるべし」と書かれている。こういう話は逆に珍しい。

「馬沓《うまぐつ》」

天正十年（一五八二年）六月一日深夜に丹波亀山《たんばかめやま》城を出陣した明智光秀の軍勢一万三〇〇〇は、二日未明、京都桂川の西岸に集結しました。この時、物頭から命令が下ります。

「馬の沓を切り捨て、徒歩《かち》だちの者ども、新しき草鞋《わらじ》、足半《あしなか》を履くべき也《なり》。鉄砲の者どもは火縄一尺五寸に切り、其《その》口々に火をわたし、五つ宛《あ》て火先をさかさまに下げよ」（『川角太閤記』）

その時になって明智兵の一部は、主人光秀が本能寺の織田信長を襲う、と気づきました。

当時馬の沓を外し、切り火縄を付けるのは、戦場が近い証拠であったからです。

この馬に沓を履《は》かせる風習は、日本以外であまり見かけません。和種の馬はもともと馬蹄《ばてい》（ひづめ）が頑丈で、西洋馬のように蹄鉄を打つことがありませんでした。しかし、長距離の乗馬では、当然馬蹄は疵つきます。一度爪が擦り減った馬は行動力が低下して使いものになりません。そこで、普段から馬沓は大量に用意されました。特に軍用馬には、藁《わら》沓の他に、竹皮、麻、山の蕨《わらび》を特殊な方法で乾燥させたものなどを用いたといいます。

前記、本能寺へ乱入する直前の明智勢も、勇んで馬沓を切り捨てました。戦闘馬以外にも荷駄馬の沓、そして将兵一万三〇〇〇余の草鞋が捨てられたので、おそらく桂川西岸の出撃地はそれらの藁ゴミで足の踏み場もなかったと思われます。

この廃棄物は、その後どうなったかといえば、近隣の農民たちが拾い集めて発酵させ、堆肥《たいひ》にして田畑に撒きました。彼らの家族の中には当日の朝、野良に出て、本能寺への通報防止で斬殺された者もあり、それは合戦で迷惑をこうむった人々の、ささやかな余得でした。

第六章

戦国の火砲

〔総論〕火を用いた兵器

火は古くから戦いに用いられてきました。特に中世、少人数による夜討が一般化すると、放火がそのまま合戦と同じ意味を持つようになっていきます。

また、火は強い力で相手を浄化するものと信じられ、不浄な「敵」の財産を一瞬で消滅させる、最も手近な兵器でもありました。

火薬はモンゴルの来襲時に用いられ、武士たちの肝を冷やしましたが、それ以前から日本では燃焼剤として硫黄《いおう》が用いられ、『源氏盛衰記』にも「燧付茸《ひうちつきたけ》、硫黄など用意して燧袋に入れ」などと書かれています。日本は火山国で質の良い硫黄が採れましたから、日宋貿易で盛んに輸出もされていました。

もしかすると、モンゴル人はその良質な輸出品をうまく用いて、火薬を製造していたのかもしれません。そうだとすると、皮肉な話です。

しかし、十五世紀、応仁の乱が始まる頃には、日本人も小規模ながら爆発物の使用を開始します。こうした火器は、大陸から直接伝えられるものの他に、南方から伝来する品も多かったようです。

応仁の乱の前年、文正元年（一四六六年）、京にやって来た琉球《りゅうきゅう》の使節は、花の御所門前で祝砲を放ち、都の人々を驚かせました。乱が始まると、山名・細川両軍は、爆発物の投げ合いや、火槍と呼ばれる棒の先に装着した発火具を使用しています。

また、『北条五代記』永正五年（一五一〇年）の条に、すでに泉州堺《さかい》には鉄砲があり、享禄《きょうろく》元年、山伏王滝坊が北条氏綱に一挺献上し、子の氏康は幼い頃、この発砲音をひどく恐れた、とあります。いわゆる種ヶ島伝来以前、日本には少量ながら火薬兵器が伝わっていたのです。

そして十六世紀半ば、戦場にはついに鉄砲が登場します。

これは一種の兵器革命であるばかりか、合戦における下級兵士の兵種別再編成と、兵士個々の専門化。さらには、後方で彼らを支える膨大な数の支援者（物資運搬者や資材〈マテリアル〉を扱う商人、特殊な用具を製造する工房）を生み出しました。

鉄砲や大筒を扱う兵士は、合戦の絶えた元和偃武《げんなえんぶ》以後、その特殊技能ゆえに怖れられ、嫌われもしました。たとえば加賀前田家では、鉄砲遣《つか》いは異様な姿で町を闊歩《かっぽ》したために「異風者《いひゅうもの》」と呼ばれ、やくざ者の一種とされて、やがては弾圧の対象となっていったのです。

長篠《ながしの》の鉄砲放《てっぽうはな》ち

長篠《ながしの》の戦いは、これほど史上名高い合戦であるにもかかわらず、織田・武田の用いた基本戦術や当日の戦闘経過に関して諸説入り乱れ、未だに定説というものが存在しません。ですからここでは、主役と成った「鉄砲放《てっぽうはな》ち」の装備に限定して述べようと思います。

江戸期に成立した『長篠合戦屏風《ながしのかっせんびょうぶ》』は、当時の絵師の約束事に沿って描かれたため、兵士たちの装備も多分に概念的です。しかし、よく観察してみると、彼我《ひが》（相手方と自分方）の旗指物《はたさしもの》。押太鼓《おしだいこ》。武田方の武者に付属する鉄砲などは正確に描かれています。

注目すべきは、徳川の鉄砲勢がバラバラな甲冑《かっちゅう》姿であるのに対し、織田方の鉄砲放《てっぽうはな》ちは各隊ごとに揃いの装備であること。とくに印象的なのは、織田の鉄砲隊の被る兜《かぶと》が烏帽子《えぼし》形であることで、どうやら江戸期の初期のころまで、織田方の少なくとも信長直属の鉄砲放《てっぽうはな》ちは、こういう装束であったという伝承が残っていた気配です。

ここから推定した彼らの姿は以下の通り。

兜は烏帽子《えぼし》形、粗製の古頭形兜《こずなりかぶと》の上に紙や革製の烏帽子《えぼし》型の作り物を被せた軽量の兜《かぶと》です。

鎧《よろい》は鉄板を横矧《よこは》ぎにした桶側胴《おけがわどう》。篭手《こて》は鎖の少ない鯰篭手《なまずこて》。足元は立挙《たてあげ》（膝の防御物）のない篠臑当《しのすねあて》。胴の高紐《たかひも》（肩のさげ紐）右側に口薬《くちぐすり》入れを下げて右腰に弾薬入れの胴乱《どうらん》。後腰には替えのカルカ（装填《そうてん》用の槊杖《さくじょう》）を差し、腕に火縄を巻きます。これが平均的な姿ですが、長篠《ながしの》は陣地戦なので邪魔になるカルカははずし、長い火縄も暴発を防ぐため、足元の火縄掛けに短い火縄（切火縄）を掛けて対処していたようです。また、銃兵は時に「天神差《てんじんざ》し」という変則的な刀の差し方もしました。打刀の反りを逆に（太刀のように刃を下へ）向け、腰を降ろして撃った際に鞘《さや》の末端「鐺《こじり》」が地面をこすらぬ用心をしたのです。

彼らはひとつの柵ごとに十〜十五名。射撃間隔を広げぬよう必ず三分の一ずつ発砲し、手元に飛び込む敵兵を防ぐため少数の弓・長柄《ながえ》（柄の長い武器など）の兵、さらに弾詰りやカラクリの故障を修理する専門の鉄砲小者まで付属させて、ひとつの戦闘ユニットを形成したと思われます。

▼織田家直属の鉄砲放ち
柵を利用して「立ち放ち」している様子。

▼切り火縄掛け
火をつけた予備の火縄を掛けておく。

●素肌の上に篭手《こて》を付け、その上に帷子《かたびら》を羽織り甲冑《かっちゅう》をつけるという着用法は、夏場の合戦で多く見受けられる。薄着をしたいが鎧《よろい》の肩上で肩が擦れるのを嫌ったために、こうした着方が始まったのだろう。『長篠屏風《ながしのびょうぶ》』では、突撃する武田方真田勢の前面に控えた前田利家の鉄砲放《てっぽうはな》ちが、黒の兜《かぶと》、茶の帷子《かたびら》を身につけている。

●図では打刀の大きい方を「天神差し」にしているが、通常は刃を上にして差す。

《鉄砲のしくみ》

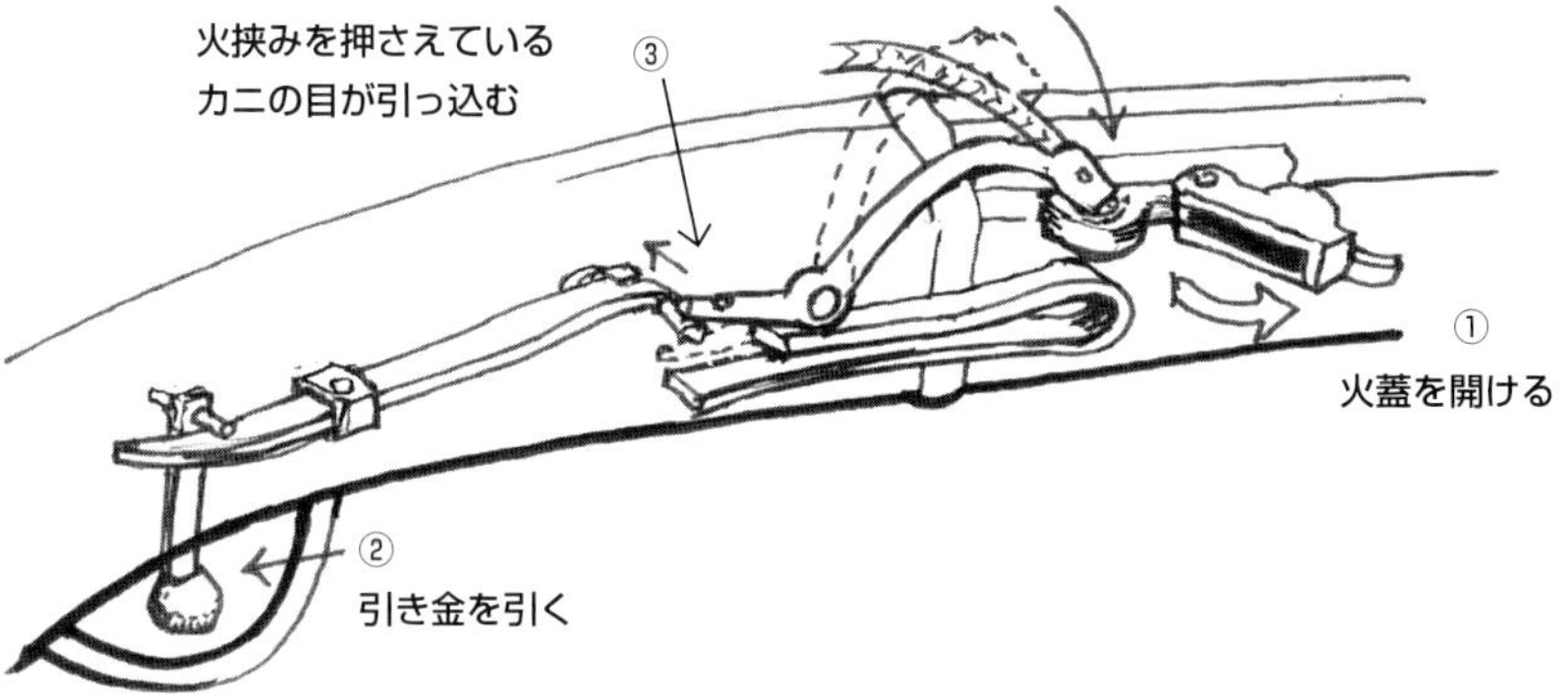

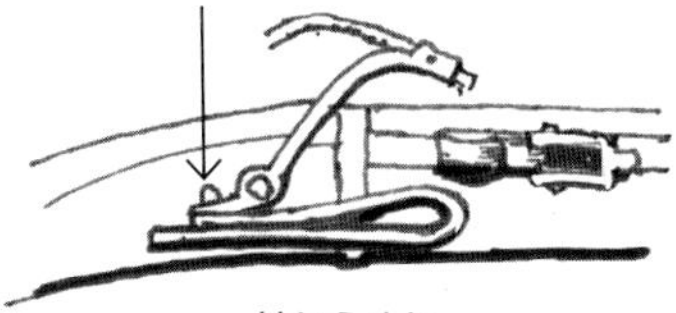

外からくり

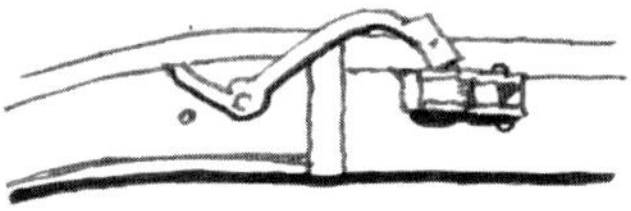

内からくり

一般的な撃発機構（カラクリ）の原理。
火挟みを落す「カニの目」と呼ばれる小さな突起が重要。

長篠城《ながしのじょう》の防御

天正二年（一五七四年）六月十八日。武田勝頼《たけだかつより》は遠州高天神城《えんしゅうたかてんじんじょう》を陥落させます。「父信玄でさえ落とすことのできなかった」城の奪取は、彼に大きな自信を与え、翌年夏の長篠《ながしの》攻撃につながっていきます。一方、目標となった三州長篠城《さんしゅうながしのじょう》は交通の要衝であり、この地を武田側に奪われれば徳川家康は、国人層の大量離反、同盟者織田信長への面目を失います。家康は長篠城《ながしのじょう》の固守を決意し、城の大規模な改修を命じました。

平成七年（一九九五年）以降、この城には試掘調査と地下レーダー探査が入りましたが、そこで発見されたものは、古地図に描かれつつも、それまで確認できなかった堀と土塁の存在でした。この城は南側を川と断崖に囲まれて一見頑丈そうに見えますが、北東は城内部まで見渡せる高地で、北西は大軍が移動できる平坦地です。堀切は、武田軍の進行に備えて急ぎ掘られた空堀も含め、戦闘正面の最大五十メートル幅に三本。第一次大戦下の塹壕並の（むろんその中に籠るわけではありませんが）異常ともいえる堀数が発見されたのです。記録によれば家康は合戦直前、大小二百挺の鉄砲を城に送り込んでいます。当時、城兵は五百。鉄砲は装備率四十パーセントという驚くべき高率です。従来の戦記物では、城主奥平貞昌《おくだいらさだまさ》は武田方の攻勢に追い詰められ、城の外郭《がいかく》を放棄せざるを得なかったとされていますが、それは必ずしも真実ではなく、射撃防御を固めるための、予定の撤退行動だったのです。

それでも武田軍の攻撃は熾烈《しれつ》を極めました。高地から掃射する寄手の銃弾で城内は被害を受け、濡れた荒筵《あらむしろ》を何枚

土塁断面図

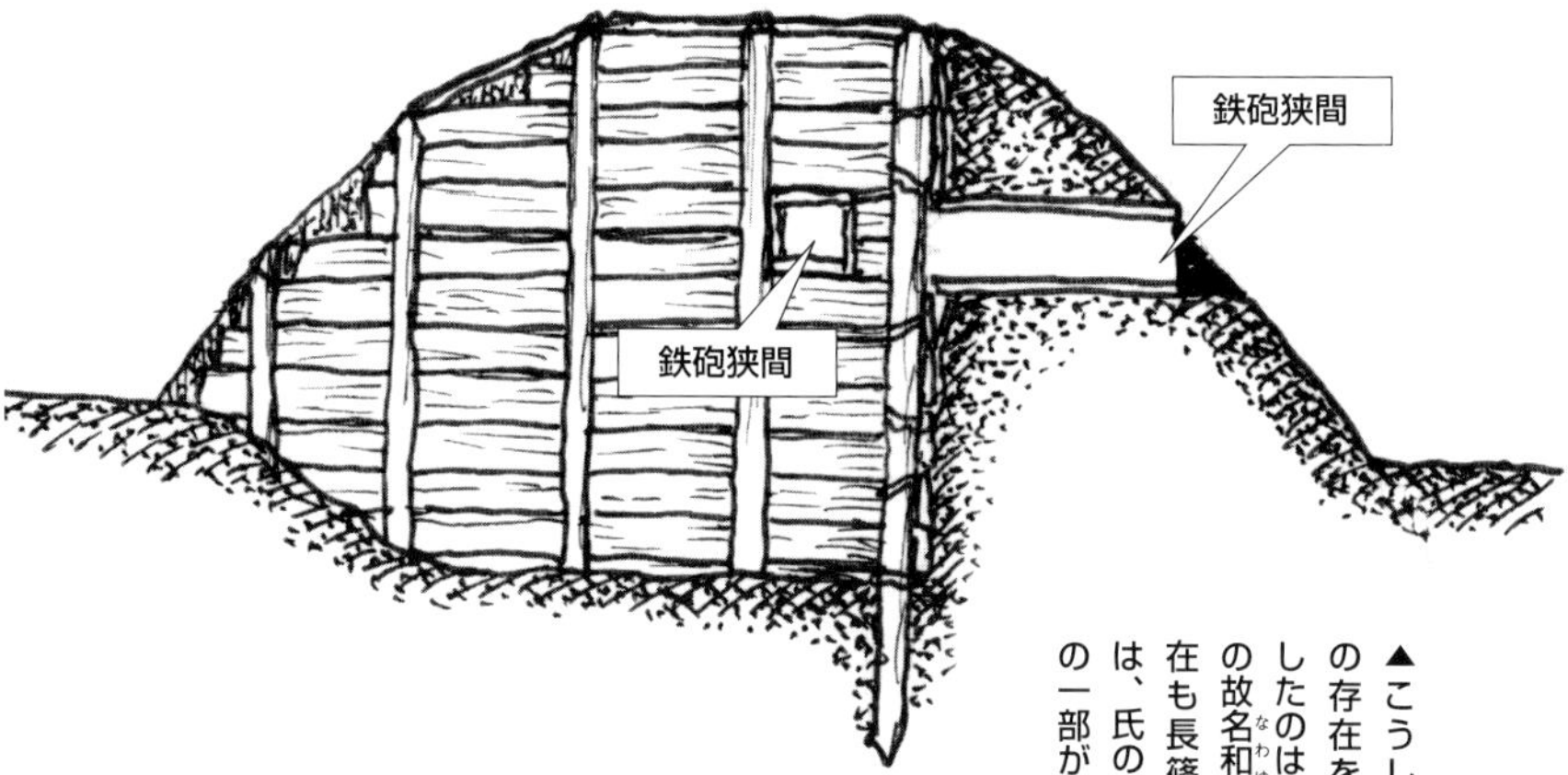

▲こうした隠し銃座の存在を最初に提唱したのは、時代考証家の故名和弓雄《なわゆみお》氏で、現在も長篠の古戦場には、氏の復原した土塁の一部が残っている。

▼上に草や筵《むしろ》を被せた典型的な防御陣地。これが点々と堀に沿って並べられたと思われる。火縄銃は黒色火薬を使うため、完全な隠蔽はできないが、周囲に充満する硝煙で敵は射出口が確認できず、三間（約六メートル）ほどの距離まで接近し、射殺される。むろん、この陣地の前面には目隠しの柵や逆茂木なども植えてある。

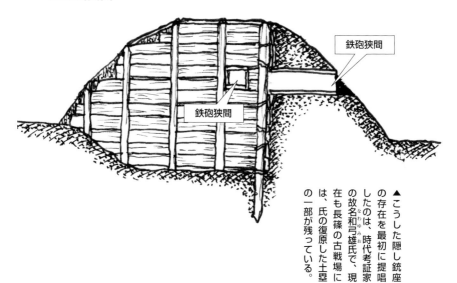

も射線上に掛け並べて防弾したと伝えられています。武田方のこうした銃器の大量使用を物語る史料は極めて少なく、これが長篠城攻防戦に続く設楽原《したらがはら》合戦の「鉄砲を軽視して信長に敗れ去る武田騎馬軍団」なるとんでもない虚構が、現在も通用するもととなっているのです。

■鉄砲小者の持ち物

射手に弾薬を供給し、銃身交替や修理を行なうのが小者の役目。乱戦の中で、平然と作業を行なう彼ら無しに鉄砲隊は成り立たない。

▼まるで第二次大戦の野戦トーチカそっくりの射撃拠点。堀の残土を用い、上面の幅二尺（約30.3㎝）から三尺、高さ五尺、底面を数尺掘り下げた。ここに射手・専門の装填手・分解掃除の鉄砲小者が入って１ユニットを構成する。銃眼は埋め込み式の木枠、射出口は扇状に広がっている。

火攻《ひぜ》め①

昔の人は、柿葺《こけらぶ》き・藁葺《わらぶ》きの、火災に弱い建物によく平気で住んでいたものだ、合戦で火攻めなどに遭《あ》えば一発で燃えちゃうだろうに、と以前から思っていたのですが、先日古建築の研究をしている方にこの疑問をぶつけてみると、「あれは思ったより燃えないものなんです」という説明を受けました。貴族の館などに用いられる柿葺きの屋根は、桧《ひのき》や槇《まき》などの薄板をぶ厚く重ねたものですが、表面は乾燥していても、内部は常に一定の湿気を含んでいるのだそうです。草葺《くさぶ》きも然《しか》り。だから屋根が虫害で劣化しないように、また縄で組み合わせた梁《はり》材が外れぬよう炉の煙で燻蒸《くんじょう》し続けるのだそうです。これも湿気の多い極東の住居の知得なのでしょう。しかし、諸外国の土や石造りの家屋に比べると引火し易いのもまた事実でした。

こういう場所を遠距離から攻撃するとき、用いられたのが「火矢《ひや》」です。ひとくちに火矢《ひや》と言っても、矢の先に可燃物を装着して弓で射ち出すもの、手で投げる打火矢《うちびや》（手火矢）、火薬で自噴《じふん》する大国火矢《おおくにびや》、口径の大きな火縄銃で打ち出す棒火矢《ぼうびや》などに分類されます。

このうち、いちばんオーソドックスな弓を用いたタイプは、とくに「火矢箭《ひびや》」と称しました。寿永《じゅえい》二年（一一八三年）十一月、木曽義仲《きそよしなか》が後白河院《ごしらかわいん》を攻めた法住寺《ほうじゅうじ》合戦で木曽《きそ》方の樋口次郎兼光《ひぐちじろうかねみつ》は、このようにして戦います。

「鏑《かぶら》の中に火をいれて、法住寺殿《ほうじゅうじでん》の御所《ごしょ》に射をてたりければ、おりふし風はげしく、猛火天にもえあがって、ほのほ（炎）は虚空《こくう》にひまもなし」（『平家物語』巻第八・鼓判官《つづみほうがん》）

これはおそらく鏑矢《かぶらや》の隙間へ艾《もぐさ》のような火種《ひだね》を詰めて

御所《ごしょ》の屋根に射込んだのでしょう。この火種が怖いのです。矢先が燃えている箭を射ち込めば、その炎は即座に発見されて消化されてしまいますが、艾ではそうもいきません。鏑《かぶら》は柿葺きの間を転がりまわってじわじわと燃え広がり、気づいた時には手の付けられぬ有様《ありさま》となります。火矢《ひや》、というと我々は、西部劇でネイティブ・アメリカンが幌馬車を焼くシーンなどを思い浮かべますが、古来の合戦の実像は少々違っていたようです。

▼防御用盾の内側から火矢を射ち込んでいるところ。小者が火桶を持って回る。

▼大国火矢《おおくにひや》

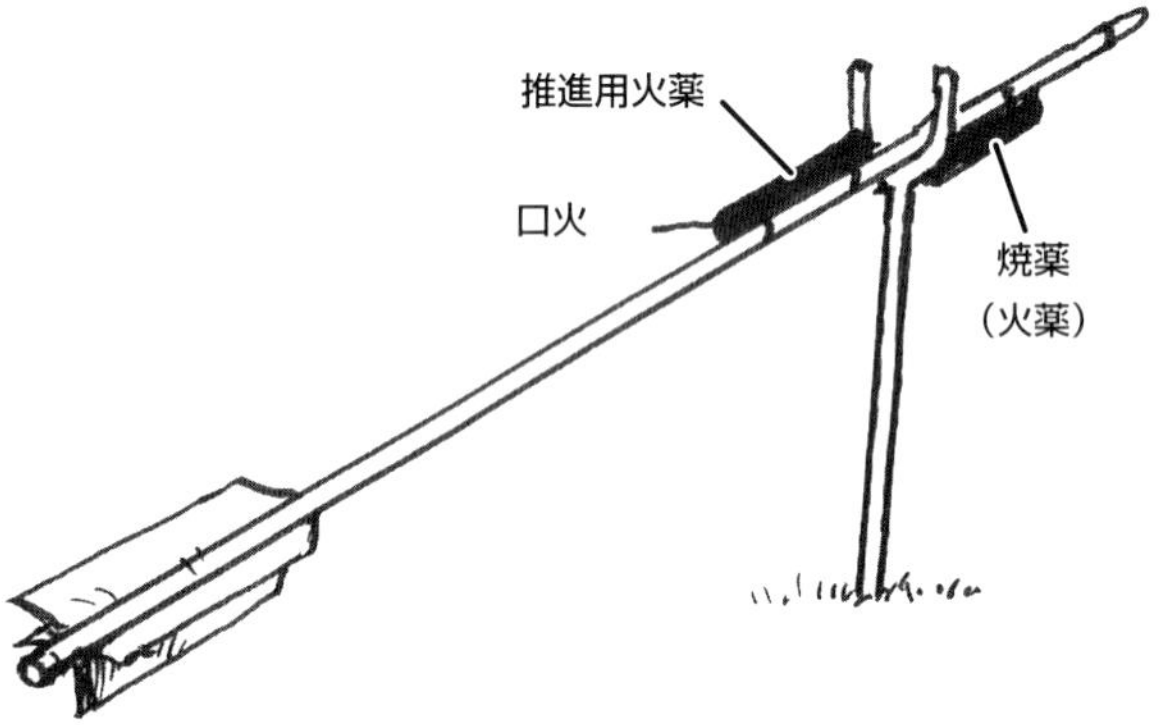

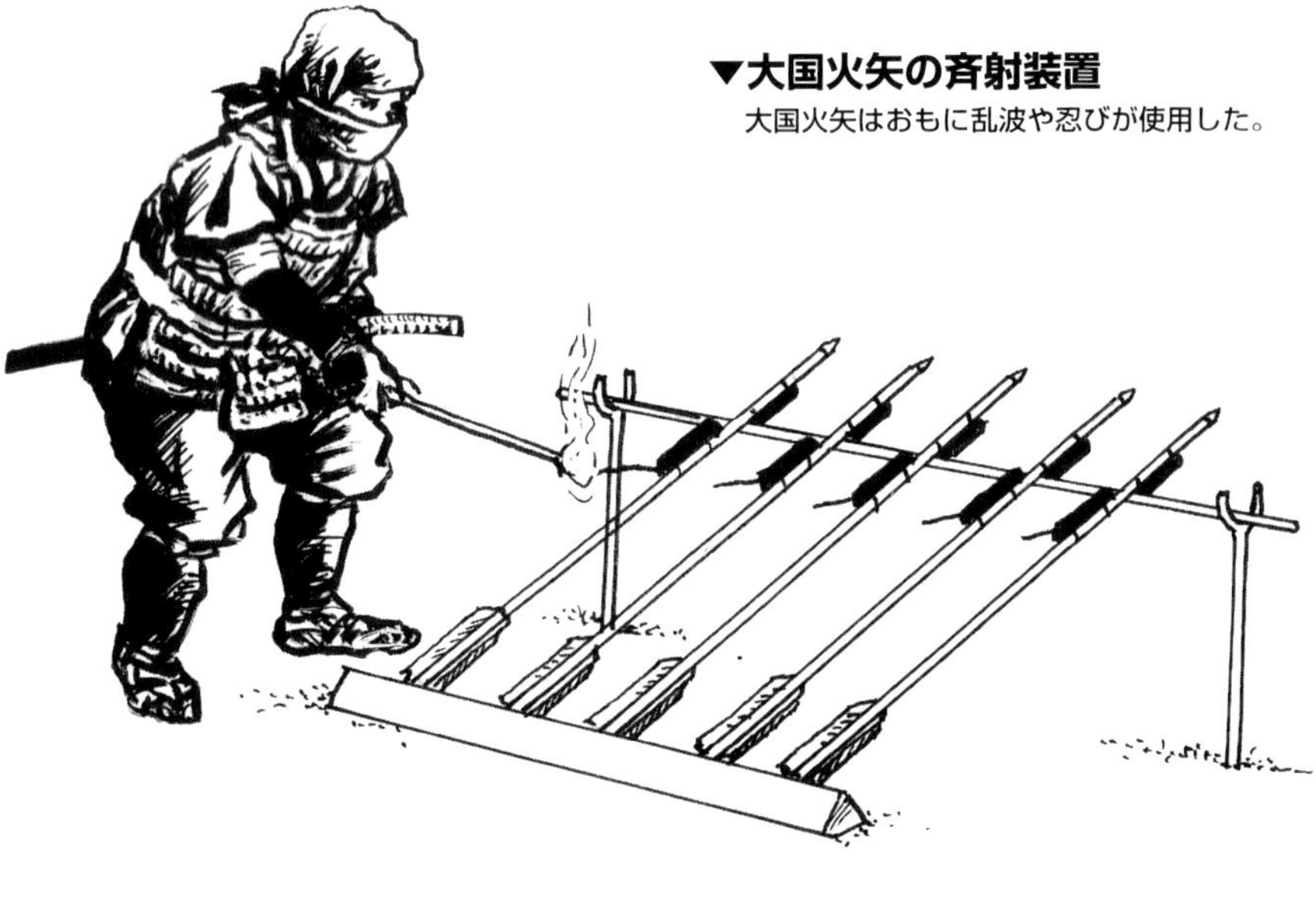

▼大国火矢の斉射装置

大国火矢はおもに乱波や忍びが使用した。

▼火矢の種類

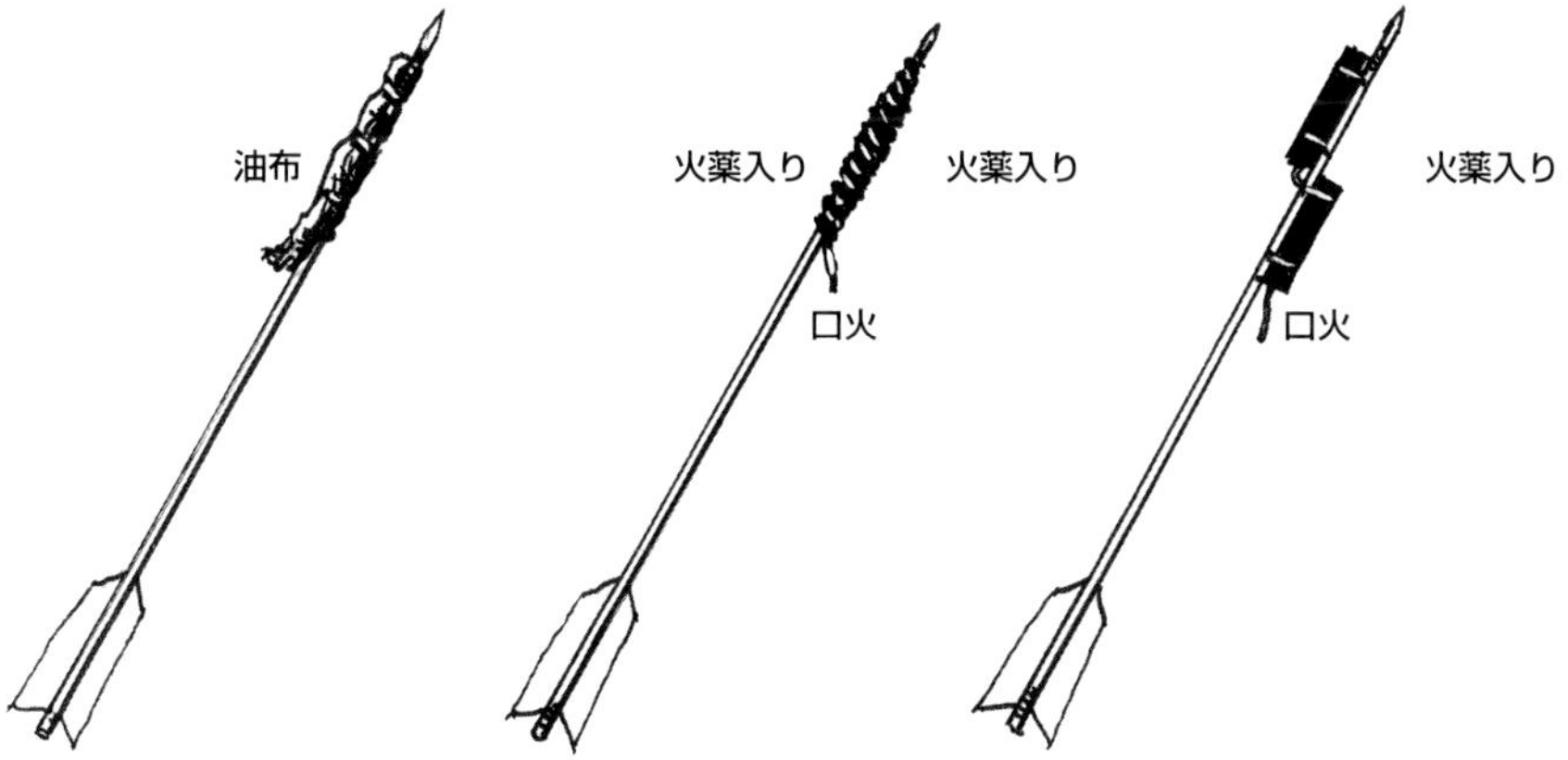

▶黒い部分は薄く伸ばした板状の火薬を張り合わせている。三枚羽根の矢は通常回転して飛ぶため、口火の火は飛行直前に点火し、到達点で大きく燃えるようにする。

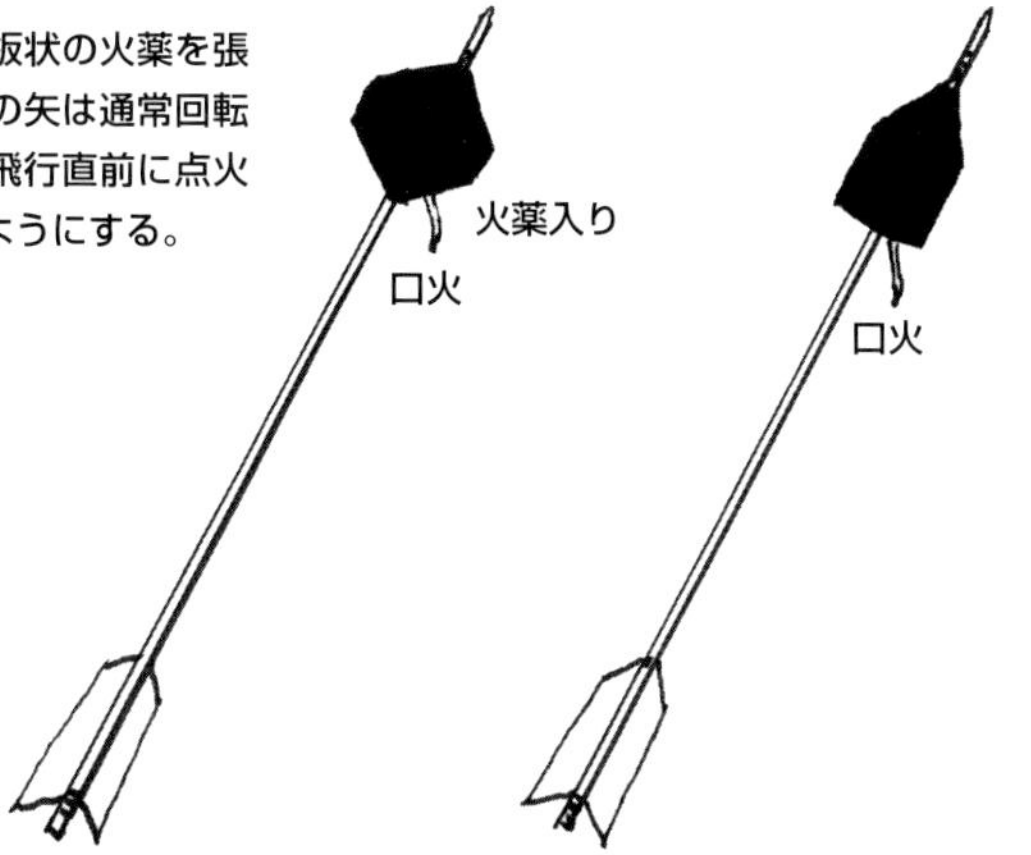

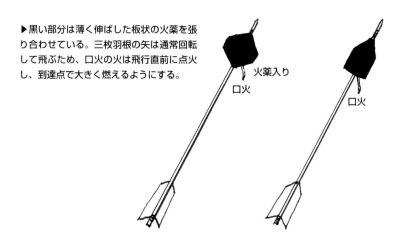

火攻《ひぜ》め②／棒火矢《ぼうびや》

黒色火薬が戦場で多く用いられるようになると、火攻めの兵器も種類が増えていきます。その代表的なものが棒火矢《ぼうびや》です。これは可燃物を装着した棒状の物体を砲に挿入して、発射ガスで前方に打ち出す、現代の銃榴弾のような兵器でした。『通航一覧《つうこういちらん》』という江戸期の資料によれば、棒火矢は寛永の初め、周防《すおう》国（現在の山口県南東部）の人、赤石蔵之介《あかいしくらのすけ》が、また『一貫斎国友藤兵衛伝《いっかんさいくにともとうべえでん》』には播州三木（現・兵庫県）の三木茂太夫《みきもだゆう》が発明した、と書かれています。しかし、このふたり以前にもこうした原始的なグレネード・ランチャーを使用した記録は残っており、どうやら朝鮮の役か関ヶ原のころ、戦場で自然発生的に始まった兵器のようです。射ち出す火矢は、二種に大別されます。ひとつは先端に鉄のキャップをはめ、硝石・硫黄・木炭・樟脳《しょうのう》などの混合剤を塗り込めた火縄を巻きつける純製の放火兵器。もうひとつは、先端の空洞部に同じ混合剤を充填した炸裂弾です。両方とも金属製の四枚羽を付け、飛翔体《ひしょうたい》を安定させています。射出する砲の口径によって二十目《め》・（一匁《もんめ》三・七五グラム×二十）・三十目・五十目・百目・一貫目（約三・七五キログラム）の種類があり、大型のものになると、射ち出しの台を用意しましたが、稀《まれ》に立ち抱えて発砲する射手もいました。射程は最大二十町（六十間・約一〇九メートル）。これで城の櫓《やぐら》や屋根の裏などを狙います。しかし、一種のロケットですから、装薬の分量や到達距離の測定に独特の知識が必要で、なかなかうまく当たらなかったといいます。『雑兵物語・火矢打』の項にも、「治平《じへい》（平和）の時に、殿様が御覧になる原っぱで、味方

▶火箭《かせん》

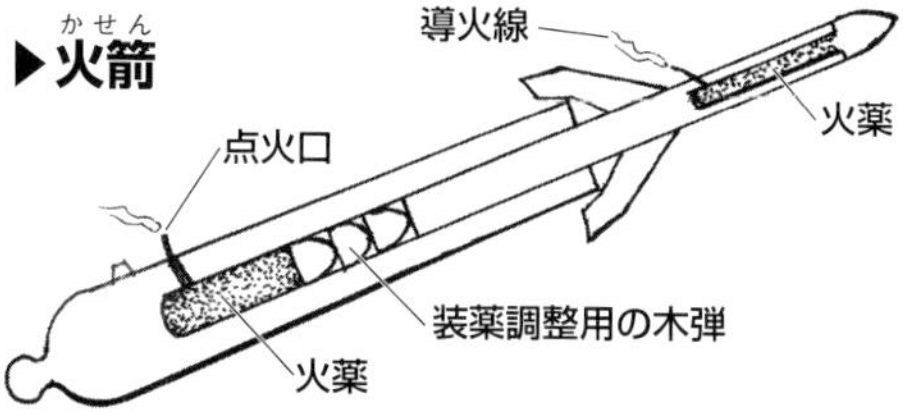

▶棒火矢《ぼうびや》

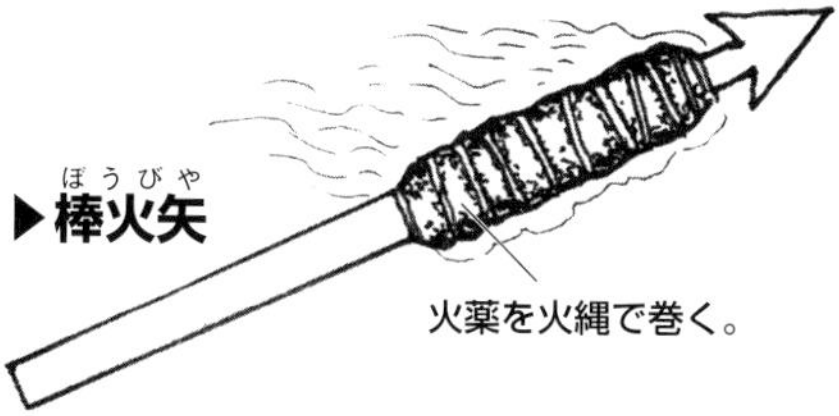

▶炮烙火矢《ほうろくびや》

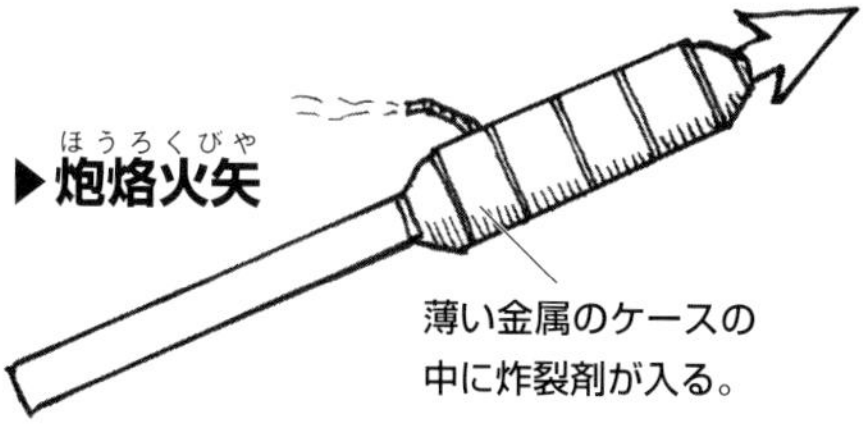

《百匁《もんめ》筒棒火矢抱え打ちの図》

の都合に良いところに的の幕を立てて、ゆっくりと射つようなことは、合戦では所詮できぬことだ」

と棒火矢を馬鹿にするようなことが書かれています。しかし、江戸期一杯この棒火矢は研究が続けられ、幕末、西洋式の大砲による焼夷弾（ブランド・コーゲル）攻撃が一般化すると、ようやく衰退しました。

▼弾除け用竹束

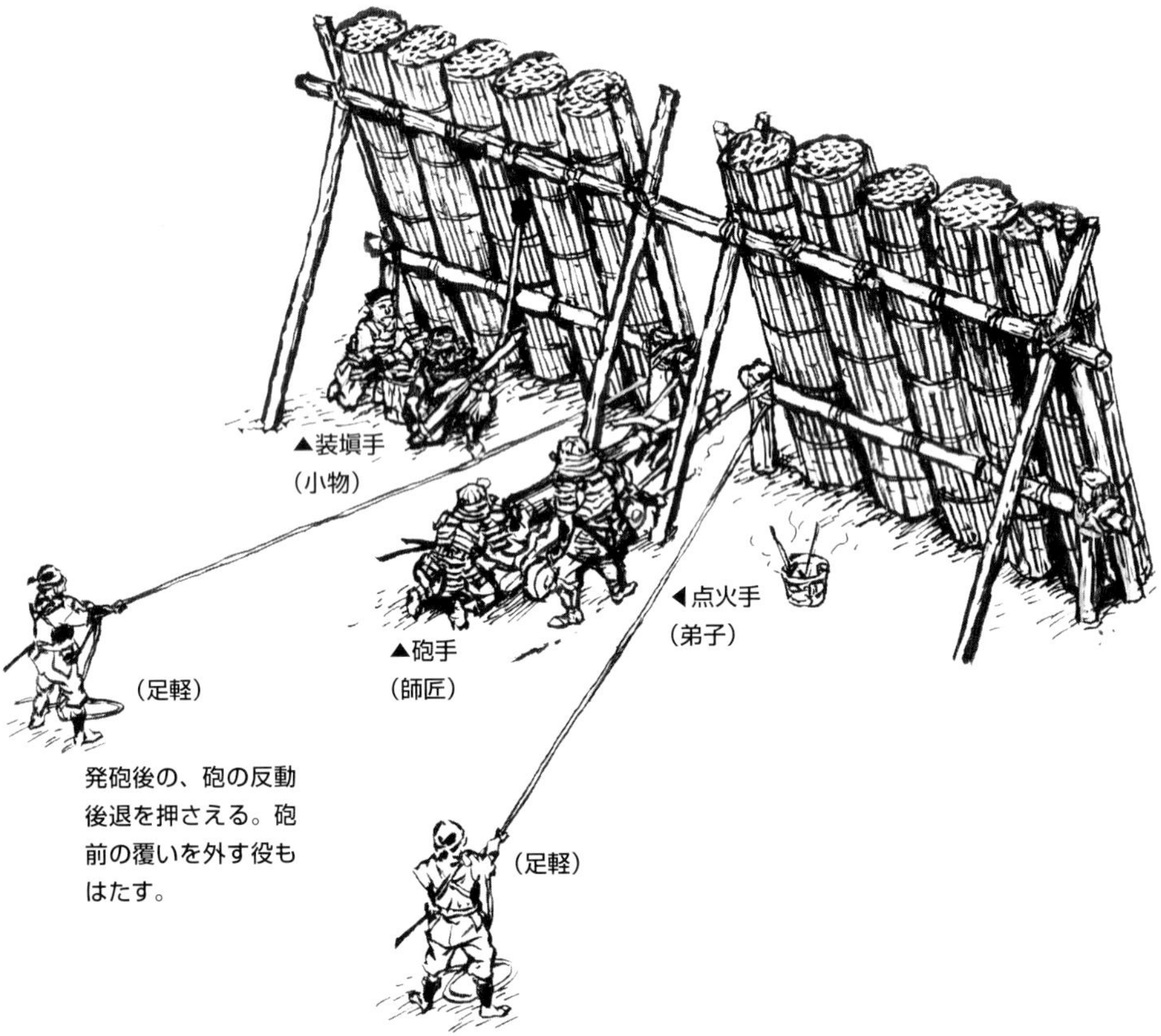

《仕寄車》

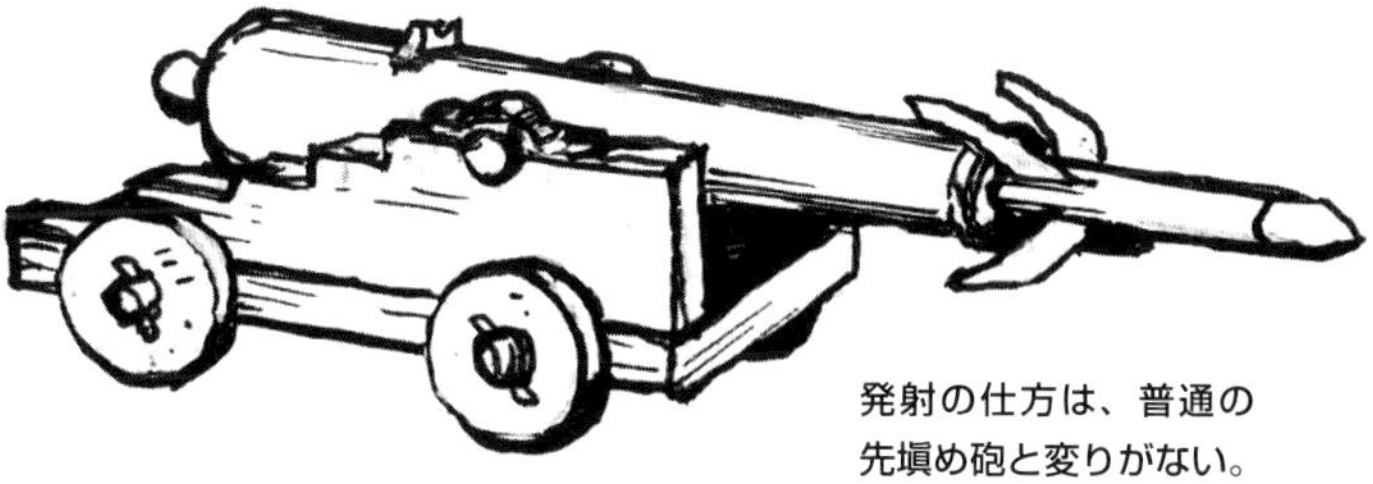

発射の仕方は、普通の
先填め砲と変りがない。

《俵を使った発射台》

木製の砲も多く、これが後の日露戦
争で簡易迫撃砲に発展する。

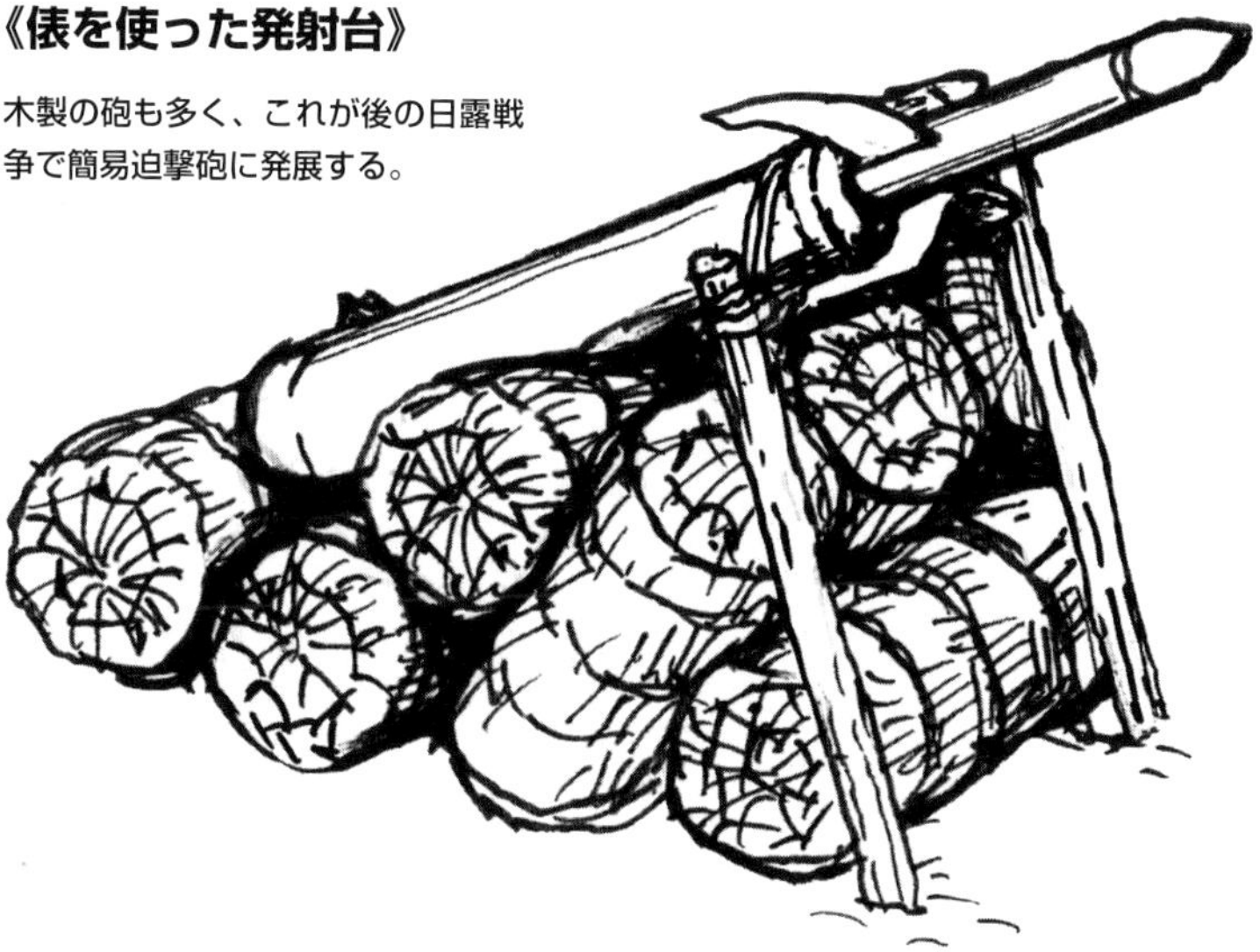

信玄狙撃

戦国時代の射撃術は、現在の我々が想像するよりも、かなり高度な発達を遂げていたようです。

その実例として紹介するのが、天正元年（一五七三年）二月九日夜に起きたとされる武田信玄狙撃事件です。

事の発端は、三方原合戦の数ヶ月後、三河（編注／現在の愛知県中部、東部のあたりを指し三州ともいう）に滞陣していた武田軍が、徳川方の三州野田城を攻めたことからはじまります。包囲された城中に、当時笛の名人として知られた村松芳休がいました。彼は戦いのつれづれに得意の笛を吹いていましたが、ある晩、寄手(編注／攻めて来る側)の陣から出た一挺の輿が、城の堀際に据えられ、笛を楽しむ風情であることに気づきました。輿は城からの狙撃対策として前面に竹束（編注／矢玉を防ぐ盾となるもの）を置き、それひとつ取ってみても敵方の、かなり位の高い人物であることが察せられました。以来、毎晩、輿の人物は芳休の笛が始る時刻に、同じ場所へ来て、演奏が終わると静かに帰って行きます。

「あれは大将の武田信玄に違いない」

なんとか狙撃できぬものか、と考えたのが、鳥井半四郎（鳥居三左衛門）という銃手です。彼は、野田城主菅沼定盈に家康が贈った大口径の十三匁筒（口径約二十ミリメートル）を自在に操ることができました。

半四郎はまず、自分の銃の威力を見極めることから始めます。翌日、寄手の陣中に打ち込んでみると、竹束は貫通できなかったものの、武田方はおおいに驚き、

「その銃を見せてくれ」

と叫びました。半四郎は堂々と堀の上に掲げたということです。しかし、彼はこれ以上の強装弾を込めた肩撃ちには限界があると感じ、射撃台による固定射撃を試みます。

あとは夜間射撃の実行ですが、これには笛の芳休に協力を求めました。彼は連夜決まった位置で演奏します。そこで半四郎は芳休に、笛が終わると堀際に出て、敵の「大将」と自分の定位置との間に白い幣（神仏に捧げる御幣）を立てて帰るように頼んだのです。

野田城の水の手が、武田の金堀り衆によって断たれたのが二月九日。その同じ日、落城を覚悟した芳休の笛は一層冴え渡りました。芳休の傍らに射撃台を据えた半四郎は、銃口を幣と竹束の延長線上に置き、頃合いを見て発射。銃声とともに夜眼のきく野田城の見張りが、

「弾が輿に当たった」

と叫びます。敵陣にはあわただしい動きがありましたが、しばらくしてそれは止みました。

二月十日、武田方は野田城を落とし、城主定盈も半四郎も捕虜となったのです。

この物語は『松平記』『尊徳編年集成』『菅沼家譜』等に記されていますが、研究者の多くは信玄「病死」説をとり、現在、その内容の多くは否定されています。ただ、考証画家の故中西立太氏は生前、狙撃が実際に行なわれたものと信じ、当時可能であった夜間の間接照準射撃について幾つかのイラストを残しています。この想定図も氏の考証に基づいたものであることを記しておきます。

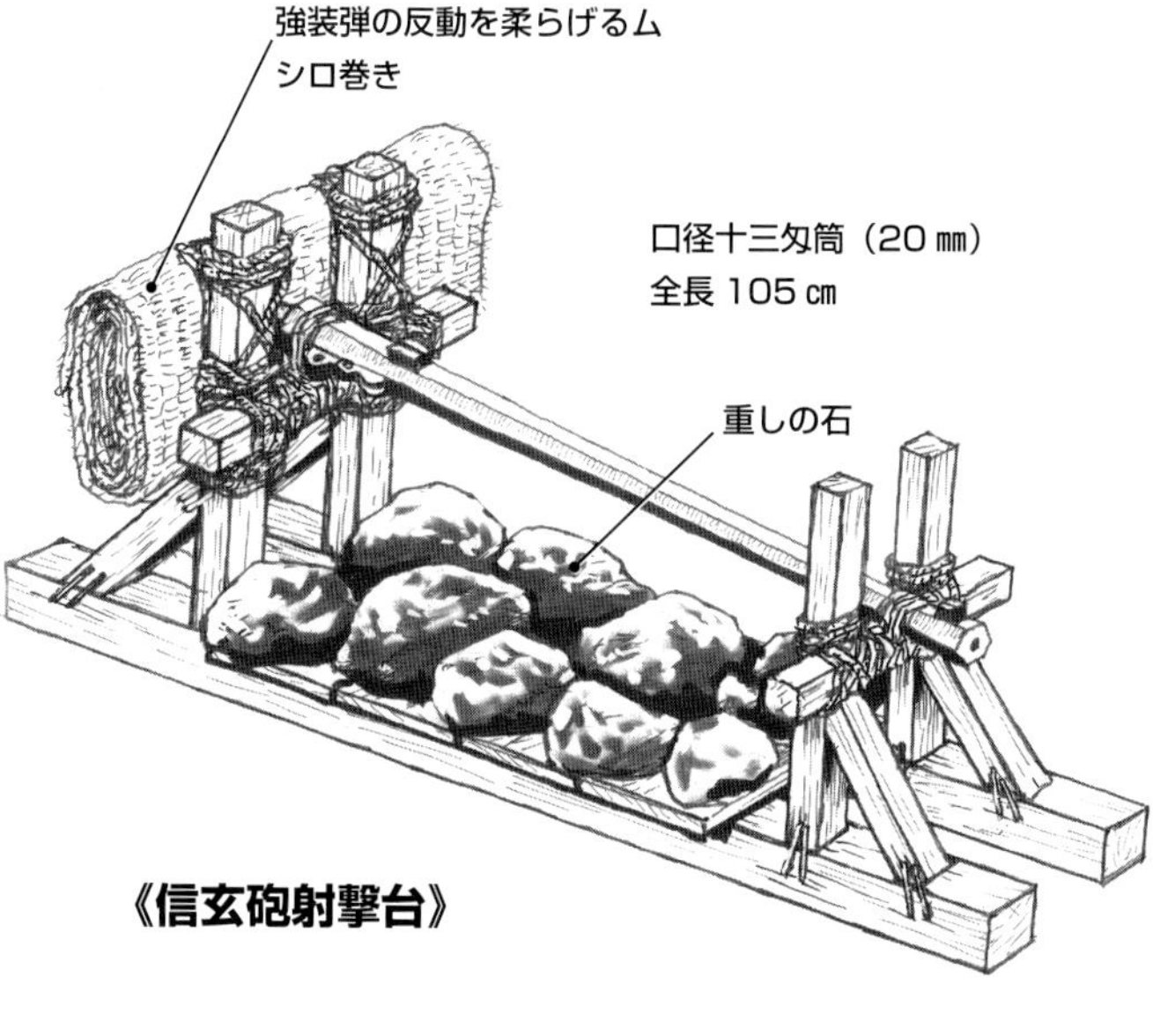

《信玄砲射撃台》

●笛の名人村松芳休は、野田城主菅沼氏の家臣ではなく、たまたま城に逗留するうち、籠城戦に巻き込まれた、と書く資料もある。
　ただ、よほど諸国に知られた人らしく、この人が場内に籠っている、という情報が無ければ、信玄もわざわざ危険な堀際に竹束を立てて演奏を聞くということは無かっただろう。

◀村松芳休

●銃の据え付け台は、鉄炮鍛冶が銃身の耐久実験に用いる試し台に酷似している。台を製作したのは野田城に篭城中の番匠（大工）だろう。

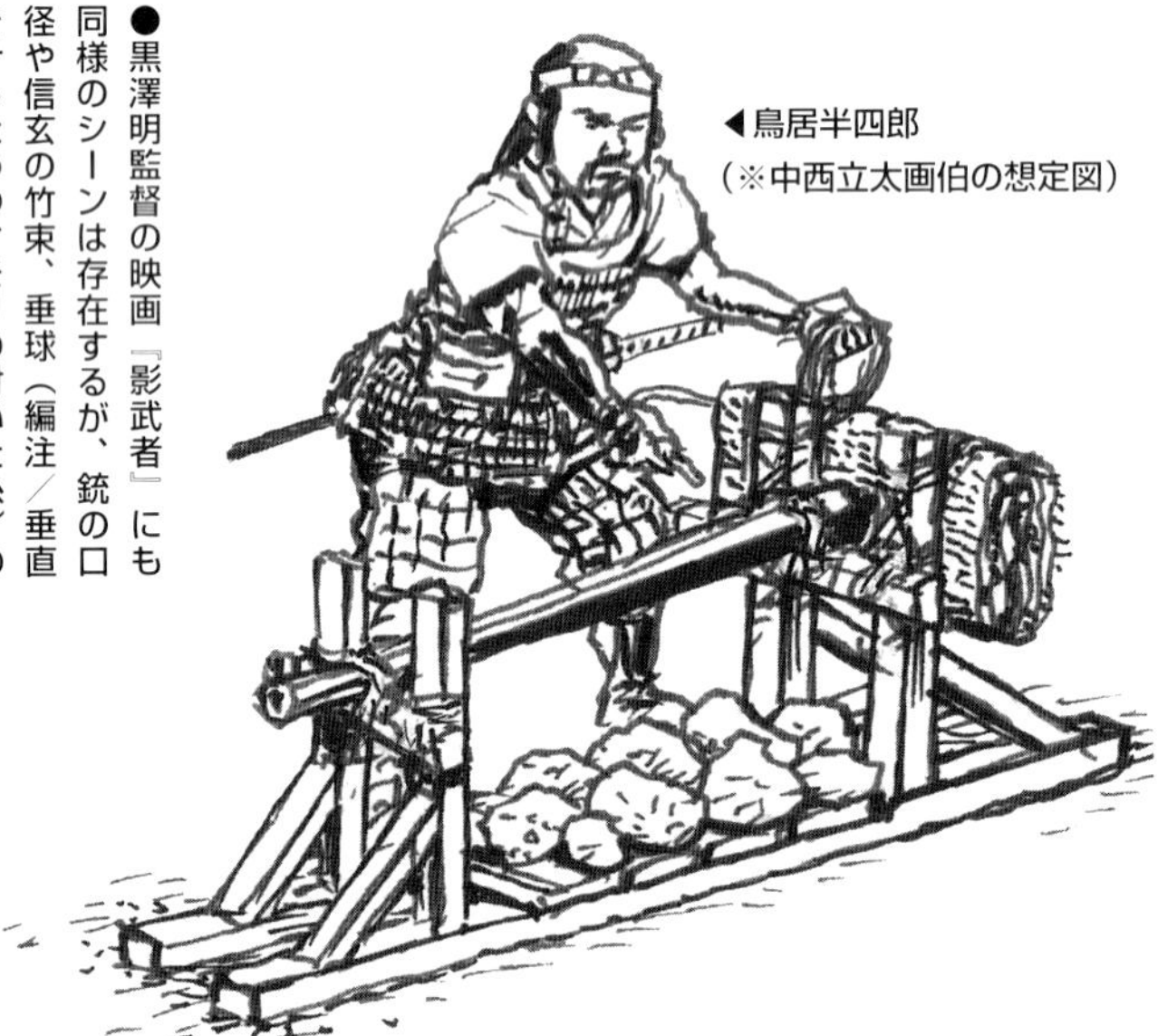

◀鳥居半四郎
（※中西立太画伯の想定図）

●黒澤明監督の映画『影武者』にも同様のシーンは存在するが、銃の口径や信玄の竹束、垂球（編注／垂直を計るためのオモリの付いた糸）の用い方などに不可解な点が多い。

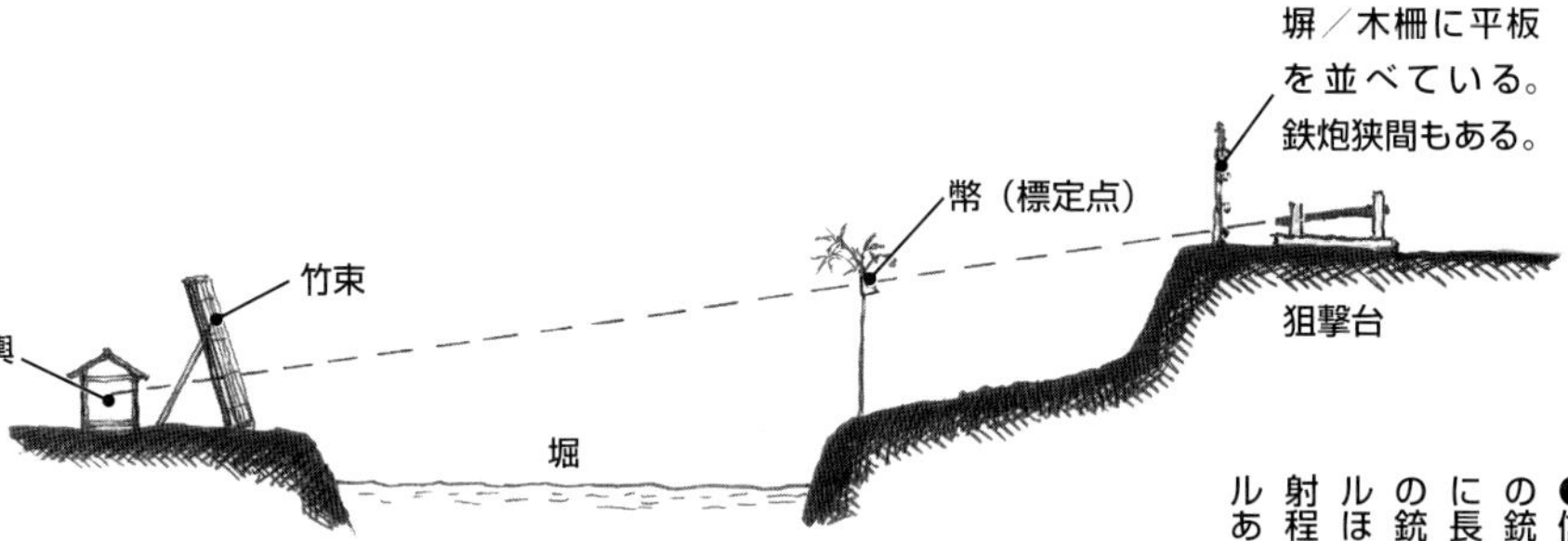

●信玄狙撃の銃と十三匁筒の銃身は、愛知県の宗堅寺に長く伝わっていた。通常の銃は有効射程三百メートルほどだが、この銃の推定射程は五百から六百メートルあるという。

●狙撃台と幣による標定点、その延長上にある標的信玄の関係。標定点が複数あれば、射線はより正確となる。これは太平洋戦争中、日本軍の夜襲に備え、米軍の機銃座が行なった射撃法と同じ。「闇夜に鉄炮」ということわざもあるが、夜間照準には特殊な技術が必要だった。

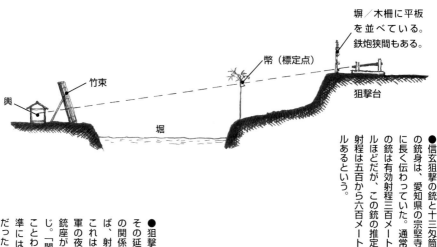

騎馬鉄砲

騎兵の突破力に鉄砲の打撃力がプラスされた兵種なら、戦場では抜群の威力が発揮できる……と誰もが考えます。しかし、これを戦国時代、実際に運用しようとすると、多くの困難が立ち塞がりました。揺れる馬上では、先込め式の火縄銃は装填がむずかしく、小型日本馬の鞍へ取り付けるには種子島タイプの長銃身は不向きです。なによりも高音に敏感で神経質な馬の耳元で発砲などしようものなら、射手は即座に振り落とされてしまうでしょう。

こうしたハンディを少しずつクリアして「騎馬鉄砲」兵が出現したのは、一五八〇年代に入ってからのようです。天正六年（一五七八年）秀吉の播磨三木《はりまみき》城攻めでは、三木城方の騎兵が近接戦闘時に鉄砲を使用して「秀吉方百五・六十人馬より打落さる」（『別所長治記《べっしょながはるき》』）という記録があり、それから六年後の天正十二年（一五八四年）小牧長久手《こまきながくて》合戦の際も、徳川方奥平信昌《おくだいらのぶまさ》の兵が、「馬上の侍どもひしひしと（鞍から）降り立ち、鉄砲を以《もって》」（『太閤記』）羽柴方の兵を射撃したと書かれています。

こうした騎兵鉄砲の実用化は、比較的短銃身の「馬上筒《ばじょうづつ》」採用と、馬の新しい訓練法が開発されたことによるものと思われます。

全長四十センチ以下の馬上筒は、鞍上での操作も楽で、携帯にも便利でした。馬を銃声に馴れさせるには、若駒のうちから定期的に銃撃の音を聞かせます。これは現代のハリウッドで、西部劇に用いる馬に施す方法と全く同じで、初めは小口径の空砲《ブランク》を耳元で放ち、少しずつ火薬量の多い空砲に変えていくというやり方です。

奥州伊達家は慶長年間、公称「八百騎」という短銃装備の騎兵を編成し、「ところどころの戦に馬上より鉄砲一放《ひとはなち》と定めて打たするに、中《あた》らざる玉は稀《まれ》なり」という評判をとりました。元和元年（一六一五年）、彼らは大阪夏の陣「道明寺合戦《どうみょうじ》」において真田家と死闘をくりひろげ、世間を驚かせる大活躍を見せるのです。

▲鞍の前にホルスター。

●左図の一番上、馬上筒「宿許」は大坂夏の陣で真田幸村が使用したといわれる全長六〇センチ。火鋏みが常に上がっていて引き金を引くと、火蓋がバネで自動に開き着火する方式と言われるが、それは伝承の間違いである。

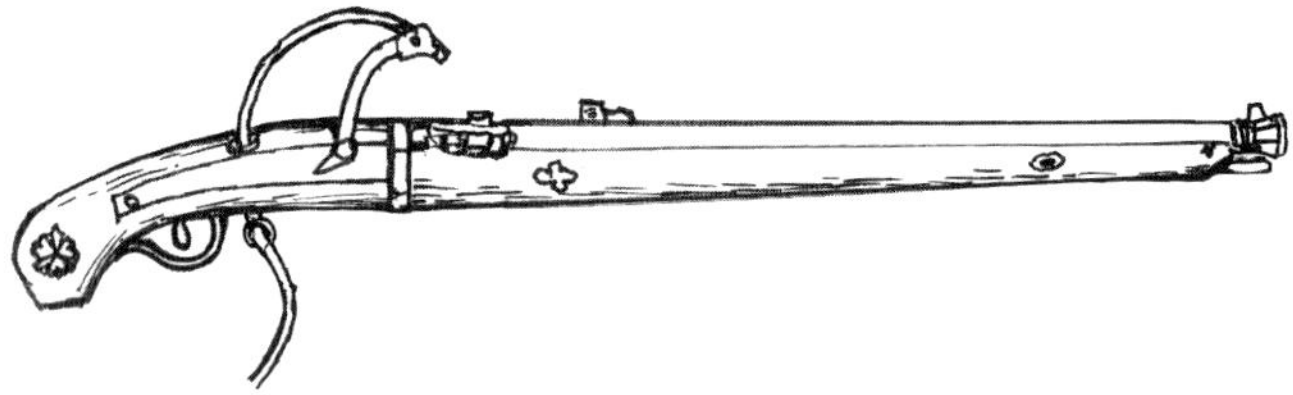

▲馬上筒「宿許」 全長 60 ㎝

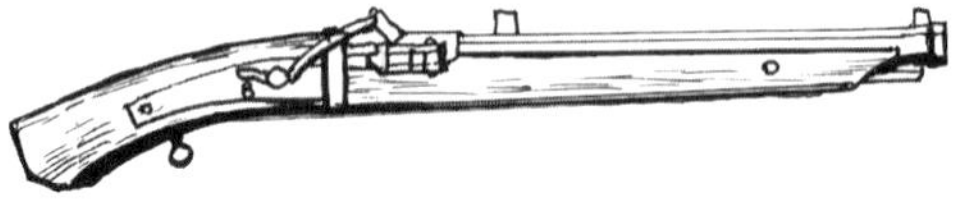

▲馬上筒　全長 40 ㎝前後

▲馬上筒（短筒） 全長 35 ㎝以下

●馬上ではひとつ弾だけではなく塵砲（散弾）を放つことも多い。馬上武者のまわりに集まってくる雑兵の集団には、こちらの方が効果的である。

●短筒と馬上筒の定義を短筒は片手、馬上筒は両手で射てるものとする研究家もいる。

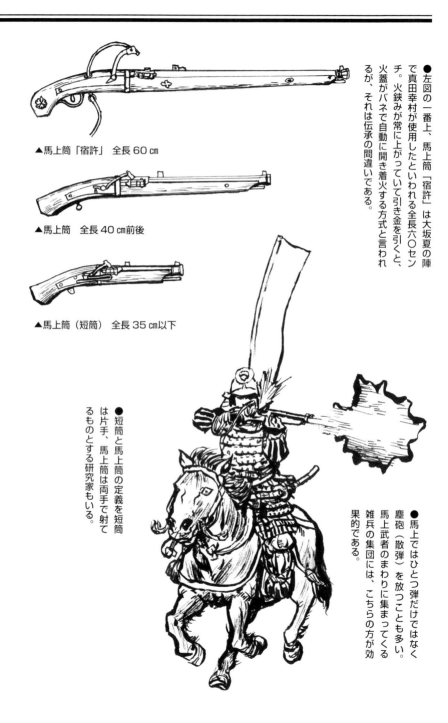

●西洋にも十六世紀末から短銃を装備した騎馬鉄砲兵が出現し、十七世紀には「カラコール（旋回騎兵銃）」が花形となる。彼らは日本の騎馬鉄砲と異なり、射撃後の白兵戦を行なわない。高価なホイールロック（機械式火打石銃）を放ちながら敵前で発砲旋回を繰り返すのみで、その戦闘効果の薄さから十七世紀末には廃れてしまった。

▼西洋騎兵のホイールロック式ピストル

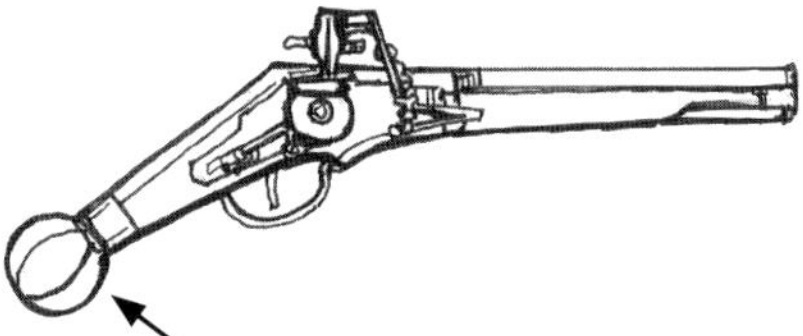

▶カラコール騎兵戦術の先鋒レイター（ピストル騎兵）。銃を三〜四丁装備。通常のカラコール騎兵は鞍の前にあるホルスターに二丁を装備。

●馬上筒は、鞍の前輪の四方手（胸懸や障泥の緒を結ぶ部分）に革製のホルスターで装着する。通常この位置は、敵の首などを獲った時に吊るしておく場所。

仏郎機砲《フランキ》「国崩《くにくずし》」

大砲という、火薬を用いて敵を攻撃する大型兵器が登場したのは、十四世紀のころ、とされています。初めは城郭《じょうかく》都市の外壁面を破壊することと、その発射音で敵を圧迫し、味方の士気を鼓舞《こぶ》することがおもな目的でした。

その操作には当然のこと、火薬の知識、原始的な弾道学、運搬や修理技術などが必要でしたから、ルネサンス期のヨーロッパでは運用も多くの場合、マエストロ（親方）に率いられた技術傭兵《ようへい》集団が担いました。一四三〇年、スコットランド王のジェームスⅡ世は、無謀にも自らの手で大砲を操作しようとして暴発、世界で最初に火薬の力で死んだ王という不名誉な称号を与えられています。

我が国にこの種の兵器が渡来した記録でもっとも古いものは、九州の大友氏を描いた『大友興廃記《こうはいき》』流言の条でしょう。

「去程《さるほど》に天正四年丙子《ひのえね》（一五七六年）の夏、南蛮国より大《だい》の石火矢《いしびや》到来す。肥後国《ひごのくに》（現・熊本県）より修羅《しゅら》をもって豊後臼杵《ぶんごうすき》（現・大分県）丹生島《にうのしま》までひかせらるる。宗麟《そうりん》公御悦喜なされ国崩《くにくずし》と是《これ》を号《ごう》せらるる」

この有名な大石火矢は、初めポルトガル人が原型を中国に持ち込み、この地で模造されたものの中の一挺と推定されます。豊後の大友宗麟は、早くからイエズス会に大砲の送付を依頼し、永禄三年（一五六〇年）京の将軍足利義輝にも石火矢を献上していますが、これはかなり小型の砲であったようです。

国崩は種別で言うとブリーチ・ローディング方式です。砲丸と火薬をチャンバー（子砲《しほう》）に詰め、これを手元にある薬室に装填する、いわゆる元込め式です。

チャンバーは、いわば鉄砲の早合《はやごう》のようなもので、あらかじめ定量の火薬と弾丸を詰めておき、これを人夫数人で運んで来て薬室にはめ込みます。弾丸は、石または金属のムク弾で、それ自体は炸裂しません。

このチャンバーは、ただはめ込むだけではなく、砲尾側面から木栓《もくせん》を木槌《きづち》などで打ち込んで薬室内に固定して使用します。

薬室が筒の後尾に内蔵された先込め式に比べて弾薬の装填には便利でしたが、完全密閉式ではないために発射ガスが隙間から噴射してしまう事故も多く、射撃の際は相当の慣れと度胸が必要とされていました。

《国崩《くにくずし》》

靖国神社蔵

全長 298 ㎝
口径 95 ㎜

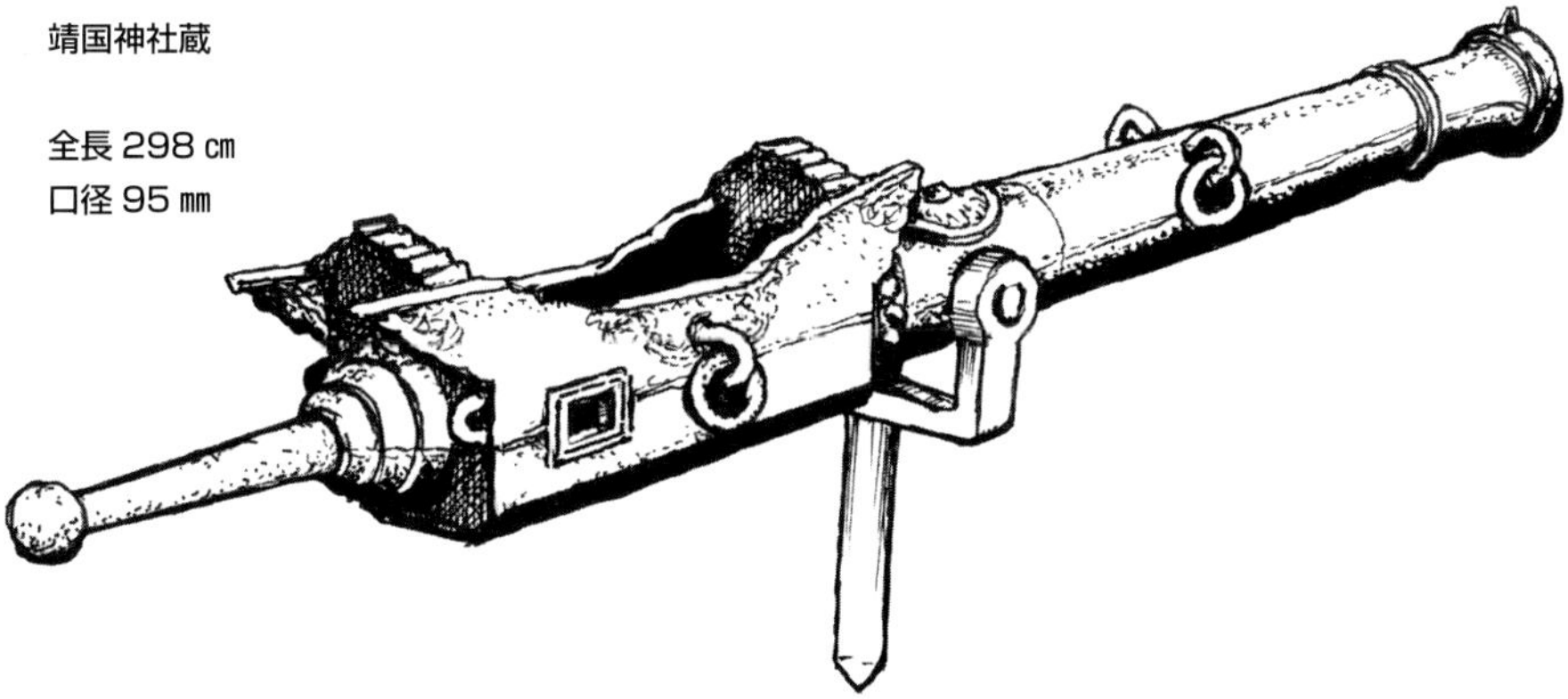

●考証画家中西立太氏は生前、この仏郎機砲の大坂城砲撃について「一番大変だのは、着弾測定と、砲撃修整だろうね。なにしろ砲弾が破裂せず、建物内に吸い込まれていくだけだから。砲撃効果を知るには、僅かな土煙の観測しかない。おそらく、城内に多く潜む内通者の、鏡の光や旗の合図で少しずつ着弾を修整していったのではないだろうか」と語っていた。

●国崩（仏郎機砲）は渡来から二年後の天正七年（一五七八年）、早くもその威力を発揮した。丹生島城を包囲した薩摩島津家の大軍に対して城中から発砲。弾丸は約三百八十メートル離れた島津本陣の柳の木に命中して、多くの圧死者を出したという。『大友興廃記』には、「火薬一貫目《かんめ》（約三・七五キログラム）を込めた後、大玉の他に小玉二升《しょう》（約三・六リットル）ほど、四匁《もんめ》五匁または六匁の玉を入れた。（中略）大手口から三町《ちょう》五反《たん》の距離を射ちかけ、その響きは堀や海にこだました」とある。

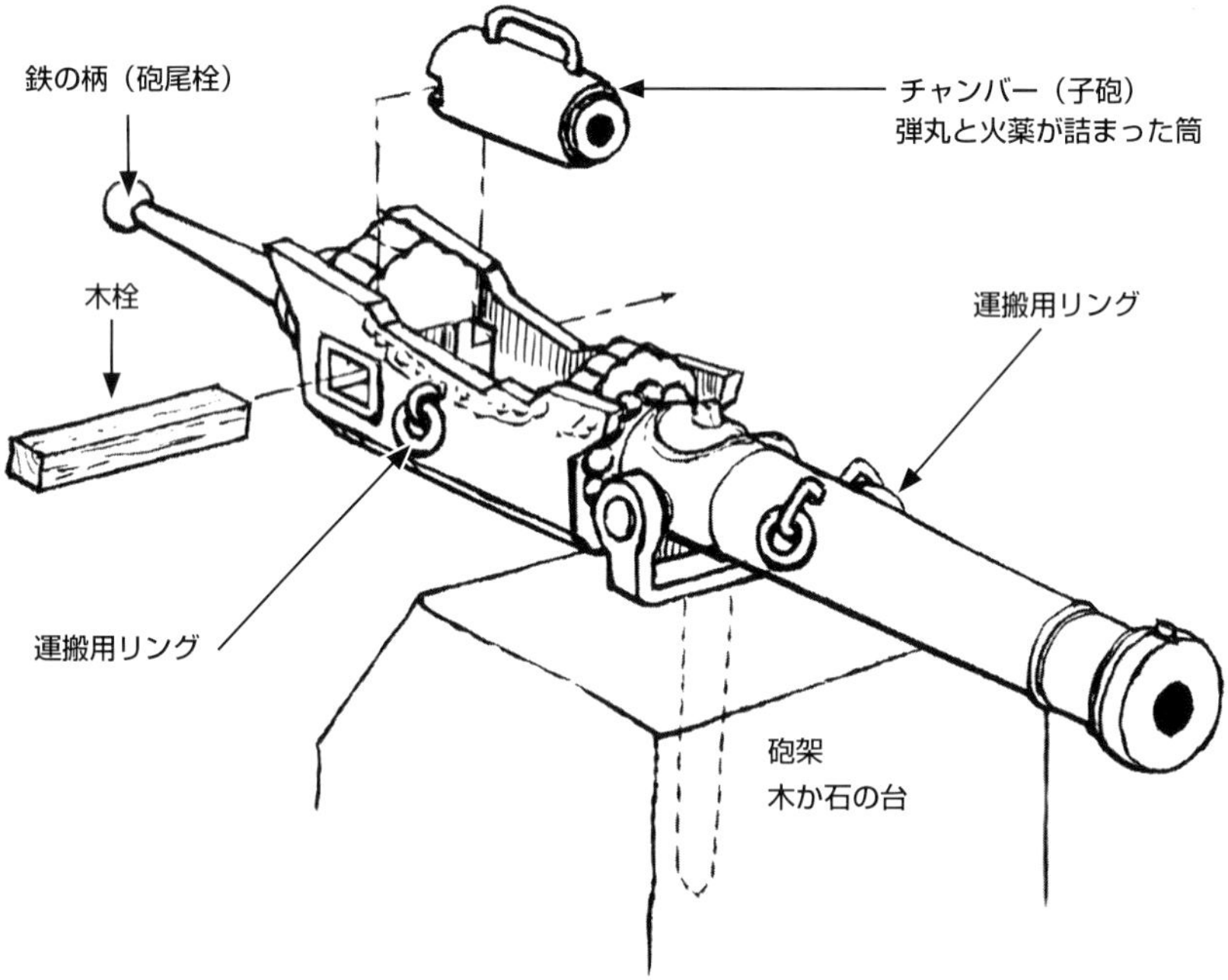
鉄の柄（砲尾栓）
チャンバー（子砲）
弾丸と火薬が詰まった筒
木栓
運搬用リング
運搬用リング
砲架
木か石の台

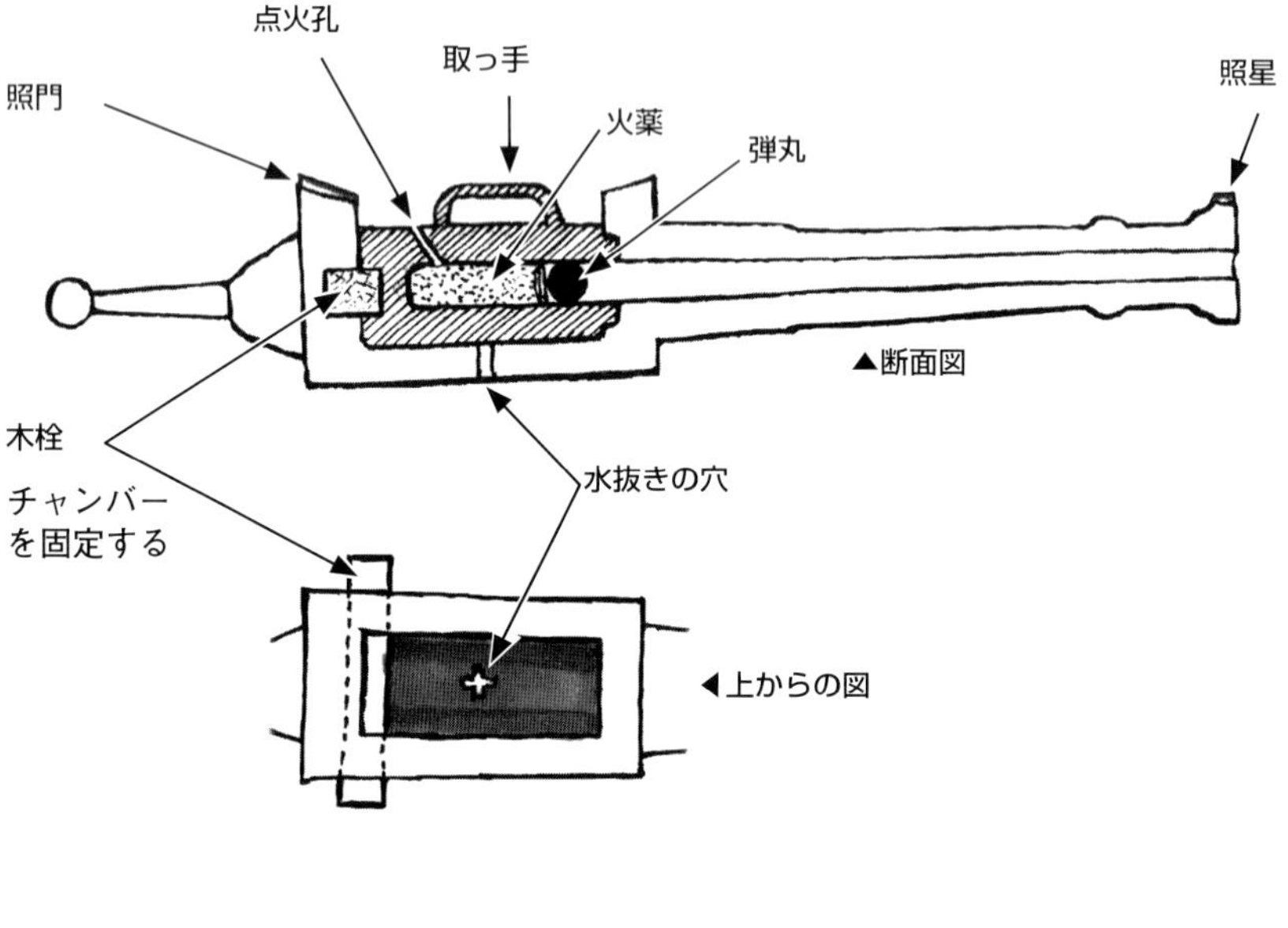
点火孔
取っ手
照門
火薬
弾丸
照星
▲断面図
木栓
チャンバー
を固定する
水抜きの穴
◀上からの図

▼砲の発射手順

①木栓を押しこみ装薬装弾されたチャンバー（子砲）を固定する

②砲手が目標に照準を合わせ点火手が点火孔に火をいれる

③発射！目標に命中させるのは至難の技だ

●石火矢（仏郎機砲）の操作は、当時の日本人にはすこぶる難しいものであったようだ。ルイス・フロイス『日本耶蘇会《やそかい》年報』に、「大砲は日本には甚だ稀にして、これを操縦せし者、また稀なり。この際、偶然にも薬室の装塡を知る黒人トマルチョニというキリシタンの兵士あり。これは薩摩兵には、驚くべき珍しき者なり」とある。この黒人は肥前のキリシタン大名ドン・プロタジオ（有馬晴信《ありまはるのぶ》）が所有する二門の砲の操作もしたという。

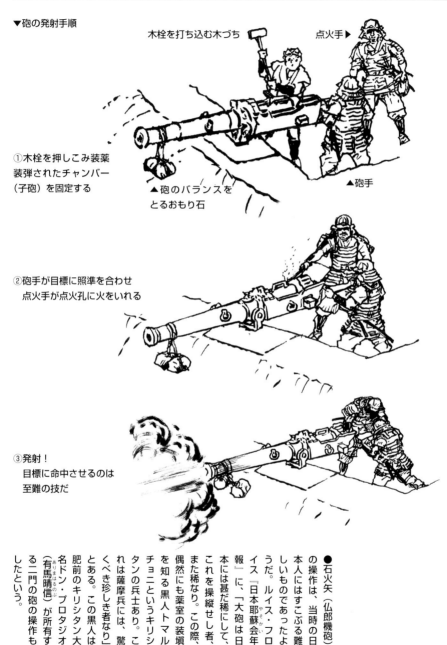

大阪城に射ち込まれた砲弾

慶長年間の鉄砲職人たちは、大型火砲を「大鉄砲《おおでっぽう》・大筒《おおづつ》・大砲」と明確に区分けしていたようです。大鉄砲は基本的に火縄銃を大型化したもので、操作・製造法もほとんど変わりがありません。大筒は鉄板を張り合わせて砲身を作るところは火縄銃と同じですが、その鍛錬《たんれん》法がより大規模で、点火も差火《さしび》式になります。また数え方も一挺《ちょう》ではなく一張りと呼びます。そして大砲は独特の操作法を必要とする後部装塡式の仏郎機《ふらんき》（石火矢）を指しました。この砲は多くの場合、鍛鉄《たんてつ》ではなく鋳物《いもの》の型抜きで製造しますから、梵鐘《ぼんしょう》や仏像を作る鋳物師《いもじ》集団の協力が欠かせませんでした。

文禄・慶長の役が始まると、大名諸侯はこのような構造の異なる雑多な火砲を朝鮮半島に持ち込み、あるいは捕獲して持ち帰りました。そして大坂の陣が開始されると、これら莫大な量の大型火砲が浪花《なにわ》の野に集結することになります。

豊臣方の籠る大阪城は、周囲三里（約十二キロメートル）という巨大な城塞都市でしたが、城の北部が天満《てんま》川を天然の堀としているため、逆にこのあたりまで接近すれば、城の本丸に最も近い距離での砲撃が可能でした。

徳川方は射程距離のさほど長くない仏郎機のほかに、オランダやイギリスから新たに購入したセーカーやカルバリンと呼ばれる最新式の前装砲を配備しました。これには家康の相談役三浦安針《みうらあんじん》ことウイリアム・アダムスらの入れ知恵があったものと思われます。一五八八年七月、スペインの無敵艦隊《アルマダ》と戦ったイギリス艦隊は、大威力ながら射程の短いカノン砲装備のスペイン船に対し、長射程のカルバリン砲で圧倒しました。当時の砲弾は多くが炸裂弾《さくれつだん》ではないため、ピンポイントの長射程狙撃に特化した方が優利であることを、航海士あがりのアダムスは知っていたのでしょう。

慶長十九年（一六一四年）十二月五日。九州から船便で送られたこれらの輸入砲は、同月の十六日、早くも大阪天満川の湿地帯にある備前島《びぜんじま》の砲台に据えつけを完了しました。以後四日間、昼夜かまわず発砲が続き、大阪方の心胆を寒からしめて、ついに冬の陣講和のきっかけを作るもとになったのです。

●砲尾が開放された仏郎機《ふらんき》と、砲尾が密閉された日本製の張り立て筒の現物は以前、野外に置かれていたが現在は東京靖国神社遊就館のエスカレーター上に展示されている。日本製大筒の砲身は肉厚でかなり口径が小さい。これは一貫目(3.75kg)の弾を 1500 m程飛ばしたという。一方、大阪方は朝鮮の役で捕獲した明国製の砲を大量に装備していたが、火薬の不足に悩んだ。唯一の反撃記録は、城の松屋町口から浅野但馬の陣を狙った五・六斤の小口径弾である。徳川方はこれを木砲の弾と分析している。

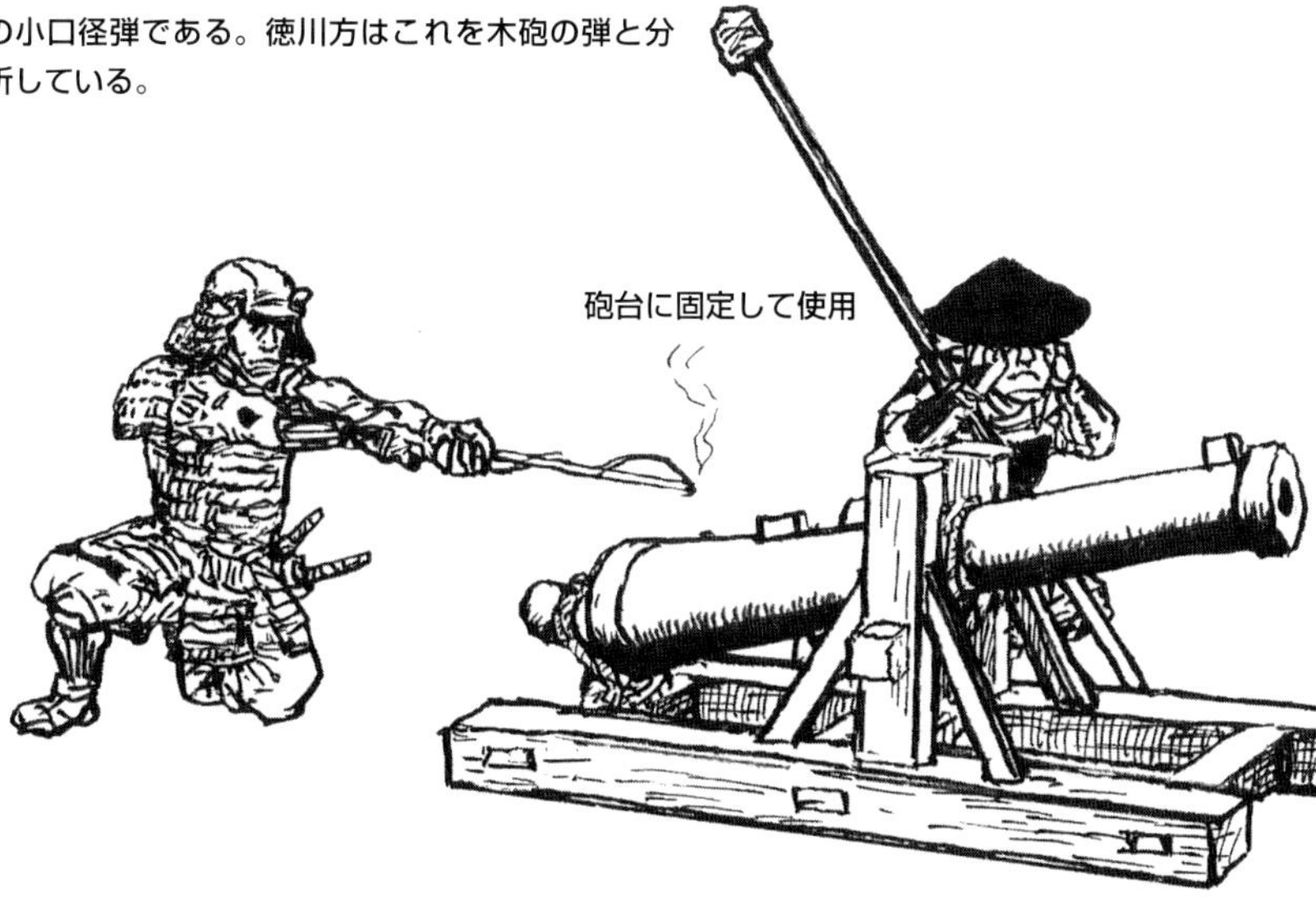

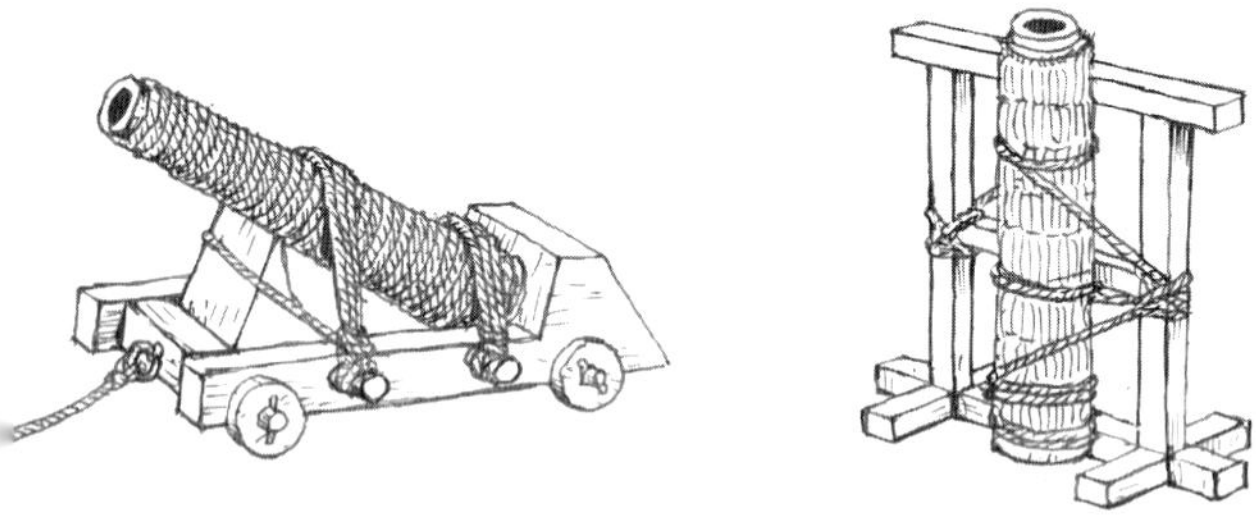

◀右は狼煙《のろし》や高角度で近接砲撃を行なうための木砲。左は曲射砲。桶《おけ》造りの要領で木を張り合わせ、竹と縄を固く巻く木砲は、強力な火薬が使えないため、金属弾の発射には向かない。通常は小石を詰めた散弾発射か、棒火矢の発射筒に用いる。

◀薬室に子砲を用いるブリーチ・ローディング方式の他にも、戦国時代には幾つかの別型式が存在した。鉄板を巻き固めて、砲尾を完全に密閉したこのレザーカノンは、ブリーチ式よりも遠距離射撃が可能であったが、口径の小さな弾しか発射できず、火薬の残滓《ざんし》（残りカス）掃除が充分ではないと、すぐに暴発事故を起こした。

※戦国期の口径は雑多で、ここでの表記はあくまでも目安です。

鉄砲　口径／標準型は 14 ㎜前後

大鉄砲 口径／ 27 ㎜前後

大筒 口径／ 27 ㎜以上、最大 85 ㎜

大砲（仏郎機）口径／ 70 ㎜以上

▼前装砲

▼砲撃指南のオランダ人

●慶長十九年（一六一四年）十二月十八日、豊臣秀吉の命日の日に、淀殿が大阪城の社殿に詣でることを知っていた徳川方は、その正確な位置を狙った。「あやまたず淀殿の居間の櫓を打崩したり。（中略）側に侍りし女房七、八人たちまち打殺され、女童の泣き叫ぶことおびただし」（『徳川実紀』）これでパニックを起こした淀殿は秀頼を促して講和を結ぶ。大阪落城の運命はこの時、定まった。

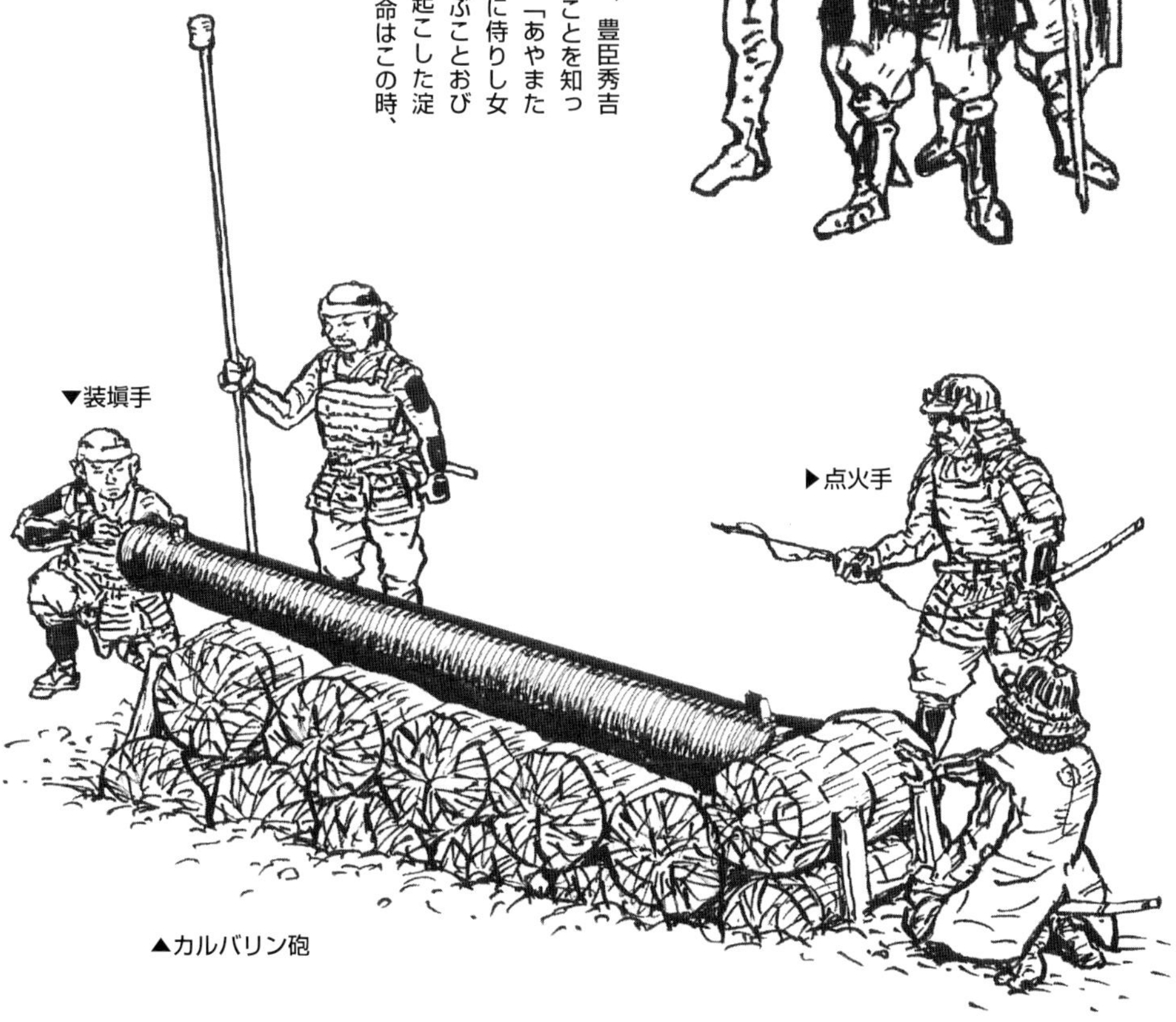

▲砲術家

〔あとがき〕

学生時代の私は、ホビー雑誌に原稿を書いたり、モデルガン屋でバイトして、一人暮らしを楽しんでいました。

大学では漫研に所属し、まあ、OTAKUの走りみたいなものですが、一九七〇年代後期にはそんな言葉も一般的ではなく、中央線沿線に巣食うただの変態趣味人扱いでした。たまに電車で学生が漫画を読んでいると、見知らぬ乗客が近づいて来て、下らぬものを読んで学生の本文を忘れたか、と叱りつけ、そういう人が大手A新聞の読者欄で賞賛される、そんな時代です。

ネットの無い社会では、同好の士は個々に孤立して交流も少なく、たまに接触があれば、その団結度は今より濃厚なものでした。

イラストレーター上田信氏とのつき合いも、そうでした。先日、氏との出会いからの年月を指折り数えてみたところ、普通の会社員が真面目に勤続年数を重ねて、定年に達する頃合いと知って愕然《がくぜん》としました。

なにしろ、学生時代から記事にイラストを添えてもらい、編集者になってからは毎月のページを発注し、フリーになって最初の本を出版するときもごっそりと挿絵をいただきました。何かもう上田氏は私にとって、大恩人という言葉でも言い尽くせないほどの存在なのです。

考証画家の故中西立太氏とのつき合いも、この上田氏との交流がきっかけでした。

最初は『信長の野望』というゲームの原作を書いた頃、そのカバーを依頼したのですが、間に立つ編集者の頼み方が悪かったのか、にべもなく断られました。ところが、しばらくして、中西氏から突然電話がかかって来て、

「あんたは、信ちゃんと長いつき合いなんだってね。悪いことしたと思って原稿読み直してみたら……」

気に入ったから、仕事ではないけど、私がやっている時代考証の勉強会に参加しないか、というお話です。行ってみると、それが武具甲冑研究家、笹間良彦先生のお宅でした。その後、名和弓雄氏、映画の小道具会社、模擬合戦の殺陣《たて》の人々といった風に知り合いの輪が広がっていって現在に至る、という具合です。

ここで我々の仕事のやり方を少し書いておくと、まず文章有りきで、原稿が出来上がると、それに合わせてイラストの概要を上田氏と口頭で打ち合わせします。次に実際に描いて欲しい図柄資料を送ります。どうしても手元に資料が集まらず、上田氏のところにも無いとなると、私が下手なイラストを描いて送り、氏がそれをきれいに書き直すことになります。こういう文章とイラストのキャッチボール方式は、編集者時代、名和弓雄氏から多くを教わりました。

思えば、名和氏、中西氏、笹間先生、いずれも今は物故され、現在の出版界は考証よりも、華麗な歴史イメージ画を優先する傾向にあります。

我々「チーム上田」は、この現状を何とか止揚《しよう》して、先人諸先生たちの仕事を引き継いで行きたいと思い、力足らずですがあえてこんな本を出してみました。

御読了感謝します。

著者を代表して

東郷 隆

《おまけのページ》

●こちらは一〇一ページに掲載した伊達政宗、五枚胴の背面部。肩口を守る小ひれが大きいために通常は袖を付けない。北の関ヶ原と呼ばれた一六〇〇年十月の福島城攻めで、上杉方の岡左内に斬りつけられた政宗は鎧の肩上と小ひれ、籠手の上部を損傷したという。左内の用いた太刀は名刀「貞宗」だった。

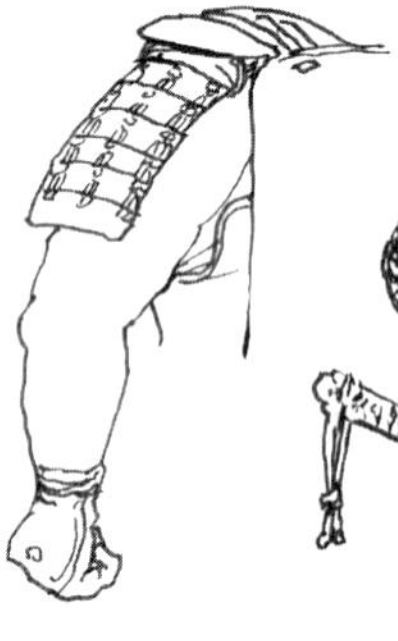

▶袖を付けた状態。

【著者紹介】

東郷《とうごう》 隆《りゅう》

昭和26（1951）年、横浜市に生まれる。国学院大学経済学部卒業。同大博物館学研究助手、編集者を経て執筆活動に入る。平成6年『大砲松』で吉川英治文学新人賞、16年『狙うて候 銃豪村田経芳の生涯』で新田次郎文学賞、24年『本朝甲冑奇談』で舟橋聖一文学賞をそれぞれ受賞。

近刊に『邪馬台戦記 闇の牛王』（静山社刊）などがある。

上田《うえだ》 信《しん》

昭和24（1949）年、青森県に生まれる。中学卒業にともない上京し、小松崎茂の最後の内弟子となる。その後、モデルガンメーカー MGC宣伝部勤務を経てイラストレーターとして独立、少年少女向け雑誌の口絵や模型メーカーのボックスアートを数多く手がける。

近刊に『世界の戦車メカニカル大図鑑』『上田信画集 キャラクターメカニック・サンライズ編』（いずれも大日本絵画刊）『図解 第二次大戦 各国軍装』（新紀元社刊）などがある。

ビジュアル合戦雑学入門
甲冑と戦国の攻城兵器

発行日	2018年8月26日 初版第1刷
著者	東郷 隆・上田 信
装丁・デザイン	丹羽和夫（96式艦上デザイン）
DTP	小野寺徹
編集担当	金子辰也・吉野泰貴
発行人	小川光二
発行所	株式会社 大日本絵画 〒101-0054 東京都千代田区神田錦町1丁目7番地 Tel 03-3294-7861(代表)
URL	http://www.kaiga.co.jp
編集人	市村弘
企画／編集	株式会社 アートボックス 〒101-0054 東京都千代田区神田錦町1丁目7番地 錦町一丁目ビル4階 Tel 03-6820-7000(代表)
URL	http://www.modelkasten.com
印刷／製本	大日本印刷株式会社

Publisher/Dainippon Kaiga Co., Ltd.
Kanda Nishiki-cho 1-7, Chiyoda-ku, Tokyo 101-0054 Japan
Phone 03-3294-7861
Dainippon Kaiga URL; http://www.kaiga.co.jp
Editor/Artbox Co., Ltd.
Nishiki-cho 1-chome bldg., 4th Floor, Kanda
Nishiki-cho 1-7, Chiyoda-ku, Tokyo 101-0054 Japan
Phone 03-6820-7000
Artbox URL; http://www.modelkasten.com

定価はカバーに表示してあります。
ISBN978-4-499-23242-5

内容に関するお問い合わせ先：03(6820)7000 (株)アートボックス
販売に関するお問い合わせ先：03(3294)7861 (株)大日本絵画